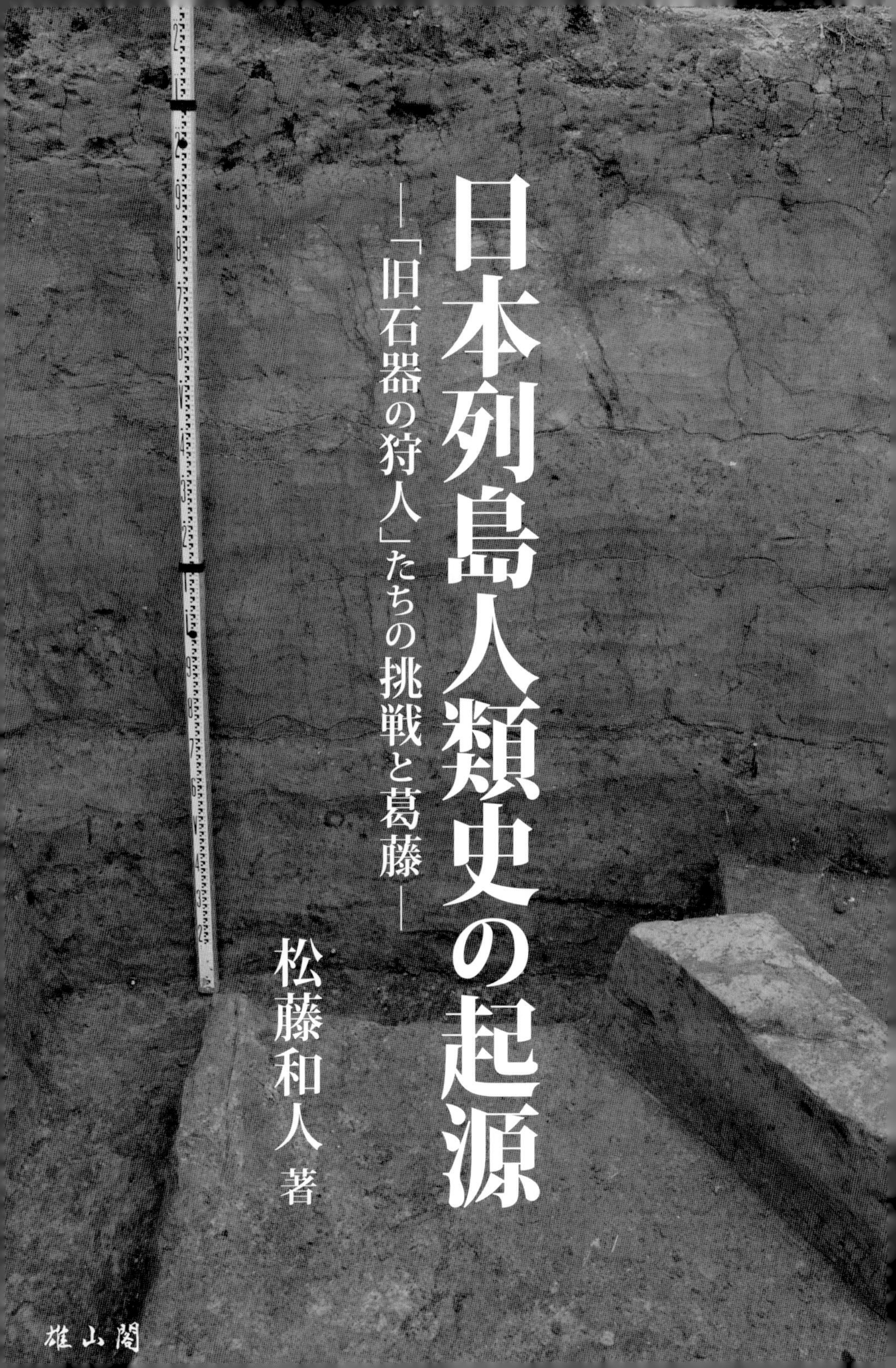

# 日本列島人類史の起源

―「旧石器の狩人」たちの挑戦と葛藤―

松藤和人 著

雄山閣

口絵１　砂原遺跡遠望（西から）

口絵２　砂原遺跡近景（東から）

口絵３　砂原遺跡で最初に見つかった玉髄製剥片

口絵４　Ⅵｂ層出土の尖頭スクレイパー

口絵５　砂原遺跡Ⅵａ層出土の剥片

口絵６　砂原遺跡トレンチ北壁の地層断面

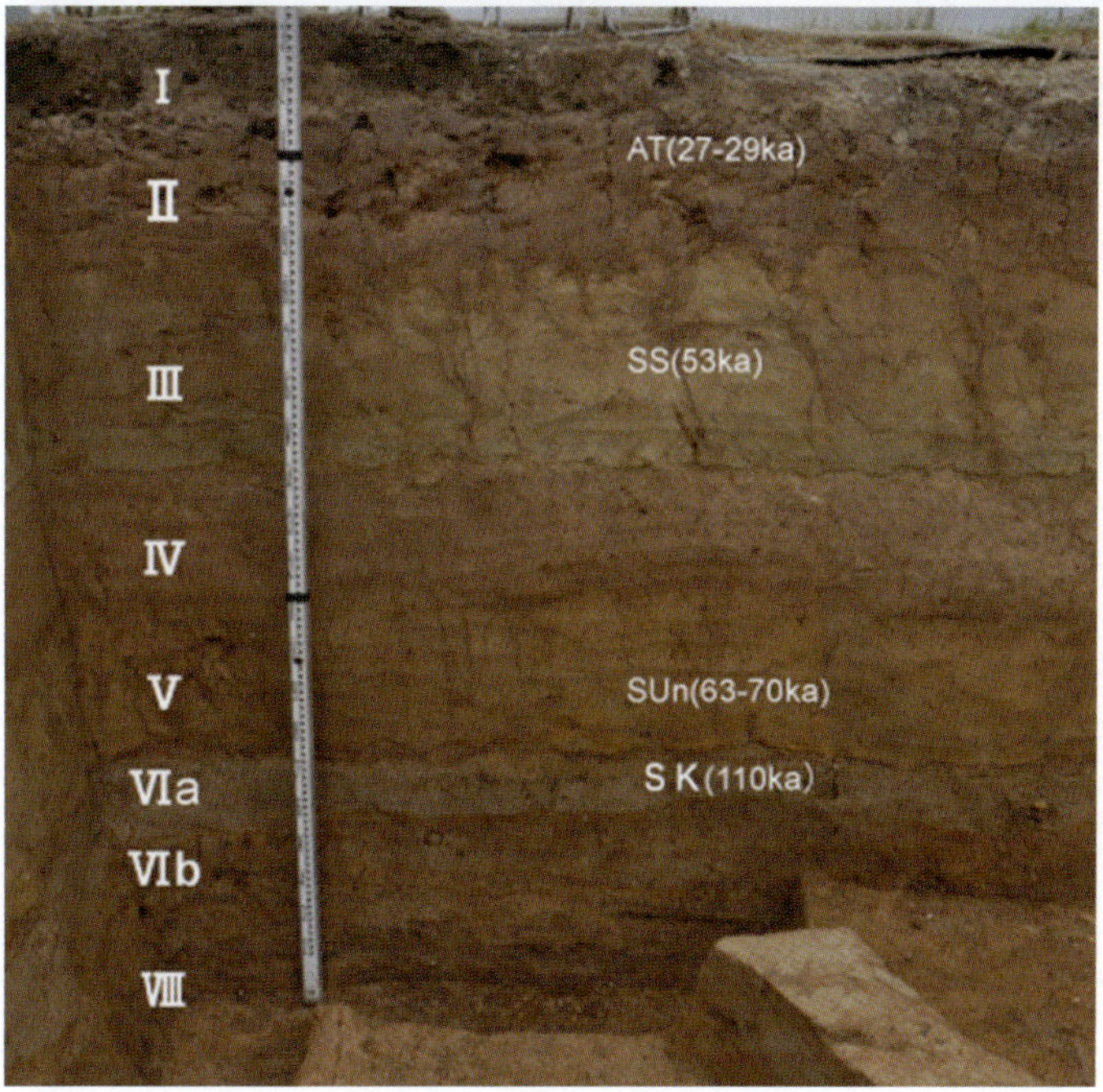

口絵7　板津発見の石器（砂粒除去後）

口絵8　板津造成地の地層断面（成瀬撮影）

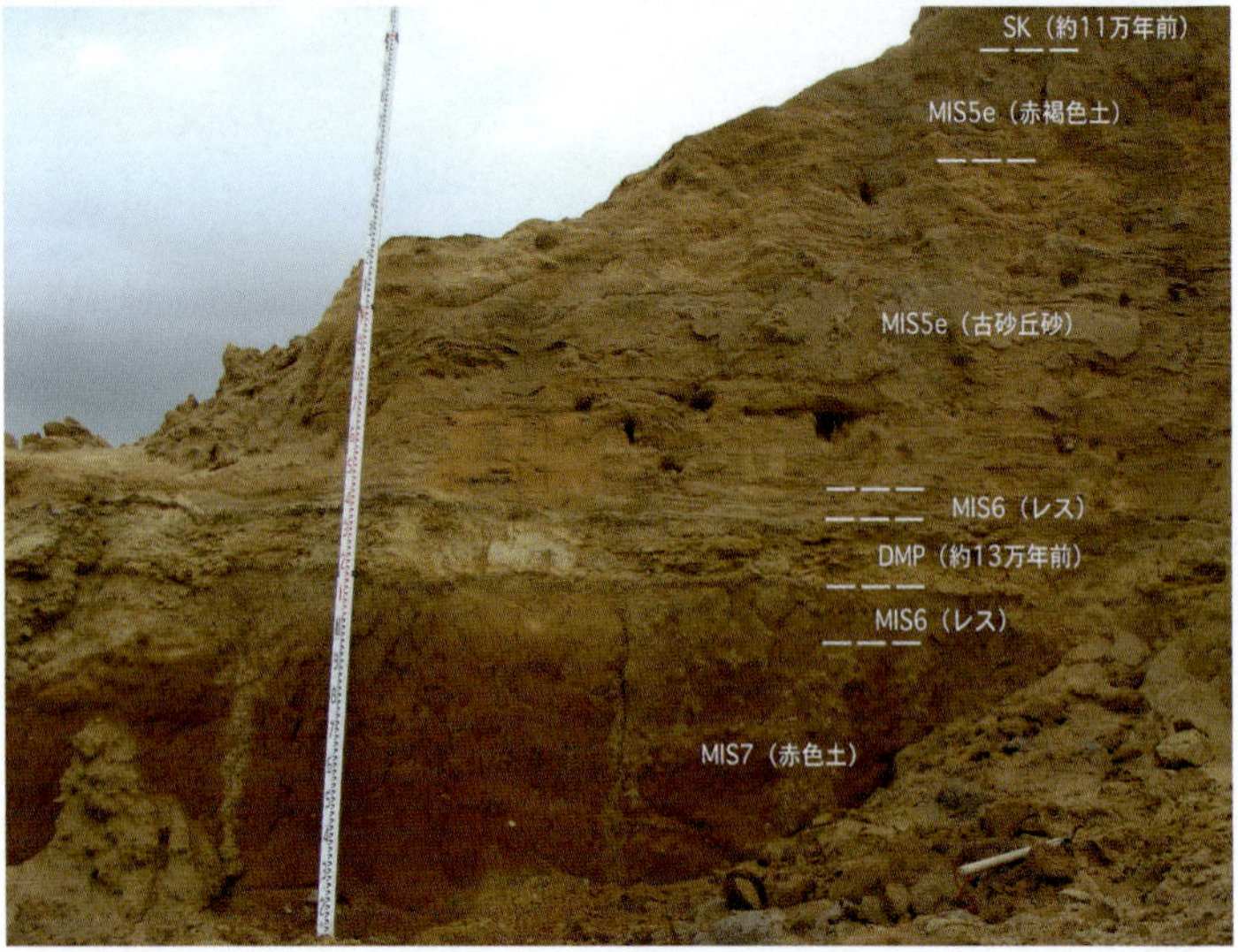

■日本列島人類史の起源―「旧石器の狩人」たちの挑戦と葛藤―／目次■

# プロローグ

日本における最古の遺跡の探究、それは日本列島の人類史の起源を探る壮大な試みであり、夢に憑《つ》かれた考古学者たちが織りなす知的探求のドラマでもある。

かつて長野県が輩出した考古学者藤森栄一は、旧石器を探し求める研究者たちを「旧石器の狩人」と呼んだ。なにかしら詩的な響きとロマンを感じさせる言葉である。それは藤森の著書の題名にもなり、大学に入ったばかりの考古学ボーイたちを虜にした。わたしも美しい文章でつづられた登場人物の人間模様とあくなき探究心に魅了され、夜が白むまでむさぼり読んだものである。

しかし、ロマンや情熱だけでは学問にはならないのも自明である。学問には観察された事実に立脚した科学的な思考がもとめられる。ここでいう科学とは、観察・実見などを通じて反復実証された経験的な認識をさし、その認識は普遍性をもつ。

しかしながら、自然科学とは異なり、考古学は一面では科学という名の仮面をかぶった学問ともいえる。少しでも考古学をかじったひとなら納得されるとおもうが、恣意的な解釈が蔓延《まんえん》している。

同じ考古学的事実に接しても、それから帰結される解釈や結論は、研究者ひとりひとりの知識・経験の差によって異なるのが普通である。その内実は研究者の先入観念や固定観念、憶断、誤った解釈などに起因するものである。ときには、偏見や知識不足によって事実さえもが歪められることもある。生身の人間が研究に従事するので、それは宿命といってしまえばそれまでのことだが、それでは考古学の科学性を担保できない。

どの学問分野であろうと、研究というのは試行錯誤の積み重ねであり、失敗を恐れて研究はできない。物質資料をあつかう考古学は観察を経て認識された考古学的事実という断片的な点と点を結ぶ思考作業からなり、未知な部分は推理と想像力で補わざるをえない危うさを抱える。これは、古生物学や地質学、さらには形質人類学など過去を対象とするあらゆる学問分野に共通する。

話は変わるが、自分たちの住んでいる国や土地に人類がいつころから棲みついたのかという関心は根源的なものであり、いつの世になっても消え去ることのない、こよなく魅惑的な命題でもある。

未知のものへのあくなき探求心は、人類の発祥地がアフリカだと考えたダーウィンの予言に端を発し、人類起源の謎を解き明かすために、世界各地からアフリカにおもむき競って最古の人類化石の発見にいそしむ人類学者、さらには宇宙の起源を解き明かそうとする科学者のそれとさほど変わることはない。異なるのは、追い求める研究対象の違いだけである。未知のものに対する果てしない探求心は人類に固有な属性であり、それがあってこそ今日の高度な文明も築かれたのである。

人類の起源と拡散の探索には、長い間、ヒトの化石を対象とする解剖学者や形質人類学者が主役を占めてきたが、近年では分子遺伝学者が新たに戦列にくわわり、研究の間口を広げることとなった。いずれも、人骨化石やそれから抽出されたＤＮＡを研究材料とするもので、それらが遺存していないことには研究ができない。旧石器時代の人骨というものはどこでも見つかるという性格のものではなく、気が遠くなるような長い時間の経過のなかで有機質の人骨が遺存していることじたいが、むしろ稀有な事柄なのである。

それにくらべて、人類が石でつくった道具すなわち石器は、数十万年ときとして数百万年という気が遠くなるような時間を経ても、朽ち果てることなく地中に遺存する。そのため、旧石器を専門とする考古学者は人類学者にくらべて研究材料に事欠かない。そのせいか、研究材料が少ない人類学者にくらべて、どこの国でも考古学者の数が圧倒的に多い。

旧石器考古学者があつかう資料といえば、素人目には冴《さ》えない石ころで、博物館の展示品のなかでも優美な火焔土器、不思議な形をした銅鐸、きらびやかな金銅品などと違ってほとんど人目を惹くことはない。それでも入館者の目にふれざるをえないのは、どこの博物館でも判で押したように入口を入った最初の展示コーナーに展示されているせいなのだ。入館者は、それらの年代の古さに興味をもち、少しの間、足を止めて見入るくらいだ。

なかでも前期旧石器ともなれば、われわれと同種のホモ・サピエンスがつくった精巧な後期旧石器と異なり、一般のひとには自然の礫とほとんど見分けがつかない。それは無理もない。旧石器考古学の専門家でさえ、十九世紀に端を発するエオリス（曙石器《あけぼのせっき》）論争以来、一〇〇年間以上、どれが人工品でどれが自然品かをめぐって、世界各地で口角泡を飛ばし議論してきたのである。かつて東アフリカのオルドヴァイ文化にさきだつ原始的な「石器」をともなうことで知られていたカフ文化、さらには北アメリカのキャリコ遺跡がつとに有名である。そうした論争は、約二〇〇万年前にさかのぼるとされるパキスタンのリワット遺跡や中国安徽省人字洞《レンホドン》出土「石器」のように地域によってはいまなおつづいている。これらには、当該地域で最古の年代に位置づけられるという共通点がある。

後述するように、わが国でも一九六〇年代以降、大分県早水台《そうずだい》遺跡、栃木県星野遺跡、群馬県岩宿D地点などから発掘された「石器」をめぐって人工品（石器）か否かのホットな論争が展開され、遺憾ながら半世紀を経た現在でもいまだに決着を見ていない。

それでもなお、旧石器考古学者がまるで憑かれたように研究するのは、なんといっても石器じたいの古さにある（R・ラジリー／安原和見訳『石器時代文明の驚異』河出書房新社、一九九九年）。人類最古の道具でありながらも自然作用で生じた破砕品との区別が容易でなく、考古遺物のなかでもとりわけ難儀な代物であり、それがかえって研究者の知的好奇心を誘うのである。石器は、金属器を発明するにさきだち、ヒトがつくりだした物質文化のなかで腐らずにのこった普遍的な証拠であり、ヒトの存在を間接的に証明する。場合によっては人類が世界の各地に拡散していった証拠を提供することもある

人骨や獣骨を保存する特性をもつ炭酸カルシウムが土壌中にふくまれるユーラシア大陸と異なり、温暖多雨気候とあいまって人骨や獣骨を短期間に腐朽させる火山灰起源の酸性土壌に富んだ日本列島の旧石器時代遺跡から人骨が出土する事例はきわめてまれなケースといえる。隆起サンゴ礁からなり石灰質土壌に富んだ沖縄県を例外として、自然条件の制約から人骨の遺存を期待できないのは、なにも人類学者や考古学者の責任ではない。それをいたずらに求めるのは、無いものねだりにひとしい。

そうした資料的な制約もあって、日本の研究者はアジア諸国のなかでも突出して石器の観察と図化に精力を傾けてきた。そして、日本人の生来の手先の器用さもてつだって、石器の図化技術はアジアでもトップレベルに達した。なかには実測にかけては名人芸の域に達した研究者も生まれた。それも、孤立した島国で切磋琢磨されてきた修練の賜物《たまもの》といっても過言ではない。

それでもなお、考古学界を根底から揺るがした前期旧石器遺跡発掘捏造には無力であった。従来の研究法にはどこか弱点や限界があったことを、いやというほど思い知らされたのがこの事件であった。

皮肉なことに、この事件の厳格な検証を経て、遺物を包含する地層の堆積学的視点からの検討の重要性を再認識させられることになった。遺跡から出土する石器も堆積物の一部とみなす菊池強一の指摘は、ことのほか重みがある。こうした視点から調査がおこなわれていたなら、発掘捏造はもっと早くに見破られていたかもしれない。考古学者は伝統的な発掘法を踏襲しつづけたのである。この事件を経て、遺跡の調査技術や遺物の基礎的な観察力は従前にくらべて飛躍的に高まった。

堆積学的視点からの調査は、人工品か否かを判断するうえでも重要な判断基準となりうる。本書で紹介する島根県砂原《すなばら》遺跡の発掘調査はその一実践例である。いまや遺物学から真の遺跡学への転換が、遺物がのこされた環境的背景を解き明かすうえで避けて通れなくなってきた。遺物は遺跡のなかでの存在脈絡という観点から理解すべきであり、遺物だけを切り離していくら議論を重ねても限界がある。

考古学の場合、研究資料は調査・研究の進展にともない、年を追って増加するものの、未知の部分が完全に埋められることはない。傍目《はため》から見れば、あたかも果てしのないゲームをやっているように見えることだろう。しかしながら、考古学的事実が増えれば、点と点の間を結ぶ解釈は狭まってくるのも必然だ。研究の進展とは、こうした知識の空白部が少しずつ埋められていくプロセスを意味する。

研究史料がほぼ出尽くしている文献史学と異なり、行政発掘が日常茶飯事となっている考古学の場合、一つの発見が従来の通念や仮説を覆し、固定観念や定説に修正をせまることも少なくない。そうした発見は、予期せずにやってくるのが考古学の常である。過去の研究史を振り返れば、そのような事例には枚挙に暇がない。それがまた新たな研究に駆り立てる原動力ともなる。

その一方で、研究史を紐解くまでもなく、学際的な共同研究が予想外の展開へ導くこともある。そこには研究者の交友関係や人脈が介在し、研究はこよなく人間的な側面をもつ。考古学の宿命として、発掘は独りではやれない。フィールドワークを成功させるには、チームワークが重要な鍵を握る。

偶然もまた研究を革新するうえでの転換点となる場合がある。わたし自身、人知では測り知れない偶然の発見が研究の新たな展開に直結するのを体験してきた。砂原遺跡の発見は、その好例である。本書には、そうした不思議な体験もエピソードとして織りこむことにした。

なお、本書で用いる旧石器時代の時期区分は前期・後期の二期区分を採用する。ここで用いる「前期」は、ヨーロッパで用いられる旧石器時代三時期区分の前期・中期を一括した時代概念である。わたしのいう前期と後期の境界は、東アジアにホモ・サピエンス（新人）が登場する約三・五万年前を仮定する。それは、東アジアにおける放射性炭素年代の集成とも相まって、東北アジアにおける埋葬、赤色顔料、装身具などのホモ・サピエンスに固有の文化要素と石刃技法・石刃石器群の出現など考古学的証拠からも傍証される（松藤和人『日本列島における後期旧石器文化の始源に関する基礎的研究』平成十二～十五年度科学研究費基盤研究（C）研究成果報告書、二〇〇四年）。

他の著書（『日本と東アジアの旧石器考古学』雄山閣、二〇一〇年）でもふれたが、わたしが旧石器時代の伝統的な三時期区分を踏襲しない理由は、東アジアでは前期と中期の文化上の違いがヨーロッパほど鮮明にとらえられないためである。

くわえて、中国をはじめとする東アジアの人類進化プロセスにあって、ユーラシア大陸西端の中期旧石器文化の担い手であったネアンデルタール人（旧人）の存在を人類学分野において確認できないことも中期旧石器時代という時代区分を使用しない理由である。教科書で馴染みの猿人から原人、旧人を経て新人（ホモ・

サピエンス）にいたる人類進化の単純化したモデルは、少なくとも旧人に限っていえば、東アジアではまだ存在が証明されていないのが研究の現状である。

その一方、人類の多系統進化を信じる中国の人類学者たちはホモ・サピエンスの形質学的な特徴の一部が三〇～二〇万年前頃の金牛山《ジンニュウシャン》人（遼寧省）や大荔《ターリ》人（陝西省）の頭骨に胚胎していると主張し、「古代型新人（アルカイック・ホモ・サピエンス）」という用語を使用する。

しかし、それらの人骨にともなう石器たるや、北京原人がつくった道具と区別するのはじつに至難である。すなわち、人骨の解剖学的特徴と文化の産物である道具の進化がヨーロッパほど整合しない、という現実がある。こうした研究状況も、わたしが「中期旧石器時代」というヨーロッパで適用される時期区分を安易かつ無批判に採用しない大きな理由の一つとなっている。考古学的な時期区分は、あくまでも地域的な文化事象の転換を反映する考古資料の観察に依拠しながら、研究地域の実態に即して設定しなければならない。

本書は、日本列島の人類史のはじまりを追究した先人たち――旧石器の狩人――の軌跡をたどる。あくなき夢を追い続けてきた先人たちの足跡をたどるなかで、旧石器遺跡発掘捏造事件へいたる経緯と事件後の前期旧石器時代研究の到達点を俯瞰し、将来への展望を模索するものである。そして、旧石器の狩人たちの人間味にもふれることにしたい。

なお、本書では登場人物にたいする敬称を、煩瑣《はんさ》ともあいまって論文記載時の習わしにしたがい省略した。

# 一　旧石器の狩人

日本列島に旧石器時代のひとびとが生活していた事実が考古学的調査で証明されたのは後述するように第二次世界大戦後のことであるが、それ以前にも旧石器の狩人たちが夢を追い続けてきた。そうした先人の努力も学史のなかに書き留めるべきであろう。

先駆者として最初に挙げねばならないのは、イギリス人ニール・ゴードン・マンローである。なお、マンローという読みについては、モンローとしたもの（福音印刷奥付）もある。

## 1　N・G・マンローの旧石器探索

マンローは、スコットランドのエディンバラ大学で医学を学び、インド航路の船医として勤務後、一八九一（明治二四）年、二七歳のとき香港を経て海路横浜に上陸した。来日後、横浜や軽井沢で診療に従事するかたわら、日本各地で考古学調査をおこない、一九〇八年に大著『先史時代の日本（原題 *Prehistoric Japan*）』を著わした。一九〇五年に日本に帰化し、一九三二年には北海道沙流郡平取町二風谷《にぶたに》に居を移し、医療活動に従事するかたわらアイヌの人類学研究、民俗資料の収集をおこない、一九四二年に同地で生涯を終えた。

考古学の知識は母国での学生時代に培われたものであろう。由来は定かでないが、彼の遺品であるフリント製の旧石器数点が同志社大学歴史資料館（京田辺校地）に所蔵されている。そのうちの一点は表面が熱をうけて白く変色し、ところどころ剝落しているものの、前期旧石器時代のれっきとした槍先形ハンドアックスで、その形態からしてイギリス国内のどこかの遺跡で見つけたものであろう。ほかにエオリス（曙石器）とみられるものが一点ある。この一事から推して、旧石器にかなり精通していたことがわかる。

マンローは、一八九一年にインドネシアのジャワ島でE・デュボワによって発見されたピテカントロプス・エレクトウス（通称ジャワ原人。現在では北京原人と同じホモ・エレクトウスすなわち原人に分類）化石の情報に接し、その一派が海岸沿いに北上し、そのころ大陸と陸続きであった日本列島にも到達したのではないかと考えた。その当時は東南アジアが人類発祥の有力な候補地として注目を浴びていた。デュボアはそれを確信し、ジャワ島にやって来て幸運にもジャワ原人の頭骨を発見したのである。北京原人の化石の発見にさきだつ二〇年以上も前のことであった。

一九〇五年の夏、マンローは、自ら立てた仮説を裏づけるため、神奈川県酒匂《さかわ》川流域の段丘礫層の崖を掘り崩した中から五点（地表下約四メートルに埋没）、同礫層直上の赤色粘土中から一点、さらに早川の礫層中から一点の火成岩の石器とみられるものを見つけた。自分で発掘して証明しようとするところにマンローの並々ならぬ気概が感じられる。

いまとなっては、マンローの発掘場所さえ定かでない。日本列島ではこうした礫層中からしばしばステゴドンゾウ、バイソン、ウマ、サイなどの絶滅した哺乳動物化石が発見されていることから、日本列島にも旧石器時代の人類が棲息していたのではないかとマンローが考えたのは根拠があってのことである。絶滅哺乳

図1　マンローの発掘資料

動物化石の存在と絡めて人類渡来の可能性を立証しようとした最初の研究者である。

マンローが発掘した「石器」七点は、『先史時代の日本』（福音印刷）にモノクロ写真で紹介されている（図1）。写真からの判断であるが、そのなかに長さ約九・六センチ、幅約六・四センチ大の上端が尖り、基部が丸く整形されたハンドアックス状のものがある（図1－7）。長石かとおもわれる白い斑晶を混じえた肌理《きめ》の粗い石質で、基部と周縁には加工痕とみられる大小の剝離痕が連続して観察される。裏面は示されていないので知る由もないが、形態からすれば杏仁形ハンドアックスに分類される。

芹沢長介もこれに注目していたようで、マンロー旧蔵資料の一部を保管する同志社大学考古学研究室（現在は京田辺校地の歴史資料館に移管）を訪れたことがあるが、写真に載っている七点の資料は残念ながら同志社大学には見あたらない。

当該資料の所在が不明となっているため、手にとって詳しく観察できないのは残念だが、マンローのコレクションはスコットランド国立美術館に保管されていると聞くので、再発見を期待したい。

当時の日本の考古学・人類学はまさに黎明期にあたり、マンローの問題提起を真摯にうけとめるほど成熟していなかったのも事実である。しかしながら、自分の立てた壮大な仮説を自ら発掘した資料で証明しようとしたマンローの研究姿勢は、こよなく科学的な態度として高く評価されねばならない。

## 2　国府遺跡の大形粗石器

喜田貞吉は京都帝国大学（現京都大学）で教鞭を執り、国史学者として著名であるが、考古学にも精通したひとかどの学者としても知られる。

一九一六（大正五）年十月、喜田は大阪府富田林市で講演した際、藤井寺市国府《こう》遺跡の砂利層下の粘土層中から出土するという大形で粗雑な加工をもつ石器に注意を喚起した。やや冗長となるが、その発言を原文のまま引用する。

南河内に於て石器時代の遺跡として、我々の仲間で有名な場所は、允恭天皇御陵の付近で、その遺跡は夙に毀されて、石鏃などが畑の表面から今に沢山拾い出される。先ずあの場所は畿内で有名な遺跡でありますから、これは土地のお方の御注意を願いたい。なお此の遺跡に就いて最も面白く、学術上非常に有益な資料だとおもわれるのは、表面の土壌中に混って居る遺物以外、更に深い所に別の系統の石器があるという事です。私はまだ自身掘り出して之を調査する機会を得ませんから、確かな事を申し上げ兼ねますけれども、其の品物をも見、其の発掘したという人の実話をも聞くを得ましたから、果して其の通りならば非常に珍しい遺跡だと存じ、聊か御紹介致します。此の地は表面に一、二尺の普通の土壌がありまして、其の中から普通の石鏃や石槍などが出る。是は頗る精巧なものですが、其の土壌の下が

五、六尺の砂利層で、其の砂利層の下に粘土の層がある。其の粘土層の中から上層の石器とは全く系統の違った、大形の無細工なる石器が多数発見されるとの事であります。成る程其の石器を見ますと、技術も極めて未熟で、上のものとは比べものになりません。是は蓋し其の粘土層の出来る極めて古い時代に於て、ここに既に最も原始的の石器時代人民が久しく住んで居って、後に其の地が河の底になり、数百年か数千年を経る間に、砂利層が五、六尺も積りまして、更に其の後川筋が変り、砂利層の上に土壌が出来て、ここに再び大いに進歩した石器時代人民が住んだという事になるのであります。此の様な遺跡は欧羅巴にはありますが、日本では珍らしい。此の日本の土地に極めて古い時代から、人類が住んで居ったという、立派な証拠となるべき貴重なる遺跡であります（「南河内郡古代遺跡に就いて」『大阪府史蹟調査委員会報』第四号、一九一七年）。

大形で粗雑な石器は、のちに「大形粗石器」と呼ばれることになる。

文中に出てくる「其の発掘したという人」というのは、神戸市芦屋に在住し自ら「会下山人」と称した遺物蒐集家として知られた福原潜次郎のことである。

喜田は、福原からの情報を京都帝国大学考古学教室の浜田耕作教授の耳に入れた。浜田は福原の収集品をわざわざ取り寄せ、そのなかにヨーロッパの旧石器に類似する石器を見いだすとともに、福原から「往年、大和川氾濫の際其の遺跡地の一部洗い去られ、其の下より巨大なる獣骨多量を発見し、爾来小字を骨地と呼べり」という情報を耳にし、一九一七（大正六）年六月、大形粗石器と獣骨の出土層を確認するため発掘調査に乗りだした（「河内国府石器時代遺跡発掘報告」『京都帝国大学文科大学考古学研究報告第二冊』一九一八年）。

イギリス留学中に近代考古学を学び、帰国後、京都帝国大学に日本で初めて考古学講座を開設した浜田は、フランスのソンム河の段丘礫層中からハンドアックスが絶滅してしまった動物化石と一緒に出土し、それが地質時代の更新世すなわち氷河時代に人類が存在していた証拠となった学史上の発見を、国府遺跡に重ね合わせておもい描いたにちがいない。

国府遺跡は、大和川と石川の合流点に近い石川左岸の河岸段丘上に立地し、北方には広大な河内平野がひろがる。古くから縄文土器や石器などが採集され、大阪毎日新聞の創始者である本山彦一をはじめコレクターの間では名の知られた遺跡であった。

浜田は石川に面する国府台地北端で、先ず獣骨が多量に出土したとされる字「骨地」（A地点）というところに東西約二・四メートル×南北約三・六メートルのトレンチを設定し、一尺（約三〇センチ）ごとの分層発掘をおこなった。分層発掘というのは、層序を無視し、地表面から任意の深さに区切って、出土する遺物を取り上げる発掘手法のことである。二尺（約六〇センチ）掘り下げたところで黄色土混じりの砂利層に達し、さらにトレンチの一画を二尺掘り下げても獣骨や大形粗石器を検出できなかった。

そこで一段高い字「乾」（B地点）に新たにトレンチを設け地表下約六〇〜九〇センチの深さまで掘り下げたところで屈葬された縄文人骨三体を掘り当てた。そしてトレンチの一部を地表下約一・八メートルまで砂利層を掘り下げたが、獣骨や大形粗石器はおろか粘土層さえも検出できなかった。

わたしは、一九七〇年代の初めに国府遺跡を訪ねた折、浜田がB地点と名づけた場所の東方の畑地にうがたれた素掘り井戸の壁面で礫層（段丘礫層）中に小児頭大のサヌカイト（讃岐岩）礫が包含されるのを見たが、粘土層は確認できなかった。粘土層は、通常、段丘礫層の上に堆積するのが普通であり、「砂利層の下に粘土層がある」という喜田の言葉に違和感をいだいた。

なお、大阪文化財センターの西口陽一は、大和川の浸食によって国府台地の一部が削り取られたところに粘土層が客土されたもので、砂利層の下に粘土層があるというのは喜田が層位関係を誤認したものだという（「河内国府遺跡と喜田貞吉と福原潜次郎」『大阪文化誌』第四巻第一号、一九八〇年）。それは調査後の喜田の発言からうかがえる。

一九一七年十月、浜田の発掘の結果を見て、喜田は以下のような弁明をおこなった。

氏（福原）の所謂砂利層下の粘土層とは、嘗て該地の一部が大和川氾濫の為に浸蝕せられて、砂利層の断崖を露出したるに際し、其の断崖下の浸蝕に成れる低地に、他より土壌を運びて作れる低き耕地の謂にして、氏はここに多数の大形石器を採集せられたれば、該石器が砂利層下に存すとの説を為されたるものにして、当時にありて必ずしも無理ならぬ観察なりしなり（「河内国府遺跡最古の住民」『歴史地理』第三二巻第四号、「河内国府石器時代遺跡発掘報告（京都文科大学考古学研究報告第二冊）を読む」『史林』第三巻第四号）。

国府台地の北端が大和川に浸食され、その崖面に砂利層が露出し、浸食で一段低くなった場所（「骨地」）に客土した土壌の中に大形粗石器が混入していたのを層位的に誤認したものである。浜田は、結果的に喜田や福原の言葉に踊らされたことになるが、縄文時代の埋葬人骨の発見という予想もしない副産物を生んだ。その人骨は大阪毎日新聞の記事に大きく取り上げられ、調査目的であった大形粗石器の包含層解明は霞んでしまった。

芹沢長介は、『考古学ノート1　先史時代（Ｉ）　無土器文化』（日本評論新社、一九五七年）のなかで、「（浜田が）大正六年の調査に際して、あと数メートル深く掘り下げる努力をいとわなかったら、日本の旧石器問題も意外な進展をみせたかもしれなかった。惜しむべきことである。」と述べている。報告書を熟読すればわかることだが、浜田が砂礫層を約一・二メートルまで掘り下げたのは明白である。それでも問題の粘土層は見つからなかった。

一九五七年、喜田の提起した問題提起をうけ、島五郎・山内清男・鎌木義昌は浜田が果たせなかった「大形粗石器」の包含層を確かめるべく学術調査を実施し、段丘礫層の上に堆積した黄色粘土層中から後期旧石器時代のサヌカイト製石器群を検出した（「河内国府遺跡発掘調査略報」『日本考古学協会第二〇回総会研究発表要旨』一九五七年）。

旧石器を包含する粘土層は砂利層の下ではなく上にあったのである。黄色粘土層は段丘面が離水する前に形成された河川堆積物で、同層中からは土器がまったく出土せず、縄文土器が使われる以前の更新世にのこされたことは明らかである。つまり、当時の河床面は粘土層と近いレベルにあったことがうかがえる。

この石器群は、国府石器群と呼ばれ、定形的な横剝ぎの剝片（翼状剝片）を組織的に剝ぎ取り、それらに背潰しの二次加工をほどこして仕上げた国府型ナイフ形石器を特徴的にともなう。その石器製作工程は、のちに鎌木らによって「瀬戸内技法」と命名された。国府石器群は、讃岐平野・備讃瀬戸から大阪平野にかけて濃密に分布し、五色台や二上山などに産出する火山岩の一種であるサヌカイトというローカルな石材と結びつき、後期旧石器時代の瀬戸内沿岸地域の石器文化を代表する。

図２　国府遺跡の大形粗石器

わたしは、一九七七年、『大阪府史　第一巻』の旧石器時代の項の執筆に際して、京都大学考古学教室に保管されていたサヌカイト製「大形粗石器」一点の実測をおこなったとき、じっくり観察する機会をもったが、石器の稜や縁辺がシャープで水磨や摩滅の形跡を見せず、風化度が浅いのに驚いた記憶がある（図２）。その表面の風化度は、分布調査をおこなっていたサヌカイト原産地二上山北麓で見慣れた旧石器（国府型ナイフ形石器など）の風化度に比べても明らかに浅く、とても旧石器時代の所産とはおもえなかった。大形粗石器を実見した西口陽一も同様な事実を観察している。

二上山北麓の弥生時代の石槍（石剣）製作場である中谷《なかたに》遺跡からは、その未完成品や失敗品が多量に見つかり、それらは表面に深い剥離痕をとどめ、あたかもハンドアックスかと見間違えるほどであった。こうした経験を下敷きにすると、「大形粗石器」なるものが弥生時代の石槍（石剣）未完成品である可能性もあながち否定できなくなる。

## 3　直良信夫と明石人骨

直良信夫《なおらのぶお》は早稲田大学で教鞭をとり、栃木県葛生《くずう》の石灰岩地帯での哺乳動物化石探索、東京都江古田の更

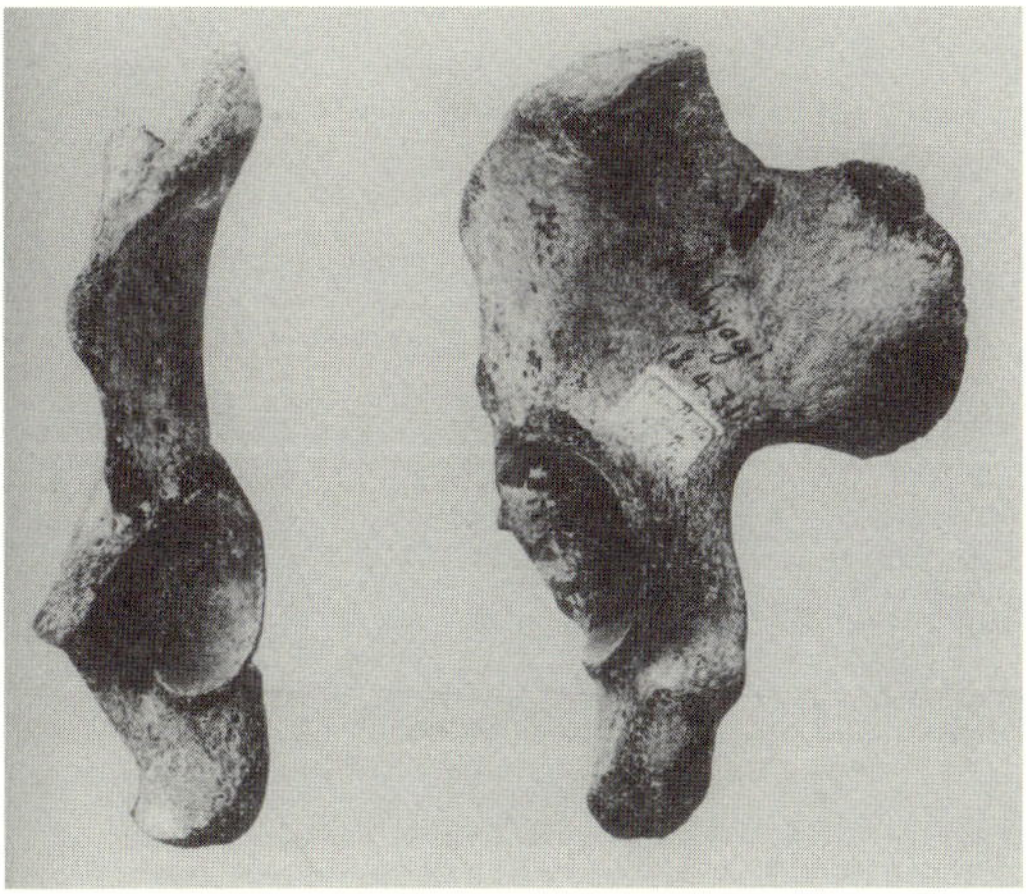
図３　明石人腰骨

新世泥炭層調査をはじめ古生物学の調査を各地でおこなった。一九三一年四月一八日、明石で病気療養中、西八木海岸の波打ち際を散策しているとき、崖面から崩落した土塊の中からヒトの腰骨（寛骨）を見つけた（図3、図4）。その腰骨は東京帝国大学人類学教室の松村瞭教授のもとに送られ、そこで精巧な石膏模型と写真がとられ、現物は直良のもとに送り返された。松村は、不思議なことにその腰骨についてなんら論評をくわえていない。発見当時、直良が人骨を採集した崖面の上には近世の墓地があって、そこから転がり落ちたものではないかという風評もあり、松村はそれを耳にしたのかもしれない。

これに前後して、直良は腰骨が見つかった近くで剥離痕のついた礫を発見し、『人類学雑誌』第四六巻第五号（一九三一年）に人口品として発表したが、とくに話題にのぼることもなかった。

明石人骨（腰骨）の原物は東京空襲で焼失してしまったが、第二次世界大戦直後、東京大学人類学教室にのこされていた精巧な石膏標本と写真をもとに長谷《はせ》部《べ》言人《ことんど》教授が検討し、ジャワ原人や北京原人に匹敵する古い形質的特徴をそなえた更新世人骨として評価した。

これが世に喧伝された、いわゆる「明石原人（ニッポナントロプス・アカシエンシス）」である。

敗戦後間もない一九四八年、長谷部は人類学・地質学・古生物学・考古学の研究者を糾合し「明石西郊含化石層研究特別委

図4　1931年当時の西八木海岸

員会」を組織して西八木海岸の発掘調査を実施したが、新たな人骨を発見することはできなかった。この調査地点は、直良が腰骨を見つけた場所とは違っていたらしい。

このとき発掘された剝離面のある礫について渡辺仁が検討をおこなったが、人工品としての確証を得なかった。調査は不調に終わり、「明石原人」の評価は宙に浮き謎を深めていくことになる。

人骨の石膏標本について、一九八二年、長谷部の孫弟子筋にあたる遠藤萬里と馬場悠男が世界各地で発掘された更新世の人類腰骨化石との詳細な比較検討をおこない、それまでの更新世人類化石としての評価を否定し、縄文時代以降の人骨とする新たな見解を発表した。しかし、現物を手にした研究者からは化石化していたという証言もある。これ以降、明石原人という言葉は使われなくなり、「明石人骨」という呼称が定着するようになる。

この間、北関東でいわゆる「珪岩製前期旧石器」を執拗に追究していた芹沢長介は、関西在住の若手研究者からの勧めもあって、直良が報告した資料のうち戦災の焼け跡から回収

図5　1985年西八木調査風景

された二点を実見・観察したうえで人工品として再評価する論文（「兵庫県西八木出土旧石器の再検討」『考古学研究』第一七巻第一号、一九七〇年）を発表した。芹沢にしてみれば、星野遺跡出土の「珪岩製前期旧石器」を関西地方の資料で追証する狙いがあったのであろう。

明石人骨と石器をめぐる研究状況は混沌としてきた。

明石人骨にことのほか関心を寄せ数々の論考を発表していた春成《はるなり》秀爾《ひでじ》は、一挙に問題の打開をはかるため、一九八五年春、西八木海岸で大規模な発掘調査を実施した。調査対象地は西八木一帯の広大な地形面の一角にあたり、人骨の探索はまるで日本海に沈んだ潜水艦を探すような確率にも等しい。

このときの調査には、わたしも春成からの要請をうけ、長崎県百花台遺跡の調査で経験を積んだ数名の学生を派遣し応援した。発掘現場を訪れると、瀬戸内海を見下ろす断崖に接して設けられたトレンチ

図6　西八木出土の板状木製品

（調査坑）は、法面をつけ海面のレベルまで掘り下げられ、まるで工事現場をおもわせるものであった（図5）。わたしには無謀な試みのようにおもえたが、明石人骨の解明に執念を燃やす春成の学問的情熱には脱帽するのみであった。トレンチの上に立つと、春浅い季節とあって海から吹きつける風が身を切るように冷たく感じられた。

厚さ七《メートル》もある上部層をパワーシャベルで取り除き、崩落防止のため法面をつけ、その下に横たわる厚さ二《メートル》ほどの砂礫層が精査の対象とされた。調査は三週間にわたって延々と続けられた。

八木浩司は地形面研究にもとづき西八木一帯の海岸段丘層（西八木層）は最終間氷期最盛期に形成された赤色風化殻をともなわないことから、最終間氷期後半（約八万年前）～最終氷期前半（約六万年前）の年代を推定した。

調査中、新たな人骨化石・明瞭に石器と断定できる資料は出土しなかったが、春成は西八木層（中位段丘層）から出土した二〇点の自然破砕礫をとりあげ、剥離面の二重風化を主たる根拠に自然為とみなし、芹沢が再評価した直良採集資料二点についても、これらと比較検討をおこなったうえで人為性を否定した。

一方、春成は紀平肇（当時清風学園教諭）が一九六五年に西八木海岸崖面の砂層中から採取した碧玉製小形剥片を取り上げ、馬場壇Aの剥片と対比したが、馬場壇Aは藤村新一が発見に深く関与し、比較そのものが意味を失った。

　調査後の整理の過程で砂礫層中から出土した現存長二六・九センチ、最大幅五センチ、厚さは先端部で三・五センチ、基部で七・五センチを測る板状の木片が植物学の鈴木三男・辻誠一郎らによって注目された（図６）。基部を欠いているので、もっと長かったことは間違いない。

　この木材は広葉樹のハリグワと鑑定され、北海道の針葉樹が厳寒に自然破裂するのとは異なり、板状に裂けない広葉樹であることから人工品の可能性が考えられた。ハリグワの生育環境からみて、その材が包含されていた地層は現在とさほど変わらない温暖な時期に形成されたと考えられる。

　春成は、この板状木製品を前面に押し出し、調査の最大の成果とした（春成秀爾編「明石市西八木海岸の発掘調査」『国立歴史民俗博物館研究報告』第十三集、一九八七年）。春成は、これを「短剣的な用途をもつ刃物」と推定する。ヨーロッパでは、イギリス、ドイツ、スペインの遺跡から前期旧石器時代の木製槍が知られているが、短剣形の石器はもとより短剣形の木製品の出土例を見ない。しかし、用途は不明ながらも、樹種・木取り・形状から人工品としての可能性は高いものと考えられる。

　春成らによる再調査は、お目当ての人骨や石器を掘り当てることはできなかったが、板状木製品という予想もしない新たな資料を追加することになった。しかしながら、明石人骨の本来の包含層が新資料でもって追証されない以上、明石人骨の問題について決着をつけることはできない。現在の分析技術からすれば、原物（腰骨）さえのこっていれば所属時代を判定できたであろうが、いまとなっては腰骨の原物が焼失してしまったのが惜しまれてならない。

# 二　相沢忠洋と岩宿の発見

## 1　岩宿の発見

マンローによる問題提起に端を発し、半世紀におよぶ旧石器の狩人たちの夢がついに現実となるときがやってきた。第二次世界大戦が終わって間もないころである。ついに重い扉が無名の考古青年によってこじ開けられたのである。

その人物は、既成観念にとらわれずに独学で研究を進めていた考古学者相沢忠洋である（図7）。相沢は、大学で考古学の専門教育をうけたこともなく、また話相手となる親しい研究仲間がいるわけでもなく、書店で手に入れた考古学の概説書などをもとに独学で縄文土器や石器の勉強をして知識を積み上げた。その半生は『「岩宿」の発見―幻の旧石器を求めて―』（講談社、一九六九年）に詳しい。

日本の敗戦によって海軍から復員した相沢は桐生市に棲みつき、自転車で納豆の行商をしながらその日暮らしの生計を立てていた。芹沢長介著『日本旧石器時代』（岩波新書、一九八二年）の描写によれば、まさに赤貧の生活を地で行くものであったらしい。

一九四六年の初秋、行商の途中、群馬県笠懸村（現みどり市）岩宿の切り通しに差しかかった。ここは稲荷山と琴平山という二つの山丘にはさまれた鞍部になっていて、そこに一本の道路が走っていた。峠となった道の脇で自転車を止め、ふと切り通しの赤土に陽光をうけてひときわ輝きを放つ黒曜岩製の石片が顔をのぞかせているのに目がとまった。

これが、ことのはじまりであった。

火山岩の一種である黒曜岩は、このあたりには自然状態では産出しない岩石で、そんな石が「関東ローム」と総称される岩宿の風成層中に存在することじたい説明しがたいことである。

北関東に見られる赤土というのは、更新世に赤城山や榛名山などの噴火によって降り積もった火山灰層であり、「関東ローム層」の別称であった。ローム層というのはもともと土壌学でつかわれる用語で、きわめて細粒の風成堆積物をさす。関東ローム層の場合、おもに関東平野周辺の火山に由来する火山灰が長い時間の経過と気候変動の影響をうけ黄褐～褐色の土壌に変質したものである。地質学の分野では表層としてあつかわれ見向きもされず、むしろ土壌学分野の研究対象とされてきた。それがにわかに注目されるようになったのは岩宿の発見が契機となり、その後、急速に研究が進展した。関東ローム研究グループ編の『関東ローム―その起源と性状―』（築地書館、一九六五年）はその集大成とされる。

図７　相沢忠洋

考古学者は、こうした火山灰が降りしきるなかでヒトが棲

図８　相沢発見の石器

むのはとうてい不可能だと考えていた。これは、当時の常識だったのである。実際、縄文時代の遺跡を発掘した考古学者は、通常、この赤土に達するとスコップを置き調査を切り上げるのがならいであったらしい。

相沢は岩宿の切り通しを通るたびに、自転車を止めては崖面の赤土に目を光らせた。やがて、採集した石器や石片の数も増え、もはや赤土の中から石器が出土する事実は疑いないものとなった。なかでも両面を調整し薄く仕上げた美しい黒曜岩製の尖頭器（槍先）は人工品であることを如実に物語るもので、相沢はしだいに確信を深めるにいたった（図8の左上）。

この発見を相沢がひとり胸の内にしまっていたなら、その後のドラスティックな展開はなかったし、ましてや学史のなかにその名をとどめることもなかったであろう。

相沢は、この重大な歴史的発見をなんとしてでも考古学者に知らせたかった。それは、相沢自身、岩宿で発見した石器の考古学的な重要性を認識していたことの証しとなる。

相沢は、桐生から東京まで自転車のペダルを漕《こ》いで考古学者を訪ねては、その事実をひたすら説いてまわった。もちろん、見つけた石器を携えてのうえである。しかし、相沢と会った考古学者は、赤土からヒトがつくった石器が出てくるはずがないという固定観念にとらわれ、相沢の話をまともにとりあげなかったらしい。

一九四九年の初秋のある日、相沢は明治大学の杉原荘介助教授のもとを訪ねた。杉原はあいにく静岡県登呂遺跡の発掘調査に出かけ留守であったが、大学院生の芹沢長介が応対し、石器をあずかるとともに、後日、杉原と面会できるよう段取りをつけた。杉原は、当時、弥生土器研究の第一人者として知られていたが、旧石器の研究動向にも関心をはらっていた。

## 2　岩宿の発掘

同年九月八日、杉原は相沢が岩宿の切り通しで拾い集めた黒曜岩製の両面調整尖頭器や小形石刃などを研究室で実見した。それらが赤土の中から出土するという説明を聞くと、ことの重大性をただちに理解し、現地を訪れ自分の目でそれを確認したいという衝動に駆られたようだ。後日談によれば、採集品のなかでも満蒙高原で発見されていた細石刃によく似た、両側縁が平行した小さな石片にとりわけ関心をいだいたという。

杉原は後日の現地調査を約束し、相沢は桐生までの帰宅の途をたどった。自転車のペダルを漕ぐ相沢の脚

図９　岩宿遺跡の予備調査風景

は軽やかであったにちがいない。

九月十一日から三日間、杉原は予備調査を実施し、相沢を案内人に立て芹沢長介、岡本勇を随伴し岩宿の切り通しに立った。初日は降りしきる雨をものともせずひたすら崖面に向かってシャベルを振るい続け、自ら楕円形石器（後に刃部磨製石斧と認定される）を掘り当てた。調査時の写真を見ると、崖面に向かって横一列になって発掘する姿が写っている（図９）。

赤土からは土器はもちろん石鏃も見つからず、無遺物層を挟んで二つの上下異なった地層から石器が出土する事実も判明した。つまり、異なった時期に旧石器人が二度この地を訪れ、形態が異なった石器をのこしたことが知られる。

岩宿での予備調査は大成功であった。

その後、岩宿の本調査がおこなわれ、土器や石鏃をともなわない石器文化の存在は不動の事実となった。ただし、これがヨーロッパでいう旧石器時代（ジョン・ラボックの定義によれば、絶滅した動物と人類が共存していた漂積時代＝洪積世）に相当するものかどうかについては、この時点では杉原も確信をもてなかった。発掘した石器が洪積世すなわち更新世に属するかいなかについて

図10　岩宿遺跡遠景

は、別の方面すなわち地質学分野からの証明が要求された。

しかしながら、当時、縄文時代最古の撚糸文《よりいともん》土器を包含する黒土層よりも下位にある赤土から石器が出土することから、地層累重の法則に照らして、縄文時代に先行することは疑問の余地がない。しかし、縄文文化の年代上限が不明であった当時、完新世に入ってもなお土器が出現しない時期の存在も配慮して、当初は先縄文文化、プレ縄文文化、無土器文化という呼びかたもされたが、岩宿の発見を契機に関東ローム層の研究が飛躍的に進み、それが更新世の所産であることがはっきりしてくると、こうした用語も一部の学派をのぞいて使われなくなった。

岩宿での発見は、明治大学による考古学調査を経て、縄文文化に層位学的に先行し、土器や石鏃をともなわない石器文化が関東ローム層中に埋もれている事実を明らかにした（杉原荘介『群馬県岩宿発見の石器文化』明治大学文学部研究報告考古学第一冊、一九五六年）。その契機をつくったのは考古学者相沢忠洋であり、相沢の発見を学術的に確認したのが杉原荘介である。相沢は、日本の旧石器時代研究の扉を開いた業績が高く評価され、一九六七年に吉川英治賞を受賞する。岩宿の発見から十八年後のことである。
この発見は、それまで数千年前と見積もられていた日本列島の人類史のはじまりを一挙に万をもって数える更新世にさかのぼらせることとなった。戦後日本考古学の最大の収穫ともいわれる所以《ゆえん》である。

わたしは、小学校に入学して間もなく、図書館にあったグラビア誌上で岩宿発見の石器と鹿の川沼を前にした岩宿遺跡の遠景写真（図10）を目にし、子供ながらも感動した記憶がある。いまにしてみれば、それが旧石器にたいする興味のはじまりであったのかもしれない。

調査の成果は、一九四九年秋、京都大学で開催された日本考古学協会第四回総会で速報のかたちで発表されたが、その場に居合わせた恩師の森浩一教授の話によれば、会場の反応は懐疑的で冷ややかな雰囲気につつまれたという。無理もない。研究者というものは、職業柄、新しい発見や研究成果に対しては懐疑的に接する習慣が骨の髄まで浸みこんでいるからである。

杉原荘介は、岩宿遺跡の調査以後、群馬県武井《たけい》・藪塚、東京都茂呂《もろ》、長野県上ノ平、北海道置戸《おけど》安住《あずみ》、佐賀県多久三年山《たくさんねんやま》・茶園原《ちゃそのばる》・平沢良《ひらぞうら》遺跡など全国にわたって精力的に発掘調査を進め、日本列島に先土器（旧石器）時代の文化が存在したことを次々と証明していった。

一九五〇年代には、縄文時代にさきだち土器や石鏃をもたない石器文化が日本列島に存在していた事実は不動のものとなり、日本考古学の新たな研究分野として市民権を得ることになった。岩宿の発見に触発され、さらには杉原や芹沢の薫陶《くんとう》をうけた若い旧石器研究者たちが、地域を基盤に旧石器文化の研究を推進していった。いわゆる第二世代の研究者達である。

この時期、地域研究をリードした研究者群像に大場利夫・松下亘・吉崎昌一（北海道）、柏倉亮吉・加藤稔（東

北）、麻生優・戸沢充則・滝沢浩（関東）、中村孝三郎（新潟）、藤森栄一・林茂樹・樋口昇一・森嶋稔（中部）、鎌木義昌・間壁葭子・高橋護（瀬戸内）らがいる。

彼らは、地域に根を下ろし、発掘調査を通じて時間軸としての地域的な旧石器編年の構築に寄与した。特徴的な石器に着目し、それらの変遷を確定する層位・型式編年の確立が優先された。時間軸すなわち時間の尺度の構築に邁進するという点では、縄文時代の研究がたどった道を踏襲するものであった。なかでも杉原と芹沢は、自らの全国編年案を発表しては修正するという試行錯誤を重ねながら旧石器研究の主導権を握るのに躍起となった。一九六〇年代以降、旧石器の研究をめざす若者は、競って東北大学か明治大学の門をたたいたものである。

一九六五年には杉原が編集した『日本の考古学Ｉ　先土器時代』（河出書房新社）が刊行され、それまでの研究の集大成がなされた。考古学のシリーズもので、先土器（旧石器）時代に一巻をまるまる充てるという企画ははじめてであった。旧石器時代の研究が日本考古学の中で市民権を得た証しとみた。翌年、同志社大学に進学したわたしは、考古学研究会のプレ縄文部会という学生のサークルでそれをテキストに用い、表紙がすり切れるほど読んではフィールドをもとめて旧石器の出土が報じられた京都市嵯峨野や枚方台地を彷徨したものである。

一九六三年、杉原との不仲がつたえられていた芹沢長介は東北大学日本文化研究所に職を得、以後、水を得た魚のように旧石器時代・縄文時代草創期の調査・研究を全国各地で精力的に進めるなかで全国的な旧石器編年枠組みの構築に邁進し、杉原の強力なライバルとなった。そして杉原と同様、在職期間中に多くのすぐれた旧石器研究者を門下生として育て、世に送った。

漏れ聞くところによれば、芹沢は岩宿遺跡の発見者である相沢を冷遇する杉原に違和感を抱いていたらしい。

相沢は、終世、芹沢を恩師として慕い、芹沢は最後まで相沢を陰に陽に支え、相沢の死後、そのコレクションを収めた相澤忠洋記念館（桐生市）の設立にも尽力した。岩宿調査の端緒となった黒曜岩製尖頭器（図8の左上）は、この相澤忠洋記念館に所蔵されている。

## 3　相沢忠洋との面会

一九七〇年代の中頃、わたしは二上山北麓の分布調査の仲間であった増田一裕（現本庄市教育委員会）をともない、相沢忠洋の住まいを訪ねたことがある。国鉄（当時）桐生駅で下車し、赤城山麓の冬枯れの雑木林の脇の道をたどると、木立の中に塗装が剝げ錆ついたバスの車体が見え、その脇に母屋とみられる家が一軒だけつつましく立っていた。ほかに民家は見えず、村落からも隔絶し、あたかも世捨て人の棲み家のような印象をあたえた。岩宿の華々しい発見とは裏腹に、いわれもない風評にさらされ孤独な生活をおくっていたことをあとで知った。

あらかじめ手紙で訪問の趣旨を伝えていたので、スムーズに面会できた。研究の後進地で旧石器の遺跡とて十指にも満たない関西地方から学生が訪ねてくるのは珍しかったのか、顔を合わせると怪訝《けげん》な表情を見せた。形どおりの挨拶のあと、二上山北麓のサヌカイト（讃岐岩）原産地で旧石器を探し続けているという話をしたら、機嫌よく応対してもらった。石器研究者というのは不思議な人種で、たとえ初対面であっても石器の話になると、百年来の知己であるかのように打ち解けて話が止まらなくなる。

岩宿をはじめとする膨大なコレクションを箪笥の引き出しから次々と取り出し、掌の上に載せられるたびに感動が襲った。いずれも研究史上よく知られた遺跡の石器だ。枡形囲《ますがたがこい》遺跡の巨大な船底形石器と石山遺跡の尖頭器がいまでも鮮明な記憶としてのこっている。相沢は宇都宮大学で教壇にも立ったが、晩年は赤堀磯、夏井戸の調査に専心するなどたゆまず考古学に情熱を注ぎ、一九八九年五月、六三年の生涯を閉じた。しかし、岩宿の発見の華々しさとは別に、私生活では不遇な日々を送ったらしい。そうした相沢を物心両面で支えたのが、岩宿の調査へ向け杉原との間をとりもった芹沢長介であった。

# 三　青森県金木の偽石器問題

## 1　明治大学による調査

岩宿の発掘から三年を経た一九五二年の夏頃、青森県北津軽郡（現五所川原市）金木町の藤枝溜池（芦野湖）の池岸で採集された奇妙な資料が明治大学考古学研究室に持ち込まれた。もたらしたのは大山考古学研究所（東京）の松平義人で、北海道・東北の遺跡に通暁していた人物といわれる。

それを実見した芹沢長介と吉崎昌一はエオリス（曙石器と訳され、ヨーロッパの第三紀層から出土する偽石器）に似ていると話し合ったという（芹沢長介「金木から座散乱木まで」『月刊考古学ジャーナル』No.五〇三、二〇〇三年）。

一九五二年十一月七日、金木の資料に関心を示した杉原荘介は亀ヶ岡遺跡からの帰途、岡本勇を随伴し藤枝溜池で小規模な試掘をおこなった。

その結果、礫層中から人為的な加工痕をおもわせるような資料が出土する事実に注目し、帰京すると「日本石器文化の段階」（INQUA日本支部連絡紙No.1、一九五二年）という論文を発表し、藤枝溜池から見つかった資料を「藤枝文化」として日本最古の段階に位置づけた。しかし、これは二年後にあっさり撤回される。本格的な発掘調査を経ずに即断・評価したのは、慎重な学問姿勢に徹していた杉原にしては、いささか早計

図 11　金木調査地点の遠景

の誹《そし》りをまぬがれない。

　杉原より一日早く、松平の案内で吉崎昌一とともに金木を訪れた芹沢は、溜池南岸の露頭で地表下三メートルの深さに礫層を見つけ、池岸に剥離面をもつ石片が集中する事実を確認した。採集した石片の多くにポット・リド（壺蓋）と呼ばれる、剥離面の中央に打瘤が認められ、自然の営為で生じた石片であろうと結論づけた（芹沢長介「鮭の細道より」『ミクロリス』第二号、一九五二年）。ただし、金木の砂礫層から出土するものはポット・リドをもつ石片に限られるわけではない。

　一九五三年六月十六〜二四日、明治大学考古学研究室が主催し、日本学術会議第四紀小委員会の後援のもと金木の本格的な発掘調査がおこなわれた（図11）。調査には南山大学のジョン・マリンガー教授も参加し、太宰治の生家である旅館「斜陽館」が宿舎に充てられた。

　前年の試掘調査をおこなった地点の脇にトレンチが設けられ、砂礫層中から多量の資料が出土した。正式な報告書は刊行されていないが、調査の概要は、翌年四月にＩＮＱ

UA日本支部第九回談話会の講演要旨として発表された「青森県金木砂礫層出土の偽石器」（INQUA日本支部連絡紙No.7）からうかがえる。その掲載誌は孔版（謄写版）刷りであったため部数も限られ、こんにちでも研究者の目にとまる機会は少ない。

問題の資料は、表土層下の層厚四メートルを測る砂礫層中から万遍なく出土し、特定の層準に集中する傾向も認められなかったという。砂礫層を構成する礫はリパライト（石英粗面岩）の円礫と硬質頁岩の角礫からなり、破砕（剥離）の痕跡をとどめるのは後者に限られた。

杉原は出土品を検討し、自然破砕礫（偽石器）という結論に達した。そうみなした主な根拠は、①加工技術に整一性がない、②器形に斉一性が認められない、③打瘤が認められる剝片はわずか三点にとどまり、打角が一〇七度、七八度で打面をもたず特異な様相をもつ、④細部加工のようなものが少数例についているが、剝離部位が無意味で方向に規則性がない、ということであった。

一見、詳細な観察のようにおもえるが、観察に供した資料数が明示されず、破砕礫の出現頻度、破砕面の摩耗度、石核・石片の比率などの客観的なデータが示されておらず、科学的な議論をおこなうにはおのずと限界がある。

それにしても、金木の砂礫層の形成時期が気になってしかたがない。

金木の発掘地点の地質・地形については谷津栄寿・貝塚爽平・井口正男らの「金木附近の地形」（INQUA日本支部連絡紙No.5、一九五四年）から概略をうかがうことができる。調査地点は海抜一〇～二〇メートルの金木面にあり、その東側には五メートルの段差をもつ一段高い地形面（更生面）がある。谷津らによれば、問題の資料を包含する砂礫層は基盤層を浸食した凹地に堆積した河成層とされるが、その堆積年代を知るための直接の手掛かりは得られていない。地質学者の間では漠然と約二〇万年前と見積もられていたが、杉原は二万年前頃と考えていたらしい（齋藤岳「夏泊半島椿山海岸のエオリス様の「石器」と金木の偽石器」『青森県考古学』第二〇号、二〇一二年）。

杉原は、わずか二年足らずの間に「藤枝文化」をあっさり撤回してしまった。予備調査時点では人工品すなわち石器と考えていたのが、本調査を経て石器から偽石器へと認識が一八〇度変わったのである。発掘調査に参加した明治大学の助手（当時）であった大塚初重の後日談によれば、金木周辺のどこの沢にも、金木で見つかった資料と同じようなものが転がっていたことが、杉原に偽石器であるという認識にいたらせた、という（大塚初重編『考古学者・杉原荘介―人と学問―』杉原荘介先生を偲ぶ会、一九八四年）。

金木の報告書が刊行されなかったのは、ヒトがのこした遺跡ではないので意味がないとでも考えたのであろうか。あるいは安直に「藤枝文化」を提唱した後悔と自責の念がそうさせたのであろうか。いずれにせよ、「藤枝文化」の提唱は拙速の誹りを免れず、杉原の輝かしい研究業績のなかで瑕瑾《かきん》ともいえるようなものであった。その一方、藤森栄一が『旧石器の狩人』のなかで記しているように、自然破砕礫であっても偽石器の格好の標本として学界に報告する意義はあった。そうしておれば、日本の旧石器学界に偽石器を識別するうえでの一つの基準を提供することができたかもしれない。明治大学出身者のなかには、他の遺跡からの出土品を偽石器と決めつける際に必ずといってよいほど、金木砂礫層の資料が引き合いに出されるが、肝心の金木調査の報告書が刊行されていないのは遺憾である。

明治大学の安蒜政雄《あんびるまさお》教授は、杉原荘介を偲ぶ座談会の席で、金木の苦い経験が杉原に「前期旧石器」を否定していく姿勢を生み出したのではないかと述べている（大塚初重編、前掲書）。岩宿の発見にはじまる芹沢との確執もあいまって、その後の前期旧石器存否論争の根がここに胚胎しているようにおもえてならない。杉原は、金木調査の苦い経験がトラウマとなったのか、前期旧石器研究にことのほか慎重あるいは否定的になっていく。

## 2 金木の踏査

二〇一三年七月、私の教え子である上峯篤史は弘前大学で開催された日本文化財科学会第三〇回大会に出席した折、脚を伸ばし五所川原市金木町の藤枝溜池を訪れ、かつて明治大学が調査した地点の近くで地層を観察するとともに池岸で新たに資料を採集した（図12）。

上峯が藤枝溜池（芦野湖）の池岸で採集した段ボール箱数杯分の資料のうち剥離痕をとどめる資料を実見することができた。なんともカラフルな石材は、玉髄に似た緻密な硬質頁岩である。そのなかに、一見、人為的な加工に見間違えそうな縁辺に連続した剥離痕をとどめる資料がふくまれていた。しかしながら、採集品すべてをじっくり観察すると、形態に斉一性が認められず、縁辺の剥離角度もまちまちで、個々の剥離面の風化度も異なり、さらに人工品に普通に認められるネガティヴな打瘤や縁辺の剥離も規則性に欠けているのが看取された。

上峯がもたらした資料と地層の写真を見て、それらの産状を確認したく現地を訪れてみたいという衝動に駆られた。砂原遺跡から出土した石器を偽石器とみなす研究者がいるなかで、偽石器がいかなるものかを自らの目で確かめたかった。金木の偽石器が砂原の出土品と明瞭に区別できるのであれば、砂原の石器が人工品であることを証明する重要な根拠の一つになると考えたからである。

二〇一三年九月十二～十四日の三日間、わたしは畏友の菊池強一、上峯とともに初めて金木を訪れ、初歩的な地質・地形調査をおこなった。青森空港で車をレンタルし、津軽平野に入ると、黄金色に色づいた稲穂が一面に広がり、収穫を待つばかりだった。

図12　金木の偽石器

芦野公園として整備された藤枝溜池は、深い緑の木立のなかにたたずんでいた。湖岸の遊歩道は東北自然歩道に指定され、南国育ちのわたしは遊歩道脇のクルミ、ブナ、ナラの落葉広葉樹の美しい森に目を奪われてしまった。

藤枝溜池南岸のかつて明治大学が発掘調査をおこなったトレンチ跡は、六〇年の時間の経過もあって定かに確認できなかった。しかし、南岸に面した遊歩道下の崖面と金木大橋南端で見つけた土取り場の掘削後間もない新鮮な露頭で金木面の構成層を観察することができた（図13）。

藤枝溜池南岸の二ヵ所で観察した金木面の層序は、地表面に近いほうからⅠ層黒色土約六〇センチ（縄文土器片を包含）、Ⅱ層暗黄褐色シルト層（津軽赤土層）約六〇センチ、Ⅲ層砂礫層五～六メートル、Ⅳ層青灰色粘土層を挟む砂層一メートル以上、となる。Ⅲ層の砂礫層の上部は小礫がまばらな状態を見せ、観察した層

図13　金木大橋南の金木砂礫層

序は谷津栄寿らの報告と基本的に一致する。

藤枝溜池をまたぐ金木大橋南側の土取り場露頭の砂礫層中には、流紋岩質凝灰岩の水磨された円礫に混じって上峯が池岸で採集したような硬質頁岩製の偽石器が包含されていた(図13)。その含有率は礫全体の一パーセント以下とみなされた。この砂礫層は、クサリ礫や赤色風化殻をともなわないことから、それほど古い堆積物ではなさそうだという印象をうけた。

このときの現地調査で、藤枝溜池南岸の遊歩道下に露出する砂礫層の下位で未知のテフラを菊池が発見し、そのサンプルを持ち帰った。京都フィッション・トラックの火山灰分析によれば、火山ガラスの屈折率が一・四九七～一・五〇四を示す未知のローカル火山灰（十和田給源?）で、姶良Tn火山灰（二・八万年前）や支笏第一（四～四・五万年前）の火山ガラスと同程度の風化度を示すことから、金木砂礫層は三～四万年前以降に形成されたものと推定される。南関東の立川段丘の形成時期とさほど変わらないものであろう。

図14　高位段丘礫層中の偽石器

この年代であれば、日本列島にすでに人類が棲息しており、すぐさま偽石器と決めつけるわけにもいかない。明瞭な人工品との比較検討をおこない、両者の差異を明らかにしなければならない。遺憾ながら、こうした研究はまだ着手されていない。

とはいえ、今回の踏査によって、金木周辺では金木砂礫層にはるかに先だって形成された数十万年前と見積もられる高位段丘礫層中にもカラフルな硬質頁岩や玉髄質の偽石器が包含され、しかも金木周辺のどこにでも産出する状況を確認することができた（図14）。こうした出土状況は、これらを偽石器とみなすうえでの傍証となろう。わずか三日間という駆け足の踏査であったが、フィールドワークから新しい成果が得られたのは大きな収穫であった。

インディ・ジョーンズの言葉を借りれば、やはり考古学研究者たるもの、研究室から抜け出してフィールドワークに出るべきだ。

二〇一三年十月二二日、明治大学博物館を訪れ、島田和高学芸員の対応のもと、金木の調査で出土した資料や調査記録類を見せてもらった。当時の調査地点を確認するのがおもな目的であったが、書類袋に一括して収められた記録類に目を通していて、杉原の金木の調査に賭ける情熱と几帳面な人柄の一端にふれる思いであった。

## 四　前期旧石器の探索

一九六〇年代のはじめころまでには、北は北海道から南は九州まで日本列島全域で調査がおこなわれ、出土した石器は地質学的な検討から更新世末の後期旧石器時代に属することが明らかとなった。このような研究の当然の帰結として、後期旧石器時代にさきだつ旧石器文化が存在するのではないかという考えが、一部の研究者のなかに頭をもたげてきた。岩宿の調査以後、杉原荘介とともにこの分野の研究を牽引してきた芹沢長介は、その急先鋒となった。岩宿で杉原の後塵を拝した芹沢にしてみれば、なおのことその思いが強かったのかもしれない。

当時、研究先進地のヨーロッパでは、放射性炭素年代測定にもとづき、後期旧石器時代の上限は三万年前頃とみなされていた。それより古い遺跡を探しだすことが次の大きな課題となってきた。三万年前というハードルを目の前にして、一番槍をつけようと研究者が虎視眈々となる状況が生まれてきた。岩宿の発見に乗り遅れた研究者や新参の研究者もくわわり、あたかも巧名争いに似た状況が現出してきた。

これ以降、半世紀におよぶ前期旧石器探索レースの幕が切って落とされ、多くの研究者が関与し、産みの苦しみがはじまることになる。これはまた、半世紀もの間続いた「前期旧石器存否論争」として知られる。関与したさまざまな研究者の人間味にもふれながら、論争史を回顧するなかで本論争の核心となる問題点を浮かび上がらせ、現在の到達点を明らかにすることにしたい。

## 1　丹生旧石器論争

先鞭をつけたのは古代学協会（京都）の重鎮角田文衞であった。京都帝国大学の浜田耕作の門下生であった角田は雑誌『古代文化』『古代学』を主宰し、文献史学の分野とりわけ平安貴族の研究で業績をあげ、古代史研究の泰斗として知られていた。また数カ国の言語に通じ、その語学能力を駆使してヨーロッパをはじめ世界各地の旧石器研究動向に通暁していた。また旧石器に関する著作も少なくない。

大分県丹生《にゅう》遺跡が注目されるようになったのは、一九五九年頃から地元在住の富木隆・佐藤暁・中村俊一らが丹生台地の地表面から多量の粗雑な礫器を採集し、後期旧石器より古いものではないかという考えがもたげてきたのが事の発端となった。

金関丈夫は丹生を訪れ、現地の情報を山内清男に報告した。山内は、東京大学人類学教室に属し、縄文土器の全国編年網の構築に大きな業績をもつ縄文文化研究の権威として著名であった。山内は、金関からの通報をうけ、ただちに佐藤達夫・小林達雄を丹生に派遣し予備調査をおこなった。

それを耳にした角田も、古代学協会のメンバー三名を同道し、自ら現地を視察した。

角田は、一九六〇年代のはじめ、丹生遺跡で採集された石器の中に東アフリカのオルドヴァイ遺跡などで出土する石器とよく似た礫器（チョッパーやチョッピング・トゥール）がふくまれているのに着目し、後期旧石器文化に先行して粗雑な礫器文化が存在するのではないかと考えた。

両学派の間で丹生遺跡の調査をめぐって、学会を巻き込んでの熾烈《しれつ》な主導権争いが展開された。

図15　丹生遺跡出土の礫器

一九六二年四月、日本考古学協会第二八回総会では丹生遺跡の予備調査をめぐって二つの研究発表がおこなわれるという、前代未聞の異様な事態となった。山内は協会内に「丹生遺跡調査特別委員会」を設置して調査を進めるという動議を提出したが、それは不成立に終わった。山内は、芹沢を背後で動議を成立させなかった首謀者とおもいこみ、会場にいた芹沢に捨て台詞《せりふ》をのこして立ち去ったという。

結局、丹生遺跡の発掘調査は古代学協会が担当することになり、角田は日本旧石器文化研究委員会を立ち上げ、一九六二年から六七年にかけて六次におよぶ発掘調査を実施し、関西や九州の地質学者・考古学者らが参加した。

しかしながら、角田らの忍耐強い調査にもかかわらず、一部の資料を除き、かつて地表面で採集された礫器の本来の包含層はつきとめられず、丹生の前期旧石器問題は宙に浮くかたちとなった。

わたしも学生時代に丹生台地を訪れたことがあるが、台地上は広大なうえ、地表は開墾による改変をうけ、古代学協会の調査地点をさがすのに難儀した。富木隆らが多量の石器を地表面で採集できたのも、本来の包含層が開墾等によって破壊され石器が地表に露呈したものとみれば説明がつく。当時の技術からすれば、機械力による大規模な掘削は考えられず、人力がおよぶ地表下の浅いところに礫器の包含層があったと考えるのが妥当であろう。

ただ、第三次調査で第10地区A地点の崖面に露出した地表下一・五メートルの志村砂礫層（更新世）中から重厚な礫器（チョッパー）一点（図15）が断面採集されているのが注目される（『大分県丹生遺跡第三次調査概報』古代学協会、一九六五年）。しかし、それとて、前期旧石器遺跡発掘捏造事件が発覚したあと、竹岡俊樹が注目した以外に研究者の間でとくに注意されることはなかった。

青森県金木で身をもって体験した杉原の苦い失敗が影響してか、他の遺跡の礫層中から出土する資料についても自然破砕礫と決め込み、まともに扱わない風潮がいまなお蔓延している。こうした傾向はどうも明治大学で研究の手ほどきをうけた旧石器研究者に多いように見うけられる。これも誤った認識で、真摯に学問に取り組む姿勢とはおもえない。研究史を紐解けば、ブーシェ・ド・ペルトが最初の旧石器を見つけたのもソンム河（北フランス）の段丘礫層中からであった。

わたしは、二上山北麓の桜ヶ丘第一地点（香芝市）の硬く固結した砂礫層中から摩滅の形跡がない石刃、石刃核、翼状剥片などまごうかたない旧石器を引き抜いた経験がある（同志社大学旧石器文化談話会編『ふたがみ』学生社、一九七四年）。これらは報告書に掲載している。また、京都市右京区大枝遺跡の低位段丘礫層中から吉朝則富がチャート製の石核や剥片を抜き取った現場に立ち合ったこともある。こうした事例は、ほかにも報告がある。

丹生問題に関して第三者的立場をとっていた芹沢長介は、丹生発見の礫器を和歌山県高山寺貝塚や大分県早水台遺跡で押型文土器にともなう礫器と同類とみなし、縄文時代早期の所産と考えていた。賀川光夫や春成秀爾も同様な見解を表明している。

当時にあって形態学を主とした方法からすれば、旧石器時代か縄文時代かの判定は困難であったのもやむを得ないが、現在の石器観察法からすれば、石器に付着した土壌、縄文時代の礫器との風化度などの比較検討から、大まかな所属時代の判定も不可能ではない。

芹沢らの批判に対して調査を実施した古代学協会側も、志村砂礫層・丹生泥層（中期更新世）の中から出土した資料三点をとりあげて、反論をおこなっている（角田文衞・三上貞二「いわゆる「丹生批判」の問題点」『月刊考古学ジャーナル』No.一一、一九六七年）。

芹沢は、丹生をめぐる論争の渦中にあって、発掘調査で本来の包含層を突き止めずに、表面採集された石器の形態だけで所属時期を議論することに強い警鐘を発した。芹沢がたびたび引用した「層位は型式に優先する」という箴言《しんげん》は、丹生遺跡の所見を求められ大分合同新聞に寄稿した世界的な旧石器の権威であるH・L・モヴィウス（ハーバード大学）のコメントに由来するものという。それにしても、志村砂礫層出土の一点の礫器が気になって仕方がない。二〇一〇年、その礫器を実見したいとおもい古代学協会に問い合わせたが、現物を実見できなかった。

## 2　早水台遺跡の「石英製石器」論争

### 芹沢の問題提起

早水台遺跡は、大分県国東《くにさき》半島の付け根にあたる速見郡日出《ひじ》町の別府湾を眼下に望む海成段丘上に立地する。現地に立つと、開析の進んだ緩やかな丘陵状地形を見せる。一九六三年以降、大分県教育委員会によって発掘調査がたびたびおこなわれ、竪穴住居も検出されており、縄文時代早期の早水台式押型文《おしがたもん》土器の標式遺跡として著名である。大分県は学術的な重要性に照らし県の史跡に指定した。その石碑がいまでも遺跡に立っている。わたしも遺跡地を二、三度訪れたことがあるが、蜜柑畑に造成された地表面には土器片やチャート・安山岩の剝片が散乱していた記憶がある。

一九六四年三月、大分県教委が主催する第三次発掘調査（調査団長八幡一郎）がおこなわれた際、調査に参加していた芹沢長介は、調査終了間際になって、台地の東斜面と南斜面に開けられた二ヵ所のトレンチの地表下約三メートルの深さにある安山岩角礫層中（5層）から出土した石英脈岩製の石器と考えられる資料に注目した。なお、このときの調査で3層上部から後期旧石器時代の石刃、石刃核、刃部磨製石斧などが出土している。

芹沢は、石英脈岩製石器の解明を目的として同年四月十日から十五日まで東北大学日本文化研究所が主催する第五次調査を実施した。その成果は一九六五年に『大分県早水台における前期旧石器の研究』（東北大学日本文化研究所研究報告第1集）としてまとめられた。東北大学に職を得てはじめての調査で、新たな天地で意気込みに燃えたことは想像に難くない。

芹沢が「前期旧石器」とした資料は、5層の安山岩角礫層と6層の粘土層から出土した。堆積成因が異なる5層と6層の出土資料をひとまとめにした文化層認定に問題が指摘される。

「石器」の石材は石英脈岩、石英粗面岩、角閃石斑岩からなる。それらは礫器（チョッパー、チョッピング・トゥール）、祖型ハンドアックス、握斧（クリーヴァー）、手斧（ハンドアッズ）、尖頭石器、祖型彫器（プロト・ビュアリン）、叩石（ハンマー・ストーン）、剝片、祖型ルヴァロワ型石核などに分類され、用いられた石材（石英）の共通性ともあいまって、北京原人で有名な周口店遺跡をはじめ東アジア・東南アジア各地の前期旧石器と比較検討し、とりわけ周口店遺跡の石器群に類似することを強調した。

その比較は、おもに報告書の図面や写真にもとづくもので、周口店遺跡をはじめ自分の目で実物を直接確かめたわけではない。当時としては、中国との間に国交もなく実見するわけにはいかなかったのである。芹沢が用いた石器用語は、フランスの著名な先史学者F・ボルドが案出したような厳密な石器分類基準に拠ったものではない。現在なお、東アジアの前期旧石器の分類に際しては研究者独自の用語が用いられ、異なった遺跡間の比較に際して統一的な基準を欠くのが実情である。こうした基準が研究者の間で共有されていないなかでの用語の乱用は混乱をきわめ、比較そのものが恣意《しい》的になりやすく、結論じたいにも重大な影響をあたえずにはおかない。そうした方法論上の問題に拘泥せず比較研究をおこなったところに芹沢の本領と限界がみてとれる。

芹沢が旧石器の用語や知識を英語の文献から学んだことはよく知られている。わたしも学生時代に貪り読んだ芹沢の著作『考古学ノート1　先史時代（Ｉ）―無土器文化』（日本評論新社、一九五七年）には、M・C・バーキットの『旧石器時代』などからの引用が散見される。

わたしが旧石器の勉強をはじめた学生時代には、同じ形態の石器を呼ぶのにも、明治大学派と東北大学派とでは異なった用語が競うように使われ、執筆者の帰属を示すアイデンティティともなっていた。旧石器の用語はただでさえ難しいのに、用語のダブルスタンダードは日本に旧石器考古学を広く普及するうえでの障害のように感じられた。たまらず学生向きに『旧石器用語集』をつくり、孔版刷りで三〇部ほどばらまいたところ好評を博した。

用語のダブルスタンダード状況は一九九〇年代まで続いた。それを打破するねらいもあって、わたしが中心になって数年の歳月を費やして『旧石器考古学辞典』（旧石器文化談話会編、学生社、二〇〇〇年）を編集し、刊行することになった。これも、両学派に属さない身であったからこそ実現できたのである。その後改訂を重ね、現在、三訂版まで刊行されている。

### 包含層の年代

それでは、石英脈岩製資料を包含する早水台の地層の年代はどのように考えられたのであろうか。地質学・地形学の専門家である東北大学の中川久夫教授は、早水台遺跡が立地する地形面を最終間氷期以降に形成された海成段丘とみなし、石器を包含する安山岩角礫層に対して十万年前後の年代を推定した。現在のように細かく研究が進んでいなかった時点での考察であることを差し引いても歯切れが悪く、年代の根拠が判然としない。海成段丘であれば円磨した大小の礫で占められるはずであるが、そのような記載はない。むしろ、角礫から構成されるところを見ると、その形成要因は別の堆積現象とみられなくもない。現地を観察した菊池強一は、この角礫層を火砕流堆積物の二次堆積ではないかとわたしに漏らしたことがある。

芹沢が第四次調査で報告した資料は、第三次調査で上層の3層上部から後期旧石器時代初頭の刃部磨製石斧や石刃が出土していることから、それよりも層位的に古いことは明白である。しかし、それだけでは問題の資料の実年代を割り出せない。

## 3　杉原仮説の提唱

早水台の報告書が刊行されてから二年間沈黙を守っていた杉原荘介は、一九六七年になって短い論評を発表した（「"SUGHARA'S HYPOTHESIS"を破ってほしい」『月刊考古学ジャーナル』No.八）。以下に関係部分をそのまま引用する。

（前略）大分県早水台遺跡の下層の礫層出土資料については、少なくともわたくしには人工品があると思われない。石材に石英粗面岩があるというが、それには不適当ではなかろうか。一つ細部加工らしく見えるものがあるが、その時代のものとしてはその部分の石質変化が新しくありはしないか。その礫層については、下末吉層あるいは直後のものといわれている（後略）。

芹沢が新天地の東北大学で初めて手がけた遺跡の報告書に対してたった数行で一蹴する、けんもほろろの態度である。芹沢が憤るのも無理はない。芹沢は、この論文が発表された翌月、個々の論点について痛烈な反論をくわえた（「日本の旧石器（特論）」『月刊考古学ジャーナル』No.九、一九六七年）。

もしもこれらが人工品でないというなら、ひとつひとつの実例について、その証明をしてからでなくては、学問的な見解が表明されたとはいえないであろう。ある研究者にとって石器の認定ができないということと、その石器が人工品か否かということは、おのずから別問題である。

その言たるや正論であり、杉原の「一を聞いて十を知る」まがいの奇妙な論理で門前払いをくらわされ、怒り心頭の芹沢の顔が浮かぶ。

図16　早水台遺跡出土のチョッピング・トゥール（上下5.15cm）

杉原が金木の資料を偽石器と断定したときのような根拠を明示して説明することもせず、石英粗面岩が石材に不適切な岩石と断じる。一点だけ細部加工らしく見える資料というのは、芹沢が早水台出土石器の定番としていつも写真を掲げるチョッピング・トゥールのことであろう（図16）。その石器についてふれ、包含層に対して見積もられた地質年代（最終間氷期あるいはその直後）にしては剝離痕の風化度が新し過ぎはしないかといぶかしがるが、比較資料も提示しないなかで何をもってそう断じるのか判然としない。なお、この石器は安山岩角礫層直下の粘土層（6層）から出土したものであり、角礫層出土のものとは層位的にも、また包含されていた地層の性格も異なるのである。

石器の風化度は、石質の粗密、包含された堆積物の性格、埋没するまでの経過時間、埋没後の続成作用など複雑な要因に規制され、十把ひとからげに論じられるものではない。

過日、わたしはこの石器を実見したが、斑晶孔をもつ火山岩（姫島産黒曜岩という説もある）とおぼしき緻密な石質で、剝離面はかなり風化をうけていた。この石器が粘土層中に包含されていたのであれば、とくに問題にするようなことではない。杉原がいうように、これを石器でないというのであれば、何をもって石器とするのかという根底的な問題を投げかける。

杉原は、「"SUGIHARA'S HYPOTHESIS"を破ってほしい」の論文の中で、「日本においては下部旧石器時代・中部旧石器時代の文化は存在しなかったであろうという仮説をここに提案したいのである」と明言する一方で、日本の下部・中部旧石器時代文化の存否論争に慎重な学風が起こってくるのを期待した。

杉原は、下部旧石器時代には原人が、中部旧石器時代には旧人が、上部旧石器時代は新人がそれぞれ担い手となり、それらが継起的に日本でそれぞれの文化を生み出したと考えるのは話がうますぎると揶揄《やゆ》した。芹沢がそのように考えていたのかどうかはわからないが、杉原のあまりにも単純かつ図式的な進化説にたいして、芹沢は東アジアの近年の人類学研究を踏まえて痛切な批判をくわえた。

芹沢が石英製石器として発表した資料は石英粗面岩とされ、割れ口に物理破砕の属性が明瞭に現われる黒曜岩や頁岩製の後期旧石器を見慣れた研究者の目には異様に映ったのも想像に難くない。石英という名がつくものの、中国や韓国などで前期旧石器に使われた石英、石英脈岩とは異質な岩石である。それまで研究者の経験になかった石材が使われていることから、石器の認定をめぐって研究者の間に異論を生じるのも、一面ではやむをえない。このような石材を用いた石器の観察には相当な熟練を要し、研究者個々の経験の差によって見解が分かれるのは当然といえば当然である。この点に、前期旧石器研究の根本的な問題が潜んでいる、とわたしは考える。

因みに、四十年ほど前にさかのぼるが、早水台の出土品を実見してきた友人に印象を訊ねたところ、「まるで泥の塊のようでした」という言葉が返ってきて唖然としたことがある。早水台の「石器」を目にした第一印象は、石器の専門家であろうと初心者であろうと、さして変わらなかったのであろう。

芹沢が東北大学を退官したのち、東北大学総合学術博物館の柳田俊雄教授は早水台の第六次（二〇〇一年）・第七次（二〇〇二年）・第八次調査（二〇〇二年）をおこない、第五次調査（一九六四年）で芹沢が検出した「石英製石器」の出土層を再確認した（「大分県早水台遺跡第六・七次発掘調査の研究報告―日本前期旧石器の編年と地域性の研究―」『Bulletin of the Tohoku University Museum』七号、二〇〇七年、「大分県早水台遺跡第八次調査の研究報告」同十号、二〇一一年）。

図17　早水台遺跡出土の石英製石器（上下4.4cm）

柳田の報告によれば、二～四㌢大のスクレイパー類が多く出土し、早水台下層の石器群は、チョッパー、チョッピング・トゥール、プロト・ハンドアックスの大形石器を保有しながらも、むしろ小形の石器が主体を占める石器群であるという。こうした性格は、一見、韓国の前期旧石器に通じるものがある。また、安山岩角礫層の直上で九重《くじゅう》第一軽石（Kj-P1、約五万年前）に由来する火山ガラスが検出され、地質学上の年代下限が把握されたのは新たな知見である。

二〇〇九年、わたしは早水台第六・第七次調査の出土資料を実見する機会を得たが、チャート製剥片や、周口店遺跡から出土するような真正の石英の剥離面に打撃痕をとどめる石器を実見して目を見張った（図17）。調査を担当した柳田にその出土層を訊ねると、安山岩角礫層直下の粘土層（6層）から出土したものという。杉原がかつて問題にしたチョッピング・トゥールも同じ層から出土したものであり、安山岩角礫層から出土するいわゆる「石英粗面岩製石器」

とは層位的に区別される、別の文化層が存在するのではないかと考えた。現在の調査からすれば、両者は区別してあつかわれるものであるが、芹沢は安山岩角礫層と粘土層出土の資料を一つの石器群として報告してしまったのが惜しまれてならない。

このときは時間がなく果たせなかったが、いわゆる石英粗面岩製石器についても、世にはびこる否定的な評価を離れて白紙の状態から再検討すべきだと考えた。

## 4 星野遺跡と珪岩製前期旧石器論争

一九六五年、芹沢長介のもとに栃木在住の考古学者斉藤恒民から一通の分厚い封書が届いた。同封された写真のなかに青色のチャートでつくられた掌大のルヴァロワ型石核に類似した資料が芹沢の目にとまった。それは栃木市郊外の星野町山口台地で採集されたものであった。

芹沢によれば、その石核はヨーロッパの中期旧石器時代を代表する特徴的な剝片剝離技術(ルヴァロワ技法)を想起させる亀の甲状石核であった。その当時、東アジアではルヴァロワ技法を示す明確な資料は知られておらず、専門家の注目を集めた。しかし、その後の調査でも中国、韓国ではルヴァロワ技法が組織的に使用された中期旧石器時代相当期の石器群は一つとして発見されていない。芹沢はヨーロッパを中心に組み立てられた編年的枠組みのなかで日本の旧石器を捉えようとしていたことがうかがえる。その意味でヨーロッパ中心思考から脱け出せていなかった。

芹沢は、その資料の本来の包含層を確認する目的で、一九六五年十一月、星野の地に発掘調査の鍬を入れた。以来、一九七八年まで十四年の歳月をかけ、基盤の礫層が顔を出すまで一四メートルの深さまでひたすら掘り下げられた。星野だけに限らないが、基盤層まで掘り抜くのは発掘に臨む芹沢の信条であった。凡人にはとてもまねのできない考古学魂といわざるをえない。私の手元には三冊にまとめられた立派な報告書がある。

二〇〇一年の初秋、遅まきながらわたしは星野遺跡を訪れる機会をもった。遺跡は栃木市街地西北方の山間部、三方を山に囲まれ南が開けた細長い山口台地上にある。背後の足尾山塊はチャートや珪岩を産する秩父古生層からなる。

　遺跡地には斉藤恒民のコレクションを展示する星野遺跡記念館、やや離れて星野地層たんけん館が建てられていた。訪れるひともまばらで、遺跡一帯をゆったり散策することができた。地層たんけん館の地層断面に見える鹿沼《かぬま》軽石層の厚さに度肝を抜かれるおもいであった。

　そういえば、ここはその模式地に近い。鹿沼軽石は「鹿沼土」として知られ園芸用に広く利用されている。三・二〜三・一万年前に赤城火山を給源とする降下火砕物で、北関東一帯に広く堆積し、後期旧石器時代と前期旧石器時代を画する重要な鍵層となっている。

　なお、地層たんけん館の建設の際、鹿沼軽石層の下から出土したとされるチャート製石器がサントリー美術館に展示されていたのをガラス越しに実見したことがあるが、入念な二次加工を施した削器がふくまれているのに驚かされた。発掘捏造が発覚した直後で、多くの研究者の目にとまらなかったらしい。これらの資料は、正式な調査がおこなわれなかったせいか未報告のままである。

　芹沢が調査した地点は、山口台地南端の第一・第四地点、台地奥の後背山地の麓にあたる第二・第三地点からなる。第三地点は斉藤によってルヴァロワ型石核が採集された場所に近く、重点的に調査され、A〜F

の六つのトレンチが開けられた。

なかでもEトレンチでは地表下一四メートルまでの間に一三枚の文化層が報告され、星野遺跡の基本層序を提供した（図18）。基盤層まで掘り下げるとは、芹沢の執念をうかがわせる。地表下一メートル強までは乱堆積を見せ、それ以下は礫を混じえる層を介在しながらも安定した成層堆積状態を見せる。これは、下層中に挟まる火山灰層が単一の層をなして数多く検出されていることからも傍証される。

地表下二・五メートル付近に層厚約二メートルの部厚い鹿沼軽石層（約三万年前）がある。この鹿沼軽石層を介して上層の第1～第4文化層、下層の第5～第13文化層に大別される。前期旧石器として問題になるのは下層の文化層である。鹿沼軽石層以下の層準で、挟在するテフラ（火山噴出物の総称）を試料に計九つのフィッション・トラック年代（鈴木正男測定）ならびに熱ルミネッセンス年代（長友恒人ら測定）が公表された（芹沢長介「第1部　金木から座散乱木まで」『月刊考古学ジャーナル』No.五〇三、二〇〇三年）。これらの年代は層序と矛盾しない。しかし、熱ルミネッセンス年代は測定誤差が大きく他の測定法によるクロスチェックを欠かせない。これらの年代を参考にすれば、基盤層の礫層の上に堆積する地層は海洋酸素同位体比ステージ（ＭＩＳ）５以降のものと推定され、礫層は同ステージ6の氷期の堆積物とも考えられる。

上層からはチャート製の柳葉形両面調整尖頭器、石刃状剥片など後期旧石器時代に特徴的な遺物が出土した。また、芹沢が探しもとめていたルヴァロワ型石核が一点、上層から出土している。

問題となったのは下層からの出土品である。

下層からの出土資料については、人為（人工品）か自然為（偽石器）かをめぐって地質学者を巻き込んでホットな論争が繰り広げられてきた。この論争は、星野遺跡に限らず、北関東において芹沢が前期旧石器と

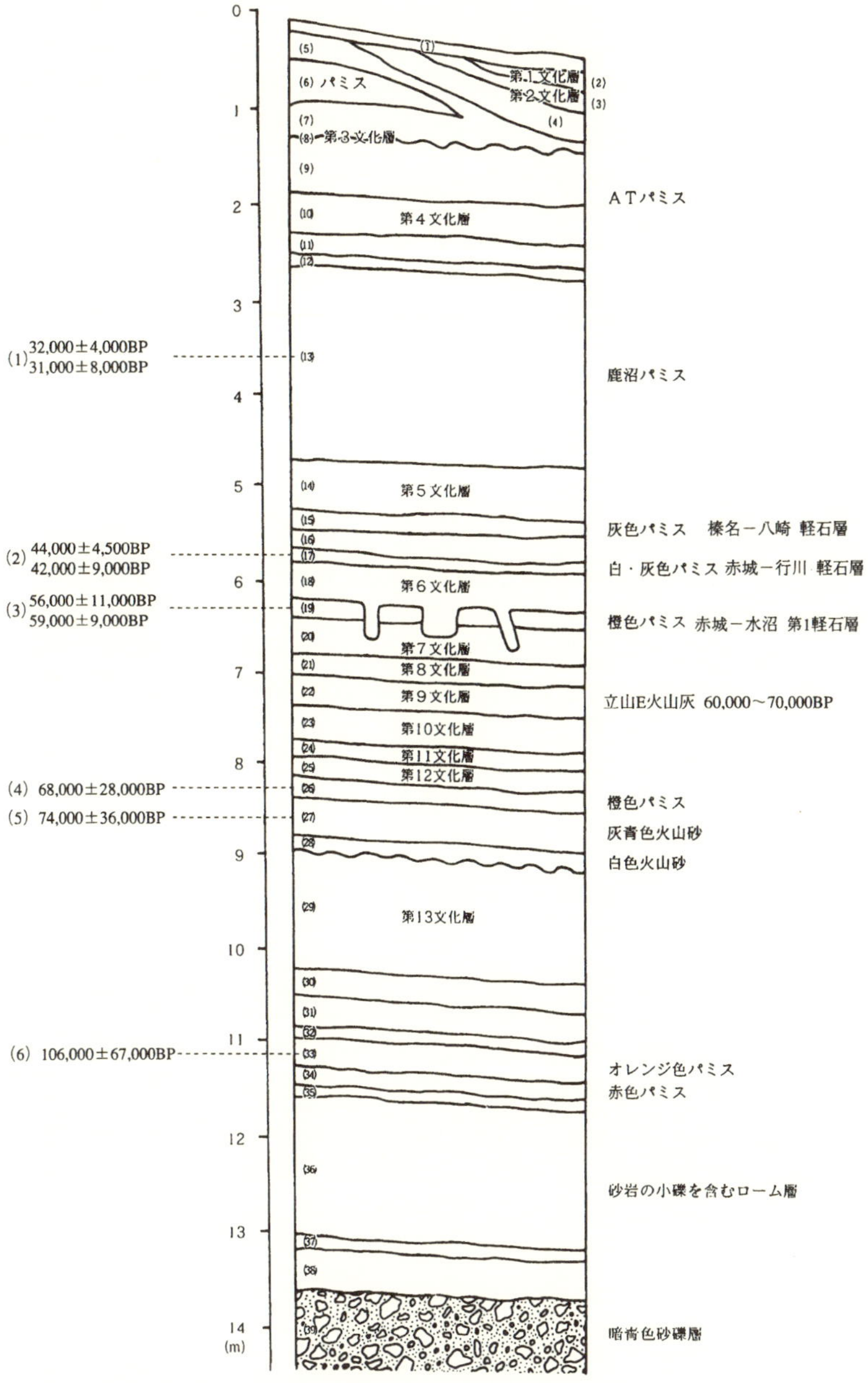


図18　星野遺跡Ｅトレンチの層序（(1)～(3)はFT年代、(4)～(6)はTL年代）

して発表した岩宿Ｄ地点等の出土資料をふくめて「珪岩製前期旧石器論争」としてよく知られている。

一九七一年には群馬大学で開催された日本第四紀学会で、この問題に集中した議論がおこなわれた。お膳立てをしたのは、群馬大学で地質学を教えていた新井房夫である。新井はテフラの同定に関しては第一人者としてならした。のちに町田洋と二人三脚でまとめた『火山灰アトラス』（東京大学出版会、一九九二年）は、日本列島と周辺大陸で見つかった火山灰の総合カタログとして、第四紀研究者・考古学研究者の必携の書である。

一九七一年に発行された『第四紀研究』第一〇巻第四号は、まるまるこの討論の特集にあて、論点を赤裸々なまでに浮かび上がらせた。

星野遺跡をめぐる論争の論点は、大きく二つに分けられる。

一つは地質学的な分野に属し、地層の年代を決める鍵層となるテフラ（火山灰、軽石、火砕流堆積物など火山噴出物の総称）の対比・同定問題である。二つ目は芹沢が石器として報告した「石器」の人為性についての問題である。

前者については、鹿沼軽石層の認定に起因し、星野遺跡調査団の地質調査を担当した宇都宮大学の阿久津《あくつ》純と群馬大学の新井房夫との間に繰り広げられたテフラ同定にかかわる意見の相違である。阿久津は、当初、地表下二・五メートル付近にある分厚い軽石層を真岡《もおか》軽石層（南関東の下末吉ローム基底部に相当し、約一二万年前の降下堆積物）に比定したが、新井の指摘をうけ、鹿沼軽石層（南関東の立川ローム基底部に相当。約三万年前）に訂正した。この変更は出土した石器群の年代観に大きく影響するが、テフラの専門家ではない芹沢にとっては、いかんともしがたい。餅は餅屋、考古学者にはテフラの同定まで手がまわらない。問題の軽石層が十二万年前から三万年前に変更されても、下層の資料は芹沢のいう前期旧石器時代に属することには変わりない。

後者の人為性に関する疑念については由々しい問題で、反対論者の主張が真実だとすれば、前期旧石器としての認定基盤が根底から崩れてしまうことになる。

そもそも星野の石器に関して議論の発端となったのは、下層の石材である珪岩に対する剝離属性についての認定の難しさがあげられる。その石材は黒曜岩、チャートとは異なり、打点、ポジティブ・バルブ（打瘤）、ネガティブ・バルブ、リング、フィッシャーを容易に観察するのが難しい厄介な特性をもつものであった。芹沢は苦労の末、剝離面にヒゲ状のフィッシャーを見いだし、それを手がかりに石器の観察をおこなう方法を案出した。

しかし、日本の旧石器研究者は後期旧石器時代の黒曜岩や頁岩などのようにバルブ、リング、フィッシャーが明瞭にあらわれる石器には習熟しているが、それらの石材とはあまりにもギャップが大きい星野下層や岩宿D地点の資料に戸惑い、懐疑的になったとしても不思議ではない。研究者とて経験の内にないことに出くわしたら拒絶反応を見せるのも無理からぬことである。あるまじきことであるが、芹沢が嘆いたように、出土品をろくに実見せずに否定派に与《くみ》する研究者が少なくなかったのである。

## 5　コールズの三条件

また、芹沢は石器認定にあたって、イギリスの著名な旧石器研究者であるJ・M・コールズが提示した、人工品を自然為から識別するための三つの条件を援用し、星野や岩宿D地点の「石器」はそれにかなっていると反論した。

コールズの三条件というのは、次のようなものである。

①一つの石器群はセット関係を示し、一定のパターンをもつこと。

②資料群が人間活動を示す埋葬施設などの遺構と共存して発見されること。

③石器には互いに直交する二方向もしくは三方向からの剝離痕が認められること。

以下、これらを筆者なりに解釈・解説する。

①は、一定の限られた時間の中でのこされた石器・剝片・石核等の集合体としての石器群は生活を支える各種道具の組み合わせから構成され、それらの組み合わせは歴史的な時間の経過のなかで一つの類型（パターン）を見せる、という意味である。一石器群を構成する個々の器種は機能・用途に応じて特化した道具の特徴的な組み合わせをもち、それが反復して現われるところに歴史的な意味すなわち人為性を見いだそうとするものであるが、これを確認するには一つの遺跡の出土資料だけではわかるはずがなく、複数もしくは多数の遺跡の出土資料で検証するしかない。

②は、石器か否かという議論では決着がつかないので、ほかにヒトの存在を傍証するような証拠を探し出せ、という。コールズは埋葬施設を一例としてあげているが、ホモ・サピエンスが出現した以降であれば別だが、前期旧石器時代にそんな遺構がいとも簡単にどこでも見つかる保証はない。炭や灰の集中部、焼け石、赤く焼けた火処《ひどこ》、石で囲った炉跡、住居跡など人類に固有の活動痕跡を示すものであれば十分だろう。手っ取り早く、人骨やヒトの足跡を出せば、百年の議論も氷解する。しかし、こんな明瞭な遺構や直截的証拠は

どこの遺跡にでも遺存するわけではない。ましてや人口も少ない前期旧石器時代において見つかる可能性は極端に低い。これらの遺構が、ごく短期間の活動の場にのこされているのは余程のことであり、それが容易に見つからないから考古学者はどこでも苦労が絶えないのである。無いものねだりをしても埒《らち》があかない。

③は、旧石器考古学者が百年もの間議論してきた石器観察からの判断基準を示したものであり、より生産的な議論といえる。コールズは、石器にのこされた剥離痕の加撃方向とその組み合わせを問題にし、自然為との違いを単純化して示そうとしたものである。これなら、議論の俎上に乗りやすい。

たとえば、話を単純化するため、石核から剝片が剝ぎ取られるプロセスを想定してみよう。ナイフのような鋭いエッジをつくりだすため石片（剝片）を剝ぎ取る工程を例にとれば、石核の特定の面（作業面）から剝片を剝がすためには、先ずハンマー（敲石・叩石）が当たる平坦な面を準備しなければならない。この面は、意図する剝片が剝がされる石核作業面と一定の角度（石核角）をもった位置に設定されるのが普通である。この角度は鋭角になればなるほど剝片を剝がすのが容易になる。手頃な剝離角度をもった礫面が自然にそなわっておれば、そこを叩けばよい。しかし、そうした面が見つからない場合、礫面の一部を剝離してハンマーを打ちおろす適当な面（打面）をつくりださなければならない。

この打面と作業面とが構成する角度は、石片を剝ぎ取るために一定であることが望ましい。そして最後にハンマーが打面の一点に狙いを定めて振り下ろされ、石核作業面から意図する剝片が剝離されるのである。こうした一連の剝離プロセスを剝離面（打面、石核作業面）の位置関係から見れば、直角に交わる二つの打撃方向となる。これは極度に単純化したものであるが、石核作業面からは複数の剝片が剝離されるのが通例である。

剝ぎ取られた剝片のシャープな縁辺をそのまま使用するのが不都合であれば、機能部の縁辺に表裏あるいは片面から二次加工を施して使用に供されることもある。この場合、コールズのいう直交する三方向からの剝離となる。もちろん、これらの剝離痕は二重風化が混在するなど剝離面生成時の時間差が観察されるものであってはならないのはいうまでもない。このような複雑なプロセスが、自然作用で生じる可能性は皆無とはいえないにしても、その出現頻度はきわめて低いと考えられる。

これまでの人工品か自然作用で生じた偽石器かを区別する議論の中で、反対論者の根拠は決まって「自然でも起こりうるのではないか」という証明を経ない可能性の議論に終始してきた。科学としての考古学は可能性の議論をおこなうものではない。

そうした議論の限界は、包含層の地質学・地形学・堆積学・タフォノミー（化石産出論）などの総合的な検討を欠如していた点にある。言い換えれば、考古学という狭い土俵に縛られた狭い世界のなかで自己満足的に議論されてきた。わたしにいわせれば、まさに「井の中の蛙」議論に等しい。旧石器考古学は、第四紀諸分野の基礎的な知識と実践的観察に則《のっと》った検証を欠かせない学問分野である。

## 6 新井房夫の批判

芹沢の「珪岩製前期旧石器」に対する批判は、地質学を専門とする新井房夫によって提示された。

新井は、出土する資料が余りにも膨大な量に達し、「石器」とされた石材は星野遺跡や岩宿D地点を取りまく後背山地（足尾山地）の基盤岩を構成する岩石と同じで、後背山地の珪岩が崩落移動し再堆積する過程であたかも石器に見えるような資料を生みだしたのではないか、と指摘した。すなわち、自然作用もときとして芹沢が分類したようなさまざまな形態の石器に似たものをつくりだすのではないかという推論で、いささか暴論ともいえる見解である。

たしかに、発掘トレンチの面積の割には尋常とはおもえない膨大な量の石器・剝片・石核が出土するという事態にはわたしも疑念を払拭できないが、新井の指摘はいささか思いつきともいえるもので、生産的な議論とはおもえない。新井が指摘する可能性の議論では学問にならない。

新井の批判に対して芹沢が「そのような事例を調査して提示せよ」というのにも一理がある。いまだかつて、それをまともにとりあげた研究はない。つまり、確実に自然現象で生じたと断定できる、たとえば人類が出現していない時代や人類がまったく関与した状況が認められない自然破砕品を対象に定性・定量的な分析をくわえた研究というものは、国外は別にして、わが国では過去も現在もだれも試みたことがないのである。

## 7　バーンズの石器認定基準

ヨーロッパでは、十九世紀以来、人類がまだ出現していない第三紀層から出土し、一見、人工品と見間違えるような剝離痕をもつ「エオリス（曙石器）」の自然為か人為かをめぐって百年もの間、熱い論争が交わされてきた。山岡拓也はこの間の研究史を手際よく紹介している（「石器認定研究の現状と課題」『論集忍路子Ⅰ』二〇〇五年）。

なかでも一九三九年に発表されたA・S・バーンズの研究は、その後の研究に大きな影響をあたえた。

バーンズは、①エオリス、②人工遺物とそれを摸した製作実験資料、③野外で収集したサンプルと破砕実験資料すなわち自然資料計五〇〇〇点余りを対象に打角（わたしのいう石核角で、打面と剝離作業面とがなす角度）の定量的分析をおこない、人工遺物と製作実験資料では鋭角のものが多く、エオリスの多くは鈍角をみせるものが多いこと、エオリスは③の自然資料に類似した傾向をもつことを明らかにした。

わが国では、バーンズの研究から鈍角剝離をもつ資料は偽石器だと誤って理解されているきらいがある。韓国や中国の前期旧石器時代の遺跡から普遍的に出土する石球もしくは多面体石器は、加工の最終段階で鈍角剝離を駆使して仕上げられた。また、西日本の後期旧石器時代の角錐状石器や三面加工尖頭器の製作には稜上調整と呼ばれる鈍角剝離が用いられた。こうした事例からしても、鈍角剝離の有無は自然為と人為を識別する決定的な基準にはなりえないのである。

新井房夫の指摘に関連して、乱堆積を見せる星野上層はさておき、下層の層序を見ると、薄いテフラが途中に何枚も水平に挟まれ、新井がいうような土石流をおもわせるような形跡はうかがえない（図18）。なお、第3地点の鹿沼軽石層直下の層準から動物の足跡とみられる生痕も確認されており、動物が活動できる環境にあったならば人類もまた活動できたはずである。

さらにまた、山口台地の奥まった場所にある星野第二地点では、砂岩製石器の出土も報告されており、砂岩は後背山地に産出しないので、ヒトの手を介して遺跡地へ運び込まれたと考えざるをえないのではないか。

新井はたたみかけるように岩宿D地点にもふれ、遺跡の前面を流れる渡良瀬川の河床には良質のチャートを産出するにもかかわらず、それを用いず粗悪な珪岩を使用する点にも疑念を表明した。この指摘は、考古学研究者には、一見、説得的であるようにおもえる。しかし、当時の渡良瀬川の河床に現在見るような良質のチャートが転がっていたのかという問題もあり、地質学的に検証されなければならないのはいうまでもない。

なお、岩宿D地点の出土資料を検討した松沢亜生は、剥離面の形成過程の分析から人為性を主張している（「岩宿遺跡D地点の石器の製作痕跡の検討」『岩宿時代を遡る』笠懸町岩宿文化資料館、一九九九）。その緻密な研究法は、おおいに傾聴すべきである。

**図19　星野遺跡**（上・中段）、**岩宿D地点**（下段）**出土の石器**

旧石器発掘捏造事件の検証作業を経て調査技術、石器観察力が飛躍的に高まった現在、星野遺跡の資料も科学的な土俵で再検討すべき時期にいたっているのではなかろうか。わたしは、星野下層・岩宿D地点から出土した資料の中には自然の営為で生じたとはとても考えがたい人工品すなわち石器（図19）がふくまれていると考える。

図19の中段・下段右は剝片を素材とし、腹面側から背面側に二次加工を施して鋭い突出部を意図的につくりだしたもので、韓国や中国でよく見かける嘴状《くちばしじょう》石器（ベック）に通じるものがある。このような形態の石器が自然の営為で生じるとすれば、それは天文学的な確率に属するものであろう。

## 8　芹沢長介の思いで

ここで閑話休題、脇道にそれるが、芹沢長介の人柄を紹介しておく。

芹沢に初めてお目にかかったのは一九六七年の秋であった。その年、関西大学で日本考古学協会の昭和四二年度大会が開催され、その帰途、同志社大学の新町校舎臨光館にあった考古学研究室を訪れた。マンローI日蔵の石器を実見するのが目的であった。

当時、わが国の旧石器研究を名実ともにリードし、トレンチコートをまといダンディで颯爽《さっそう》とした容貌は、一見、俳優かと見間違いそうであった。大学で旧石器の勉強をはじめたばかりの駆け出しのわたしに強烈な印象をあたえた。応対は南九州大学の鈴木重治助教授（当時）がおこない、わたしはその脇で小さくなってかしこまっていた。

マンローが酒匂川流域で発掘した資料で『先史時代の日本（原題 Prehistoric Japan）』に写真図版で紹介されているハンドアックス様の石器がお目当てであったらしい。しかし、同志社大学に収蔵されていたのは、マンローがイギリスで収集したフリント製の被熱したハンドアックス等のほか、出土場所も定かでない粗悪なチャート製の自然礫であった。

図20　穴虫峠遺跡遠景

　その次に会ったのは、一九七〇年二月、京都大学での集中講義のために上洛したときであった。その機会をとらえ、サヌカイト原産地二上山北麓の分布調査で収集した石器を芹沢の実見に供し、教示を仰ぐべくアポイントを取りつけた。二月の京都は底冷えが最も厳しい季節である。数百点の石器を詰めた重い箱を風呂敷に包んで、同僚の吉朝則富とふたりで宿舎の楽友会館を訪れ、芹沢が宿泊する部屋の重厚な木製ドアをたたいた。芹沢は、待ちかねた様子で、ふたりを温かく部屋に迎え入れてくれた。

　自己紹介につづき、二上山北麓の地図や写真を広げて調査の経緯を一通り説明したあと、採集した石器を箱から取り出しては芹沢に手渡した。芹沢はときおりルーペを取り出して石器を観察しながら、時間の経過を忘れたかのように一点漏らさず舐めまわすように石器に目を走らせた。なかでも穴虫峠《あなむしとうげ》遺跡で採集した松脂岩製のハンドアックス状の石器に関心があったと見え、ひときわ瞳を輝かせた。そして「杉原は崖錐《がいすい》上には遺跡がないといっているんだよ」とつぶやいた。大阪府穴虫峠遺跡は、良質のサヌカイト原石を産出する春日山の中腹、崖錐性の急斜面にあった（図20）。岩宿D地点のことを言っているのだとおもった。また、「僕は遺跡からなんでも拾って帰るんだ。捨てるのはいつでもできるからね」と言葉をつづけた。芹沢の石器観察の真摯さに、わたしは稲妻が全身を貫くような衝撃をうけた。それまで出会った研究者のなかで、そこまで丹念に石器を観察するひとにお目にかかったことがなかったからである。芹沢は身をもって、駆けだしのわたしたちに石器観察の心構えを無言のうちに示したのである。この貴重な体験は、石器を観察する姿勢の原点となった。

あとで柳田俊雄から耳にしたことだが、仙台に帰った芹沢は、関西で面白いものを見せてもらったと、ことのほか上機嫌であったという。このときの面会が機縁となって、岩宿D地点の発掘に吉朝と柳田が参加させてもらうことになった。

余談になるが、芹沢の人物像をうかがううえで一つのエピソードを紹介しておく。

芹沢と親交のあった恩師森浩一教授の口添えで、同志社大学旧石器文化談話会編『ふたがみ―二上山北麓石器時代遺跡群分布調査報告―』（学生社、一九七四年）の刊行に際して、芹沢から帯の推薦文を寄せていただいた。その後段のくだりを読んで、言い知れぬ感銘がわたしを襲った。

そのくだりには、「研究費の補助をまったくもたないこのような若いひとたちが、自分で新しい分野の開拓につき進むことによって、日本の考古学はつねに前進を続けてきたといっても過言ではないであろう。」とあった。奈良県と大阪府の境にある二上山北麓の分布調査は、わたしの青春時代をかけたもので、その後の旧石器研究への出発点となった。

芹沢の推薦文を目にして、学部二年生の秋から七年という歳月を費やし、多くの学生仲間とともに二上山北麓の地で旧石器を探しもとめて、ひたすら山野を彷徨《ほうこう》しながら報告書を仕上げた苦労が報いられた、とおもった。

一方、芹沢のライバルであった杉原荘介とは面識がなく、日本考古学協会の東京会場で姿を一瞥《いちべつ》しただけである。そのとき、眼光鋭く、近寄りがたい雰囲気を感じたものである。一九八三年九月一日、日本旧石器時代研究の扉を開いた偉大な考古学者杉原荘介は、多くの弟子に惜しまれつつ七十年の生涯を閉じた。

## 9　出雲の瑪瑙・玉髄製旧石器論争

出雲では、後述する砂原遺跡の発見に至るまで、考古学者恩田清らが宍道湖周辺で長年にわたって採集してきた、いわゆる「玉髄・瑪瑙製石器」の人為性をめぐって半世紀におよぶ論争が展開されてきた。この問題に深くかかわった先人たちの学問的情熱と労苦を研究史のなかに埋没させないためにも、「玉髄・瑪瑙製石器論争」の経過を振り返っておくことにしたい。

恩田清氏を中心とした出雲旧石器研究会のメンバーは、一九六〇年代の後半頃から八雲村（現松江市）周辺での踏査と採集活動を開始し、一九七〇年代には玉湯町、松江市の南郊、島根町、東出雲町に調査域を拡げた。一九七四年には同会員の小室隆寿が玉湯町鳥ヶ崎で二個の石器を採集したのが契機となり、出雲旧石器研究会によって集中的な踏査がおこなわれた（丹羽野裕ほか『出雲地方における玉髄・瑪瑙製石器の研究』島根県古代文化センター）。恩田コレクションの中核を占めるのは、この鳥ヶ崎で採集された資料である。出雲旧石器研究会は、一連の調査活動が認められ、のちに岩宿文化研究奨励賞を受賞した。

一方、本州西端の響灘沿岸では、一九六〇年代の半ば頃、山口大学の小野忠熈《おのただひろ》教授が独自に「水晶製前期旧石器」をもとめて調査に着手していた。一九六七年には山口県豊浦町磯上《いそがみ》で「水晶製石器の集積址」とされるものを発掘し、日本考古学協会でその成果を発表した。

小野教授は自然地理学畑の出身であるが、山口大学、広島大学で教鞭をとり、考古学にも造詣が深く、弥生時代の高地性集落の研究でも名が知られている。一九七四年には、文部省（当時）の在外研究員としてイギリス、フランス、インド、インドネシアなどの前期旧石器遺跡を訪ね主要遺物を実見した。京都大学地理学教室の藤岡謙二郎教授と親交があった。

小野教授から、刊行後間もない磯上遺跡の『水晶石器の集積跡』（冨士埜勇編、豊浦町教育委員会、二〇〇一年）の調査報告書をわざわざ送ってもらったこともある。小野教授は山口大学を退官後、京都府田辺町に隠棲されていたが、毎年、年賀状を交換する間柄であった。

小野教授にはじめてお目にかかったのは、一九七一年の夏のことであった。

大学院に進学したものの、研究室の発掘調査に参加できず鬱々とした日々を過ごしていたなか、同志社大学の先輩である四手井晴子《しでいはるこ》の紹介によって、藤岡教授が調査団長をつとめる京都市洛西ニュータウンの造成にともなう大枝《おおえ》遺跡の緊急発掘調査に吉朝則富や柳田俊雄らと一緒に参加させてもらった。四手井は酒詰仲男教授の教え子で、京都市広沢池や菖蒲谷池で採集された石器を『古代文化』に資料紹介し、関西では数少ない旧石器の専門家として知られていた。

そのとき、小野教授は出雲の玉髄・瑪瑙石器とされるものを数個持参された。わたしが出雲の玉髄・瑪瑙製資料を手にとって実見したのはそれが初めてであった。ぬめりのある赤褐色を呈した美しい玉髄は、灰色

図21　鳥ヶ崎近景

でいっこうに見映えのしないサヌカイトの石器ばかりを見慣れていたわたしの眼にはいまでも強く焼きついている。たいへん残念なことに、旧石器の勉強をはじめてわずか三年ほどしか経っていないわたしには、それらが石器なのか偽石器なのかを判断する力はまだ具《そな》わっていなかった。

玉髄・瑪瑙というのはどのような岩石なのか。

玉髄は、微細な繊維状石英と微量のオパールの結晶集合体で、熱水中の珪酸成分が火山岩や堆積岩中に沈殿して生じた鉱物とされ、瑪瑙、碧玉、鉄石英もその一種とされる（旧石器文化談話会編『旧石器考古学辞典（三訂版）』学生社、二〇〇七年）。また、瑪瑙と呼ばれる岩石は、半透明で赤白の縞をもつものを指す。松江市にある花仙山はその産地として有名で、その周辺には古墳時代の玉の製作址も多数知られている。近年では、ペンダントや置物に加工され、出雲の工芸産業の一翼をになっている。

出雲の「瑪瑙・玉髄製石器」と呼ばれているものは、松江市在住の恩田清らが長い歳月をかけて島根県の宍道湖周辺で採集したもので、その中心をなすのは宍道湖南岸の鳥ヶ崎で採集した膨大な資料からなる。

鳥ヶ崎は、宍道湖の南岸に位置し、南方から延びる高位段丘が湖に向かって突出する岬となっている。その先端は急崖となって、宍道湖に断ち切られたような地形となっている（図21）。現在、国道九号線がかすめる岬は公園になって整備され、ここからの宍道湖の眺めはじつに雄大だ。

二〇〇九年以後、わたしたちも砂原遺跡の周辺調査の途次、たびたび鳥ヶ崎を訪れては湖岸で著しく水磨した玉髄・瑪瑙製のチョッパー（図22）などを拾ったことがある（面将道「出雲産前期旧石器の再検討―鳥ヶ崎採集の新資料について―」『旧石器考古学』七五、二〇一一年）。また、成瀬敏郎も湖岸で玉髄・瑪瑙製のハンドアックス様の石器や石核を見つけている（図23）。

図22　鳥ヶ崎採集の石器

恩田コレクションは、一九六〇年代の末には研究者の間でひそかに知られるようになった。その膨大なコレクションは、恩田の没後、その意向をうけた遺族の厚意で島根県教育委員会に寄贈され、現在は島根県古代文化センター（一部は島根県立古代出雲歴史博物館に収蔵）に保管されている。恩田コレクションについては、丹羽野裕らによって資料整理が進められ、全体像がつかめるようになった（『出雲地方における玉髄・瑪瑙製石器の研究―恩田清氏採集資料と島根県出土の玉髄・瑪瑙製石器―』島根県古代文化センター、二〇〇四年）。

個人収集資料は、収集者の死後、散逸してしまうケースが多いが、恩田の意向とそれをうけた島根県教育委員会の処置は適切なものといえる。資料が保存されておれば、後世、再検討することができるからである。

図 23　成瀬敏郎採集の鳥ヶ崎の石器

私の恩師の森浩一教授は、つねづね「考古学を志す者、写真や実測図などの記録資料は個人で収集しても、遺物は公的機関に保管すべし」と学生に諭《さと》していたものである。

二〇〇九年の秋、砂原遺跡の調査を終えて立ち寄った島根県古代文化センターの収蔵庫で出雲旧石器研究会が収集した膨大な収蔵コンテナ（約二八〇箱）を眼の前にして、およそ三〇年間、ひたすら収集に努めた恩田らの執念が伝わってきて鬼気さえ覚えた。わたしも学生時代の七年間、吉朝則富・田頭澄・高田勉・清水奨・増田一裕・柳田俊雄らとともにサヌカイト原産地二上山北麓を踏査して多量の石器を収集したが、とてもその比ではない。

残念なことに、わたしは恩田とまったく面識がなかった。

一九七六年頃、わたしの研究仲間である佐藤良二は奇しくも恩田と同じ島根県の出身で、帰省した折、松江にあった氏の自宅を訪ねたところ、まだ駆けだしであった学生の佐藤をあたたかく迎え入れ、鳥ヶ崎の採集資料を惜しげもなく見せてくれた、という。この一事からして恩田の温かい人柄がうかがえる。そのとき、長年にわたって収集してきたコレクションの「瑪瑙製前期旧石器」を否定した研究者に対して憤りを隠さなかったらしい。これは、本稿を執筆するにあたって佐藤から耳にしたものである。

氏が長年にわたって収集した資料は地表面での採集品からなる。表採品の宿命として、それらの地質年代を知るうえでの確かな拠りどころを欠き、科学的な議論をおこなううえで大きな限界があったのも事実である。とはいえ、考古遺跡の発見は、地表面や崖面での遺物の偶然の発見からはじまるのが常である。地中深く眠っている旧石器が地表に顔を出すのはまれで、崖崩れあとや工事現場などで偶然発見され、それが研究者の目にとまり、研究の俎上にのぼるのが通例である。たとえ一点の石器といえども、ないがしろにできない。場合によっては、新たな研究の進展に寄与する契機となることもあるからである。

真の石器研究者であれば、石器がもともと包含されていた地層を見きわめることに努める。型式学と呼ばれる、石器の形態や加工技術から所属時期を決定できるケースはそれほど多くない。見つかった遺物がなんの変哲もない剥片や石核であれば、なおさらのことである。

それらは石器時代のどの時期にも生じるもので、それだけから本来の所属時期を決めるのは容易でない。そのため、旧石器研究者は石器や石片が埋まっていた地層を入念に調べて所属時期を決定することになる。その際、地層が一次堆積なのか二次堆積なのかを検討しなければならない。フランスの旧石器研究の大家であるフランソワ・ボルドもその著書『旧石器時代』（芹沢長介・林謙作訳、平凡社、一九六八年）で述べているように、旧石器研究者には、第四紀の地質学的素養が要求されるのである。

出雲の「瑪瑙製前期旧石器」が学界に広く知られるきっかけをつくったのは、恩田と親交のあった小野忠凞教授である。氏は、ヨーロッパにも脚を伸ばし、本場の旧石器を実見したこともある実践的な研究者であり、書物からだけ知識を得た研究者とは峻別される。

小野教授は、恩田からの通報で出雲の瑪瑙製資料の存在を知り、一九七〇年十一月、初めて八雲村を訪れ、踏査をおこなった。翌年七月には玉造温泉東南方の空山の山頂に近い標高約三六〇メートルの地点で発掘をおこない、崖錐性堆積物中から出土した瑪瑙製資料を前期旧石器として学界に報告した（空山遺跡調査団『空山遺跡』八雲村教育委員会、一九七二年）。これが契機となって出雲の「瑪瑙製前期旧石器」が全国の研究者に注目されるようになった。

東北大学の芹沢長介教授らは、「地質学的な所見は別としても、かんじんな石器の形態分類には問題がのこる」とし、「人工品と認めるにいたった根拠が明示されていない」と厳しい批判をくわえた（芹沢長介・横山英介「一九七二年の動向（1）旧石器時代」『月刊考古学ジャーナル』No.八一、一九七三年）。また、奈良国立文化財研究所（当時）の稲田孝司研究員は、「空山遺跡」から出土した六点の資料と同地で自ら採集した剥片一点を個々に検討し、前者六点について「自然の破砕をこえて、人為性を想定する方が妥当だとするほどの組織的加工は存在しない」と述べ、婉曲的な表現ながら人為性を否定した。そして他の諸地点で採集された玉髄・瑪瑙製資料についても懐疑的な考えを表明している（「出雲産「前期旧石器」について」『考古学研究』第二一巻第四号、一九七五年）。

この論文は、鳥ヶ崎の資料を真正面からとりあげて検討したものではなかったが、その文脈からして、読者に否定的な印象をあたえたことは否めない。長年にわたって収集を続けてきた恩田らの落胆ぶりは想像に難くない。これ以降、出雲の玉髄・瑪瑙製資料は研究の表舞台から姿を消し、いつしか忘れ去られようとしていた。恩田清は二〇〇一年九月、失意のうちにこの世を去った。

いつしか出雲の玉髄・瑪瑙製資料をさして、「出雲の神様石器」と揶揄する不埒者《ふらちもの》まであらわれた。

その後十五年余の間、めぼしい研究の進展は見られなかったが、一九九〇年代に入って出雲の玉髄・瑪瑙製資料（恩田コレクション）に対する再検討の動きが出てきた。

一九九一年、奈良国立文化財研究所（当時）の松沢亜生は恩田コレクションの資料五点を詳細に検討し、ルヴァロワ技法（ヨーロッパの中期旧石器時代を代表する剝片剝離技術で、剝がされる剝片の形があらかじめ石核上で整えられた）でつくられたルヴァロワ型尖頭器の存在をふくめ、あらためて人工品として評価するにいたった（「自然為と人為の狭間《はざま》で「鳥ヶ崎遺跡の石器」を考える」『八雲立つ風土記の丘』一〇五号）。これは新聞でも報道されたので、地元でご記憶の方もあろう。

一九九二年から一九九四年にかけて、松沢は学術誌『旧石器考古学』四四〜四八号に連載論文を発表し、鳥ヶ崎遺跡ほかの採集資料を個別にとりあげ、剝離面の形成過程を詳細に検討・分析するなかで、自然為では説明がつかない資料がふくまれていることを指摘した。

松沢論文が発表されると、稲田は恩田コレクションを実見し、採集品のなかに人為的な可能性のある資料がふくまれている事実を認めた（「出雲地方玉髄・メノウ製石器研究の動向」『考古学研究』第三九巻第二号、一九九二年）。

また、当時島根大学に勤めていた新進気鋭の竹広文明（現広島大学教授）は、鳥ヶ崎の湖岸で玄武岩製角錐状石器を採集し報告した（「島根県玉湯町鳥ヶ崎遺跡発見の後期旧石器」『LAGUNA　汽水域研究』一号、一九九四年）。この種の石器は、地域的な変異を見せながらも九州から東北まで広範囲に出土することが確認されている。角錐状石器の発見で、鳥ヶ崎に後期旧石器人もこの地を訪れていたことが明らかになった。

出雲の玉髄製石器の所属年代については、松沢がルヴァロワ型尖頭器（背面が三枚の剝離痕で構成され、先端が尖る三角形の剥片）の存在を指摘したことで中期旧石器の可能性を示唆するものであったが、ルヴァロワ技法は中期旧石器時代に限らず新石器時代まで使われていることや、どの時代にも偶発的に生じる可能性がある比較的単純な剥片剥離技術であることから、石器の形態だけから所属時代を決めるのは難しく、玉髄製石器が包含される地層の年代を正確に把握することが次の研究課題として浮かび上がってきた。

二〇〇四年、恩田コレクションが島根県教育委員会の出雲古代文化センターに寄贈された機会をとらえ、丹羽野裕らは島根県下出土の玉髄・瑪瑙製石器の集成と再検討をおこない、恩田採集資料のなかに確実な旧石器がふくまれている事実を明らかにした（『出雲地方における玉髄・瑪瑙製石器の研究』島根県古代文化センター）。しかし、それらが前期旧石器時代までさかのぼるかどうかについては、まだ確証が得られなかった。出雲地方の後期旧石器文化の実態を解明するうえで、島根県奥出雲町原田遺跡の発掘は大きな成果をもたらした。

原田遺跡は二〇〇四〜二〇〇七年にダム建設にともなって緊急調査が実施され、三瓶池田火山灰（SK、約五・三〜四万年前）の上位で三枚の後期旧石器時代の文化層が層位的に検出された。いずれの文化層にも玉髄製石器がふくまれ、下層にいくほど玉髄の利用頻度が高いことが明らかとなった（島根県埋蔵文化財調査センター『原田遺跡（4）第一分冊』島根県教育委員会ほか、二〇〇八年）。

原田遺跡の調査では下層から台形石器が出土し、玉髄製石器が後期旧石器時代の初めころまでさかのぼることが判明することとなった。そこで、玉髄が前期旧石器時代から使われていたのかどうかが次の大きな研究課題となった。

砂原遺跡が発見される、わずか一年前のことであった。

半世紀もの間続いた出雲の前期旧石器論争に新たな局面を切り拓いたのが、成瀬敏郎による出雲市多伎町砂原における玉髄製石器の発見と、それをうけての学術発掘調査であった。これについては、のちに詳しく述べる。

## 10　人吉市大野遺跡の偽石器

藤村発掘捏造が発覚する直前、研究者の間で話題にのぼっていたのが熊本県人吉市大野遺跡である。大野遺跡は、人吉盆地の南方にひろがる山間部にある。一帯の基盤岩は安山岩類からなり、さらに加久藤カルデラから噴出した火砕流堆積物が被覆する。

熊本県の農道緊急整備事業にともない人吉市教育委員会によって二〇〇〇年六月から翌年三月にかけて緊急調査が実施された。大野地区は人吉市街地の南方約八キロの山間地にある。C・D・E地点が調査され、各地点はたがいに一〇〇～一五〇メートルの距離を隔てる。

ここでは、三地点のなかでも最も多くの資料が出土したD地点をとりあげる。

D地点では、安山岩を基盤とする標高三五〇～三六〇メートルを測る丘陵斜面上に立地する（図24）。現地に脚を運ぶと、この斜面はかなり急斜な印象をうける。台形石器を包含する地層の下位に四枚の問題となる資料を包含する地層が検出された。この地層は崖錐性堆積物からなる。

発掘で取り上げられた一万点強の資料は、斜面の谷部に集中して出土する傾向があり、こうした出土状況は二次堆積であることを示唆する。なお、同層中からは黒曜岩やチャート製の台形石器も出土しているが、

図24　大野遺跡D地点

問題の資料の石材は粗悪な流紋岩（火砕岩）からなり、石材の点でも台形石器とは明瞭に区別される。

調査中から、九州の旧石器研究者の間で石器か偽石器かをめぐって大きく意見が割れていた。出土資料を実見した東京大学の安斎正人、東北大学の柳田俊雄、東北旧石器文化研究所の鎌田俊昭らは人工品とみなす立場をとっていた。藤村新一が現地を訪問する段取りまで整えられていたが、毎日新聞旧石器遺跡取材班のスクープによって上高森遺跡における藤村による発掘捏造が暴かれ、それは実現しなかった。

発掘捏造が発覚して間もない時期で、わたしは検証委員会準備会の委員をつとめていた関係もあって、大野遺跡の石器といわれるものを実見したいと考えていた。

二〇〇一年二月、調査中の大野遺跡を訪れ、韓国漢陽《ハニャン》大学校の裵基同《ペキドン》教授、京都府埋蔵文化財調査研究センターの中川和哉、裵教授の教え子の韓国人留学生の黄昭姫《ホワシソヒー》とともに資料を実見する機会を得た。裵教授はアメリカ留学から帰国後、国家史跡に指定された京畿道漣川郡全谷里《チョンゴクニ》遺跡の調査を長年にわたって手がけ、韓国の石英製石器に精通した第一人者であり、その豊富な経験から大野遺跡の資料を見てもらいアドバイスを得たいと考えた。

裵教授と福岡空港で合流し人吉に向かう手筈にしていたが、金浦空港の滑走路が猛烈な降雪に見舞われ乗機の離陸が大幅に遅れての福岡空港到着となった。その寒波が九州にも襲来し吹雪のなかでの遺跡見学となった。調査担当者の和田好史（人吉市教育委員会）から調査現場で説明をうけたあと、現場近くのプレハブに収納されていた出土品を実見させてもらうことになった。

そこにジョージ・ワシントン大学のアリソン・ブルックス教授が早田勉（当時古環境研究所）の案内でひょっこり現われた。ブルックス女史はアフリカのコンゴ共和国で著名なカタンダ遺跡の調査を重ね、ヨーロッパにホモ・サピエンスが出現するにさきだち、アフリカに返《かえし》刺をもつ精巧な骨角製銛《もり》が出現していた事実を明らかにした。同様な銛はヨーロッパでは後期旧石器時代末のマドレーヌ文化期にならないと出現しない。カタンダ出土の銛はホモ・サピエンスがヨーロッパにさきだってアフリカに出現していたことを示唆し、「ミトコンドリア・イヴ仮説」を考古学から裏づける発見として世界の注目を集めた。

挨拶のあと、わたしは裵基同教授とブルックス女史に一つの提案をした。それは、日本人研究者の間で出土品に関して人工品か自然為かをめぐって議論があることから、ひととおり出土品に目を通したあと、所見を表明しようというものであった。ふたりとも直ちに同意した。

ものの三〇分も経たないうちに、ひととおり資料を実見し終わった。実見した感想は、一部の台形石器を除いて、三人とも人工品ではないという意見で一致した。

調査担当者によれば、資料は無尽蔵に出土し、担当者ふたりが見て人工品として承認した資料に限って取

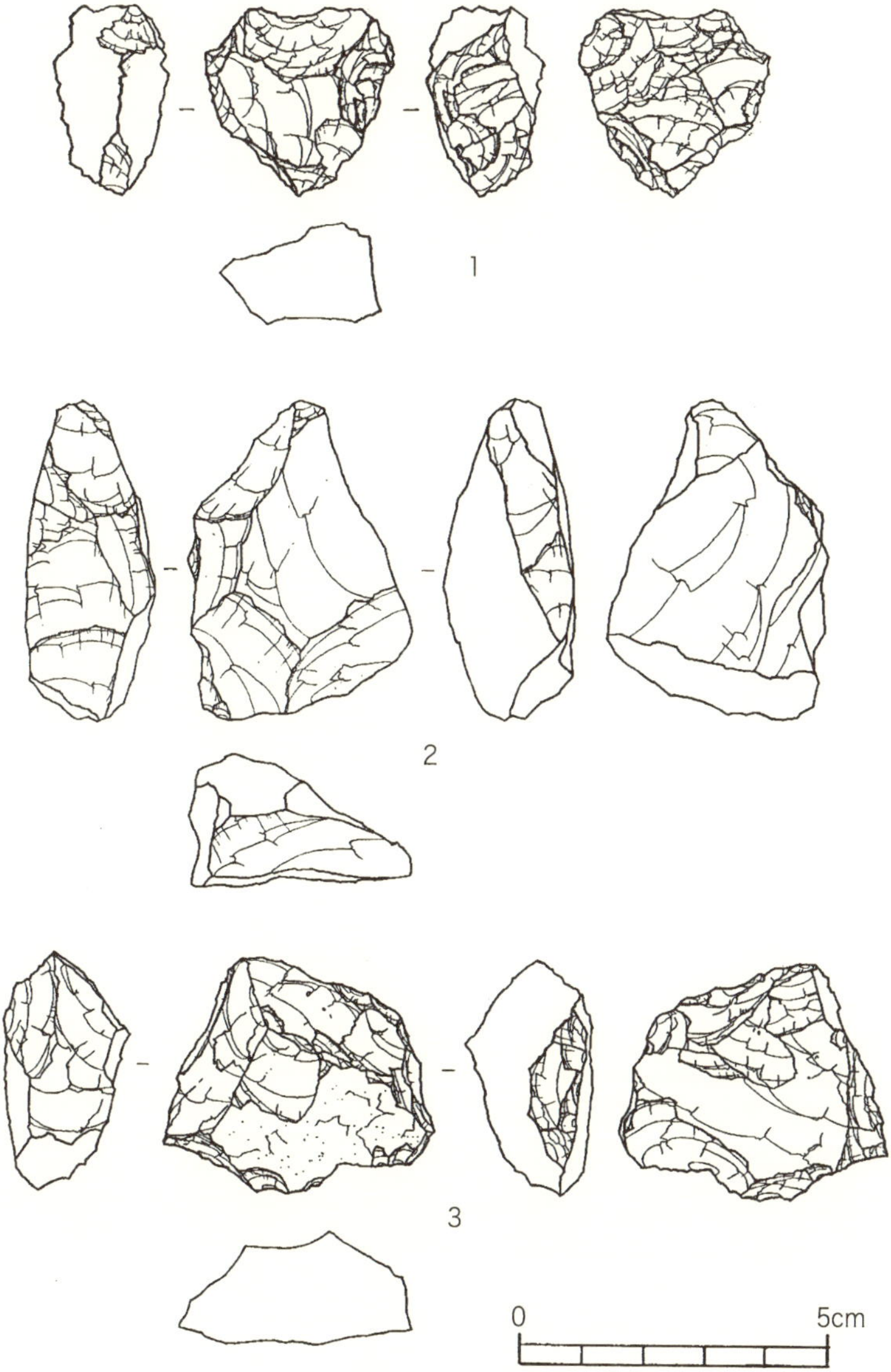


図 25　大野遺跡 D 地点の自然破砕品

り上げ、そうでないものは捨てたという。その話を聞いて、資料には恣意的な選択というフィルターがかかっていて、とても科学的な検討に耐えられるものではない、とおもった。

出土資料は、火砕岩からなり、ぼってりとした石核に類するものが圧倒的に多く、剝離面さながらの破砕面がやたら観察された。しかも、それらの破砕面には、石器ならば使用意図をもって加工がなされるのに、それが読みとれない。どれもこれも顔つきが似たもので占められていた。

実測図を描くと、あたかも石器のように見えてしまうが、ヒトの手による剝離意図が読みとれない（図25）。石器実測図は、観察者の主観を如実に反映するので、人工品という思い込みをもって描けば石器のように見えてしまうのである。なにも旧石器分野に限ったことではないが、研究の出発点である遺物の観察から離れ、他の研究者が描いた実測図を鵜呑《うの》みにすると、この落し穴にはまってしまう。

近年、報告書をつくるために実測会社に石器実測を委託する行政機関が増えてきた。きれいな図を仕上げるのはお手のものの美術大生上がりのひとがパートで雇用されているケースも多いと聞く。見た目にきれいに仕上がった実測図が精確な石器の観察に則《のっと》ったものとは限らない。

同時に調査されたC・E地点の資料もD地点のものと大差ないものであった。広範囲にわたって破砕資料が無尽蔵に産出する事態は、自然為による所産と判断する根拠の一つになる。

わたしには、あたかも石器のように見える破砕品は火砕流が流下する際に岩片が激しくぶつかり合って生じたもののようにおもわれた。この地域は、九州でも有数の火山フロントで、東方約八キロには巨大な加久藤カルデラをひかえている。

後日、所用で奈良県香芝市を訪れた際、新第三紀の火山活動にともなう火砕流堆積物である景勝地ドンズルボーを訪れ、火砕流堆積物であるドンズルボー層のなかに不規則な剝離面をもつ破砕品が混じっているのを確認することができた。

長野県野尻湖底からも同様な破砕品が出土し、石器として報告されたが、人工品か偽石器かをめぐって学界の一部から異論が提出された。火砕流やデイサイト質の安山岩を噴出した火山の周辺では、一見して石器と見間違う自然破砕品（偽石器）がふくまれるので慎重な検討が要請される。

大野D遺跡の破砕品が火砕流の二次堆積であれば、チャート製の台形石器が混入していても不思議でない。丘陵の頂部付近にあった火砕流の一次堆積層が浸食され斜面に再堆積した可能性が高いと見た。調査地点上方の丘陵頂部に畳一～二枚ほどの試掘トレンチを開ければ、問題解決につながるのではないかとおもい、その旨を調査員に伝えたが、その後そうした試みがなされた形跡はない。担当者にしてみれば、人工品とみなして発掘をおこなってきた以上、その必要性を認めなかったのかもしれない。

調査からわずか一年後、担当者の努力で大部の報告書が刊行された（人吉市教育委員会『大野遺跡群』二〇〇二年）。とりあげた資料の選択に恣意性があるものの、偽石器の一実態をうかがえる報告書として意義がある。

## 五　野尻湖底立が鼻遺跡の再検討

長野県上水内郡信濃町にある野尻湖は、周りを山塊で囲まれた標高六五四メートルの小さな湖で、明治以降、外国人も滞在した高燥の避暑地として知られていた。西に飯縄《いいづな》・黒姫・妙高、東に斑尾《まだらお》の各火山が聳え、景勝の地でもある。野尻湖周辺の丘陵部には連綿として遺跡がのこされており、日本海側に抜ける交通上の要衝にあたり、後期旧石器時代には関東の文化と日本海側の文化が交錯する地として特殊な位置を占めた。

一九五三年、芹沢長介・麻生優は、野尻湖底杉久保で地元の蒐集家池田寅之助が長年にわたって収集した頁岩・安山岩製石刃などの後期旧石器を発表した（「北信・野尻湖底発見の無土器文化（予報）」『考古学雑誌』第三九巻第二号）。

一九六二〜六四年には樋口昇一・森嶋稔らによって二枚の文化層が層位的に発掘され、杉久保Ⅰ・Ⅱ文化の名のもとに、後期旧石器時代の一時期を画する標式石器群とされた。石刃を素材につくられた柳葉形の優美なナイフ形石器は杉久保型ナイフ形石器と呼ばれる。この型式の石器は東北の日本海側に広く分布し、野尻湖はその南限にあたる。

古生物学上、野尻湖が注目されるようになったのは、西岸の立が鼻の湖底から発見されるナウマンゾウやヤベオオツノジカの化石である（図26）。なお、オオツノジカと同定された化石のなかにはヘラジカがふくまれていることが最近判明した。これらの大型哺乳動物は中国北方の温帯地域から中期更新世に日本列島へ

図26　野尻湖底立が鼻出土の大型哺乳動物化石

渡来し後期更新世に絶滅してしまったものである。

一九七〇年の夏、学生時代に信州の和田峠・男女倉・霧ケ峰遺跡を研究仲間たちと探訪したとき、信州大学の地質学教室に保管されていた野尻湖底出土のナウマンゾウの巨大な臼歯や四肢骨の化石を見せてもらう機会があったが、あまりの大きさに息を呑んだ。

一九六二年以降、大型哺乳動物化石の出土層と地質年代を解明するために、古生物・地質学分野の研究者たちが中心となって調査団を結成し、継続して発掘調査をおこなってきた（野尻湖発掘調査団『野尻湖の発掘一九六二－一九七三年』共立出版、一九七五年、同『野尻湖人をもとめて―野尻湖発掘50年記念誌―』野尻湖ナウマンゾウ博物館、二〇一一年）。水力発電のため湖面の水位が下がる春休みを利用しておこなわれる調査には、全国から一般市民や学生・生徒が参加するなど市民に開放された発掘として喧伝された。

たびかさなる調査の結果、最終氷期のナウマンゾウやヤベオオツノジカの狩猟解体場跡すなわちキルサイトとして注目された。動物化石の包含層からはスパイラル骨片、骨器、小形の剝片石器が出土し、いくつかの層準から出土するものを一括して「野尻湖文化」と命名された。わが国では、野尻湖のように砂をマトリックス（基質）とする地層からなる湖成堆積物中から絶滅動物の化石が出土する事例はいたって乏しく、調査が注目されたのは当然である。

立が鼻からは、ナウマンゾウの牙や骨からつくられた骨角器も報告され、小野昭によって検討され、人為的な加工の痕が指摘されている（『打製骨器論―旧石器時代の探究―』東京大学出版会、二〇〇一年）。わたしも、それらを手にとって観察する機会を得たが、いずれも包含されていた堆積物の性格を反映して摩滅がひどく、加工痕の観察に難儀した。

動物化石や石器・骨器を包含する地層は、細かく見るといくつかの層準にわたり、$^{14}$C－AMS法により五～三・八万年前（較正年代）と測定され、その年代観からすれば海洋酸素同位体比ステージ3にあたり、前期旧石器時代から後期旧石器時代への移行期にあたる。

野尻湖底の堆積物は、第十五次調査以降、整理され再定義された（野尻湖地質グループ「長野県北部野尻湖底発掘地周辺の地質―とくに野尻湖層の再定義について―」『野尻湖ナウマンゾウ博物館研究報告』第一二号、二〇〇四年）。ここでは、最新の層序（図27）をもとに記述を進める。

それによれば、湖盆に堆積した砕屑物を一括して「野尻湖層」とよび、下位から①貫ノ木シルト部層、②海端砂シルト部層、③立が鼻砂部層、④芙蓉湖砂シルト部層に細分され、「野尻湖文化」を包含するのは海端砂シルト部層から立が鼻砂部層にわたる。石器は、海端砂シルト部層の上部から立が鼻砂部層の中部にかけて四つの層準から散発的に出土し、骨製尖頭器、骨製スクレイパー、骨製クリーヴァー、ナウマンゾ

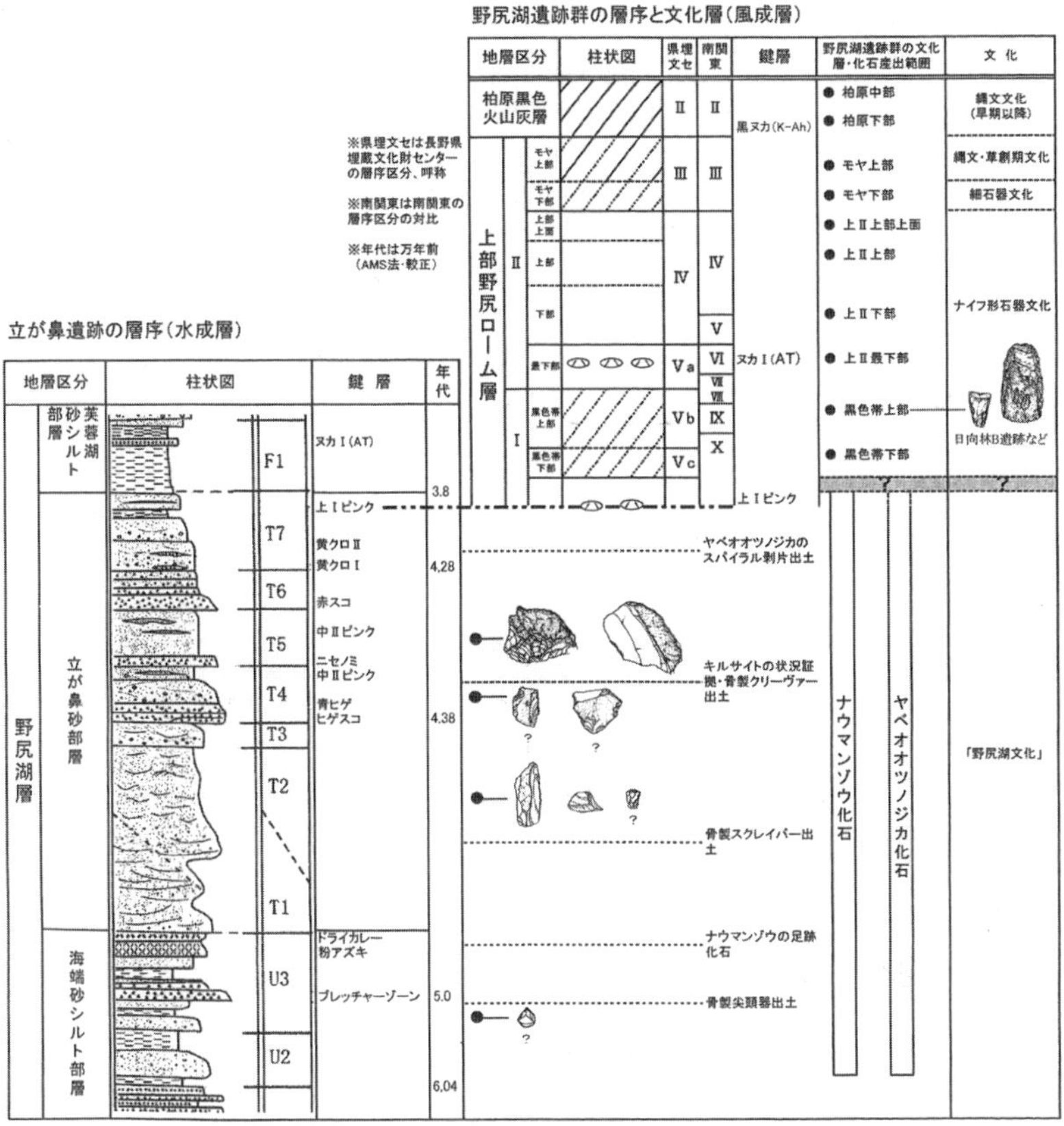


図27　野尻湖湖底堆積物と陸上堆積物の層序

ウの足跡もこれらの層準に挟まるような状況で出土する（渡辺哲也「野尻湖立が鼻遺跡の調査と遺物」『第一八回長野県旧石器文化研究交流会シンポジウム「後期旧石器時代以前の遺跡・石器群をめぐる諸問題」』二〇〇六年）。

　これらの層準から出土したナウマンゾウ、オオツノジカの化石からコラーゲンを抽出し系統的に$^{14}$C－AMS年代が測定され、五〜三・八万年前という測定値が得られている。これらの年代は、湖底堆積物と陸上堆積物で検出された火山灰（上Iピンク）を鍵層とした層序対比とも矛盾しない。立が鼻遺跡の東南約四キロに位置し台形石器や刃部磨製石斧を出土した日向林《ひなたばやし》B遺跡の石器群は上Iピンク火山灰の上位にある黒色帯上部に包含され、立が鼻遺跡の骨器や石器は台形石器群よりも層位的に先行することは確実である。なお、広域火山灰の姶良丹沢火山灰（ヌカI）は黒色帯の直上層で検出されている。

第十五次調査では、これまで出土した石器の再検討がおこなわれ、火山噴火にともなって生じた粗粒安山岩片（以前に人工品とされた）を除外した（野尻湖人類考古グループ「第十五次野尻湖発掘の考古学的成果と立が鼻遺跡出土石器の再検討」『野尻湖ナウマンゾウ博物館研究報告』第一四号、二〇〇六年）。これも発掘捏造事件をうけての措置と考えられる。

わたしは、旧石器遺跡発掘捏造事件の発覚後まもない二〇〇一年の夏、麻柄一志とともに野尻湖ナウマンゾウ博物館を訪ね、一部の研究者が人工品として疑義を抱いていた立が鼻遺跡の出土資料を実見する機会をもった。

粗粒安山岩を使った「石器」とされるものについては、さきにふれた熊本県大野遺跡から出土する火砕岩の破砕資料とよく類似し、偽石器の可能性が高いと判断された。実際、この種の岩片は長野県埋蔵文化財センターが調査した野尻湖に近い仲町丘陵の調査区でもスコリア層とその上下の地層に集中して検出されており、近辺の火山活動にともなって野尻湖周辺に降下した火山砕屑物と考えられた（鶴田典昭ほか『一般国道一八号（野尻バイパス）埋蔵文化財発掘調査報告書信濃町内その3、仲町遺跡』長野県埋蔵文化財センター、二〇〇四年）。なお、余談ではあるが、野尻湖バイパスの低湿地部の調査区では、ナウマンゾウの足跡の直下から剝離痕の入った資料が出土し、人工品かゾウが踏みつけて割った石器類品なのかをめぐって論議をよんだ。

人類考古グループの再検討によれば、立が鼻砂部層から出土した石器は合計一五点ほどにすぎない。これは、調査地点が居住域や石器製作場からはずれた場所であったことと関係するのであろう。砕片はもとより接合資料や同一母岩資料もないことがこれを傍証する。

湖底の調査区からはナウマンゾウの足跡が多数発見され、その牙や骨からつくられた骨角器やカット・マーク（解体痕）をとどめる骨も出土するなど狩猟解体場としての可能性もあながち否定できない。ただし、ナウマンゾウやオオツノジカのような大型哺乳動物の解体に用いた石器としてはいずれも小形剝片石器であり、解体対象がナウマンゾウにしては道具があまりにも小さいのに奇異な感じをうける。大形の解体道具が必ずしも解体した場所に遺棄されるとは限らないが、この問題に関連して、中国内蒙古自治区のオルドス高原にあるシャラ・オソ・ゴル（薩拉烏蘇河）遺跡のように動物化石の出土からナウマンゾウを狩猟したことが確実な遺跡であっても、石材環境の制約から小礫を用いざるを得なかった事例もあるので、大型哺乳動物の解体に小形石器が使われなかったとはいちがいに断定できるものでもない。

石器の石材は、無斑晶質安山岩、チャート、碧玉（鉄石英）・玉髄、黒曜岩からなるが、黒曜岩は後期旧石器時代になって使用される石材であり、採り上げ時の混乱が考えられる。無斑晶質安山岩、チャート、碧玉・玉髄はもともと野尻湖周辺に産出しない岩石なので、ヒトの手によって遺跡へ搬入されたことは疑いない。

野尻湖ナウマンゾウ博物館の中村由克・渡辺哲也の観察によれば、摩滅度が異なる石器も認められ、出土層が砂を基質とする湖成堆積物からなり、水磨あるいは再堆積した石器がふくまれていてもなんら不思議ではない。

旧石器遺跡発掘捏造事件のあと、野尻湖人類考古グループによって厳選された石器六点を図28に掲げる。これらは、さきにもふれたように複数の層準にわたって出土し、同一時期にのこされたものではない。

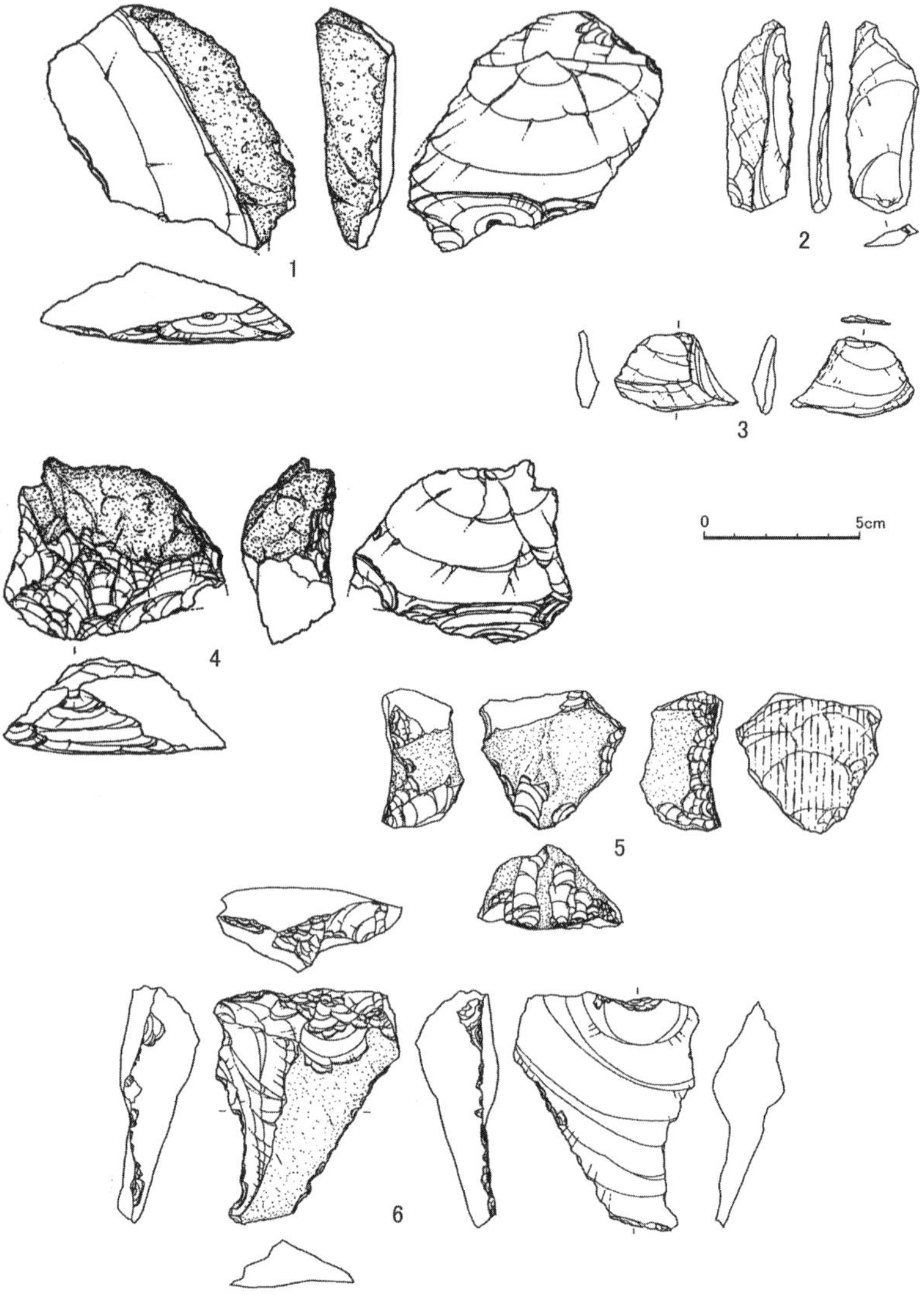


図 28　野尻湖立が鼻遺跡出土の石器実測図

いずれも定形化に乏しく、ホモ・サピエンス（新人）がのこした後期旧石器時代に特有の石刃、石刃素材のナイフ形石器、先刃形掻器、彫器はもとより、日本列島に固有の刃部磨製石斧や台形石器もふくまれない。これは、さきにも述べたように、これらの石器を包含する地層の古さによるものである。出土した石器は礫片や不定形剝片を素材に二次加工を施した剝片石器からなり、大形の礫器（チョッパー、チョッピング・トゥール）やハンドアックス状の両面加工石器をともなわない。石器の素材となった剝片を観察すると、部厚い剝片の背面に礫面を広くのこし、石器の素材となる剝片の剝離に際しても石刃技法のようなシステム化した高度な技術が存在した形跡はまったくない。

興味深いことに、平坦な礫面側から急角度の調整剝離をくわえ、一端を尖らせるように仕上げた嘴状石器が注目される（図28－5）。この種の石器は、わたしたちが共同調査をおこなった韓国や中国の海洋酸素同位体比ステージ5～4（十二・七万年前～五・七万年前）にのこされた忠清北道萬水里《マンスリ》第四地点遺跡（図85－2・3）、河北省侯家窰《ホウジャヤオ》遺跡（図86－1・4）の石器群の主要な器種のひとつである（松藤和人編『東北アジアにおける古環境変動と旧石器編年に関する基礎的研究』平成二一～二四年度科学研究費基盤研究（A）成果報告書、二〇一三年）。

また、図28－6の剝片の背面には砂原遺跡の尖頭スクレイパー（図64－1）と同様、鈍角剝離による剝離痕も観察される。

資料数に限りはあるものの、ステージ3の前半に位置づけられる立が鼻出土の石器には後期旧石器的な器種は認められず、周辺大陸の前期旧石器に共通する要素を看取することができる。

## 六　前期旧石器遺跡発掘捏造事件

北関東の「珪岩製前期旧石器」が暗礁に乗り上げ、研究が袋小路に陥っていたとき、仙台に藤村新一という無名の考古青年が彗星のように現われた。それは一九七〇年代の中頃にさかのぼる。

彼は、高校卒業後、計器メーカーに就職したのち、一九七三年頃から休日や祭日を利用して宮城県北部の丘陵を自転車で駆けめぐっては遺跡探しに奔走した。その熱心な踏査は仙台市在住の若手研究者たちの間で一躍評判となった。

そして岩出山町座散乱木《ざざらぎ》の農道脇の露頭で縄文土器を抜き出したのがきっかけとなり、若手の研究者が中心となって民間研究組織「石器文化談話会」が結成され、座散乱木の発掘調査を実施することとなった。その調査中、東北大学助手の岡村道雄が前期旧石器と後期旧石器をつなぐ石器として注目した「斜軸尖頭器」を同じ露頭から抜き出し、これが契機となって前期旧石器の発掘というセンセーショナルな発見へのお膳立てとなった。二〇〇〇年秋に築館町上高森で発掘捏造が発覚したのち、二〇〇二年に座散乱木の検証発掘がおこなわれ、前期旧石器時代に相当する地層からは人工品は出土せず、これも巧妙に仕組まれた罠《わな》であったことが判明する。

藤村は、芹沢長介がライフワークとして長い間追いもとめてやまなかった前期旧石器を、芹沢の膝元でローム層中からこともなげに発見し、「前期旧石器存否論争」に決着をつけたかに見えた。一九八一年、宮城

図29　座散乱木遺跡の第3次発掘調査

県座散乱木遺跡の第三次調査で三万年前をさかのぼる地層から石器を掘り出した東北大学の岡村道雄助手（当時）らは、高らかに前期旧石器存否論争の終結宣言をおこなった（図29）。その後に調査された遺跡の年代は毎年のようにさかのぼり、発覚寸前には上高森で七〇万年前という古さまでさかのぼった。北京原人の化石を出土した周口店遺跡と肩を並べる古さとなった。

しかし、二〇〇〇年の秋の早朝、藤村が上高森遺跡の発掘現場で石器を地層に埋め込む現場を毎日新聞の旧石器遺跡取材班によってひそかにビデオ撮影されたのが動かぬ証拠となり、藤村は上高森と北海道総進不動坂での遺跡捏造を告白した。十一月五日の毎日新聞朝刊は、一面トップの大スクープで考古学界を震撼させた（図30）。

藤村が関与した遺跡は、三年におよぶ検証を経て抹消され、二〇年間にわたった研究成果も胡散霧消《うんさんむしょう》してしまった。

この事件の経緯と結末については、拙著『検証「前期旧石器遺跡発掘捏造事件」』（雄山閣、二〇一〇年）に詳しく述べたので、興味のある方はそれを読んでもらいたい。

2000年（平成12年）11月5日 日曜日

MAINICHI

毎日新聞

# 旧石器発掘ねつ造

## 宮城・上高森遺跡

## 調査団長の藤村氏

自ら埋める「魔がさした」認める

70万年前と発表

## 北海道の遺跡でも

発掘現場での藤村副理事長

毎日新聞東京本社

NEWSLINE

旧石器発掘ねつ造関連

| | |
|---|---|
| 教科書に混乱も | 2 |
| 不十分だった学問的検証 | 3 |
| 早朝、たった一人で | 25 |
| 「神業」の陰に | 26 |
| 藤村氏「大変なことした」 | 27 |
| 今週の本棚―批評と紹介 | 9~11 |

時代の風 榊原 英資氏 3

日曜くらぶ 別刷り

図30　毎日新聞のスクープ記事

なぜ、いとも簡単に石器研究の専門家たちがひとりのアマチュアに二〇年間にわたって欺かれつづけてきたのか、毎日新聞のスクープ記事を読んで考古学の研究者ならずともだれもが不審をいだいたにちがいない。

この謎を解く鍵は、これまでに述べてきた「前期旧石器存否論争」の研究史に隠されていた。

丹生遺跡の礫器の年代帰属問題、早水台の「石英岩製前期旧石器」、星野・岩宿Dなどの「珪岩製前期旧石器」、本州西端の「水晶製前期旧石器」、出雲の「玉髄製前期旧石器」など、一九七〇年代に発掘された「前期旧石器」は石器（人工品）の認定をめぐって論争をよび、かつてフランスのソンム河の礫層から出土したフリント製の見事な両面加工の鰈《かれい》形ハンドアックスのように研究者のだれしもが認めるような疑問の余地のない石器の出土例がなかったのである。

そうしたなかで藤村が発見・発掘に関わった遺跡から出土した石器は、研究者なら人工品として容易に判別できる打面、打瘤、リング、フィッシャーなど人為的な剥離にともなう物理的属性を明瞭にとどめる硬質頁岩や玉髄製の石器であった。これらの石材は、堅硬緻密で、黒曜岩やサヌカイトほどには時間の経過とともに風化度が顕著にあらわれない。そのため、所属時期を石器表面の風化度の違いから判断するには限界があったことも否めない。

検証で判明したことであるが、捏造に使われた石器のほとんどは、縄文人がのこした遺跡の地表から拾い集めた剝片や石器すなわち紛れもない人工品であったからである。

前期旧石器の狩人たる者、長い論争に終止符を打つには確実な人工品を三万年前よりも古い地層から見つけるという二つのハードルを越えなければならなかった。この条件を満たす石器が、藤村関与の「遺跡」から次々ともたらされたのである。それらは、判で押したように藤村が遺跡を発見し、彼が発掘現場に姿を見せたときに限って石器が出土するという奇妙な共通点があった。これこそ、発覚するまで藤村が「ゴッドハンド（神の手）」と称賛された由縁である。アマチュア研究者が神さまあつかいされるようになったのは前代未聞のことであった。

上高森遺跡のように、メディアのテレビカメラの前で（自分で埋めた）石器を掘り出すパフォーマンスまでやってのけ、考古学の発掘現場がいつしかショーの舞台と化してしまった。

だれが言ったのか忘れてしまったが、嘘も度重なればあたかも真実であるかのようにおもえてくる。瞬時に研究者の目を盗んで、隠し持った石器をこれぞという地層の中に埋め込む手口はマジシャン顔負けの手管《てくだ》というほかない。しかるべき大学で考古学を学んだ研究者といえども、藤村の巧妙な手管の前には赤子同然だった。

この事件で信用を大きく失墜したのは考古学界である。国内はもとより海外の研究者からも不信と嘲笑を買う事態となり、面目丸つぶれとなった。戦後の日本考古学を牽引してきた日本考古学協会は、年次総会で藤村らの調査研究発表を毎年のようにノミネートし、結果として発掘捏造を補完する役割を担ったことになる。結果責任が問われる一方、日本考古学協会の権威はひどく傷つけられてしまった。

捏造の影響は、ひとり考古学界にとどまらなかった。座散乱木、馬場壇、上高森などは遺跡として高校の教科書にも掲載され、文科省、出版業界も動揺を隠せなかった。なかでも座散乱木遺跡は国史跡にも指定され、所轄官庁の文化庁も検証の行方に無関心ではいられなくなった。

面目を潰した日本考古学協会は二〇〇一年五月、失態を挽回するため「前・中期旧石器問題調査研究特別委員会」を立ち上げ、地質学や人類学はもとより中堅旧石器研究者を総動員して藤村が関与した疑惑遺跡三三ヵ所の検証に乗り出した。検証作業は二年半におよび、二〇〇三年春、大部の報告書『前・中期旧石器問題の検証』を刊行し幕引きとなった。特別委員会がくだした最終結論は、藤村が関与した遺跡の出土品は学術研究資料として使えない、というものであった。

この検証作業で培われた調査技術と石器観察法は、皮肉にも捏造発覚以前とくらべて飛躍的な発達をみた。時機は遅きに失するが、苦杯をなめる事態を経験したからこそ実現したようなものである。

それでは、検証はどのようにおこなわれたのか。

地質学者にして考古学者でもある菊池強一が「石器は地層を構成する堆積物の一つである」という金言は検証作業の拠るべきガイドラインとなった(「石器の産状は何を語るか」『科学』二〇〇一年一月号)。すなわち、石器が地表に廃棄されたら、その後の埋没過程はそれを包含する堆積物と同じ埋没経過と続成作用をたどり、その自然の法則から逸脱することはない、という普遍的な原理である。捏造という行為は、この自然の摂理に逆らうものである。この堆積学的観点から検討すれば、後世に捏造した石器はおのずから峻別されるというものである。

検証作業は、大きく分けて二つのやり方で進められた。一つは堆積学方面からの検討、二つ目は石器の技術形式学方面からの検討である。

前者については、①石器の表面に付着する完新世特有の黒色土（クロボク土）、②発掘時につけたものではない古いキズ跡、③金属製の開墾具が表土層中で石器の表面に接触してその部位にライン状の酸化鉄が付着したもの、④風化度合が異なる剝離面を有するものなど、検証の際の重要なチェック項目とされた。

後者については、竹岡俊樹が発覚以前から指摘していたように、①前期旧石器時代にはまだ出現していない石器製作技術（たとえば押圧剝離、加熱剝離）、②前期旧石器時代にはまだ出現していない石器（たとえば縄文時代の棒状石錐、石鏃、石篦など）があげられる。

検証は、三年の歳月を費やし、藤村が関与した疑惑の遺跡すべてを対象におこなわれた。その結果、不審な形跡をもたない「前期旧石器遺跡」は一つとして存在しなかったのである。

捏造に使用された石器は、藤村がフィールドとした宮城県北部、福島県、山形県内の縄文遺跡から採集されたものとおもわれ、ハンドアックスやクリーヴァーを想定して採集した「石篦」は東北地方の縄文時代の石器に特有のもので、これは麻柄一志・大類誠の型式学的な比較検討によって裏づけられた。

石器文化談話会の後ろ盾となっていた芹沢自身、捏造がおこなわれていた二〇年もの間、藤村の捏造に気づいていた節はない。しかし、藤村とその仲間たちが次々と発掘する「前期旧石器」が学界やメディアの脚光を浴びるなかで、自ら手がけた早水台や星野の資料が再評価につながらなかったことに内心穏やかでなかったにちがいない。それでも藤村の発見を擁護する態度をとりつづけた。早水台の調査以来、三十余年にわたって追い求めてきた「前期旧石器」が弟子たちの手で次々と発見され、前期旧石器存否論争に終止符を打った点では歓迎すべきことだったからである。

発掘捏造が発覚し藤村関与の「前期旧石器」が消滅すると、自ら調査した早水台、星野、岩宿D地点こそが紛れもない前期旧石器だとする主張を前面に押し出してきた（芹沢長介「金木から座散乱木まで」『月刊考古学ジャーナル』No.五〇三、二〇〇三年）。こうした動きに対して、かつて偽石器という烙印を押された亡霊の復活だといわんばかりの警戒心が学界の一部に頭をもたげてきた。

芹沢長介は、二〇〇六年三月十六日、前期旧石器の究明に半生を捧げた生涯を閉じた。享年八六歳であった。精魂を込めて追究した早水台、星野、岩宿D地点の「前期旧石器」は、いまや学史のなかに埋もれようとしている。しかし、岩宿の発見以後、日本の旧石器研究を精力的に牽引してきた行動力と偉大な業績は忘れられない。早水台、星野、岩宿D地点の「前期旧石器」が再評価されるときがおとずれるのを願ってやまない。

# 七　竹佐中原遺跡と入口遺跡

## 1　飯田市竹佐中原遺跡

二〇〇〇年の発掘捏造発覚の直後、国道四七四号線のインターチェンジ建設のため、長野県飯田市竹佐中原遺跡の緊急調査が長野県埋蔵文化財センターによっておこなわれた。A地点の調査は、遺跡発掘捏造の発覚直後におこなわれたせいもあって、調査は細心の注意をはらって実施された。

飯田盆地は、天竜川が刻んだ雄大な河岸段丘が発達し、大陸的な景観を見せるところとして知られている。遺跡は飯田盆地の西方を南北に走る山地の麓、標高六一〇《メートル》前後を測る扇状地に立地し、この扇状地は長期間にわたって浸食され、ゆるやかな丘陵上の起伏を見せる。そのため、堆積物は浸食や開墾にともなう後世の削平をうけのこりがよくない。本遺跡の北側には、古く中央自動車道の建設にともなって調査された石子原遺跡がある。

わたしは調査中、二度現場を訪れ、調査責任者の大竹憲昭の厚意で地層と出土遺物を実見する機会をもった。旧石器がまとまって出土する地点は広大な調査対象地に二ヵ所（A・B地点）あって、とくに注目されるのがもっとも標高が高いところに位置するA地点である。

A地点では、耕作土直下の3層下部から4層上部の軟質ローム層中からホルンフェルス製の嘴状石器、掌

図31　飯田市竹佐中原遺跡の石器

大の剥片、石核、砕片、花崗岩製台石など計五六点が近接した二ヵ所の集中部に分かれて出土した（長野県埋蔵文化財センターほか『長野県竹佐中原遺跡における旧石器時代の石器文化』二〇〇五年）。剥片類は二次加工に乏しい。両集中部間で接合資料・同一母岩を共有しており、同時にのこされたとみられる。

主な出土石器を図31に掲げる。本地域の後期旧石器にはほとんど用いられないホルンフェルスという石材をもっぱら使用する点も特異である。

B地点では、珪質凝灰岩や緑色岩を用い、削器一点のほか剥片・砕片など合計一〇点からなり、後期旧石器時代に帰属させられている。

A地点から出土した石器は、原因は定かでないが、いずれも稜が軽く摩滅している。接合する資料も少数あるが、後期旧石器遺跡に通常見られる、二次加工の際に生じる砕片や剥片をほとんどともなわず、別の場所で打ち剥がされた剥片を搬入し、使用後に遺棄したものであろう。ほかに比較する資料もなく、今後の類例の増加を待って、石器群や遺跡の性格を明らかにしなければならない。

遺跡地は開析をうけたためか、単層としての広域火山灰の遺存に恵まれず、火山灰層序学の適用が難しい。なお、遺物包含層のはるか下位の地層から御岳《おんたけ》第一軽石（On‐Pl、約十万年前）の火山灰が検出されており、それより新しいことは明らかである。また遺物包含層付近で始良Tn火山灰の火山ガラスが検出されているが、これは上層からの落ち込みであろう。旧地表が後世の大幅な削平をうけているため、地質学的年代の決定に問題をのこしている。

## 2　平戸市入口遺跡

平戸市入口遺跡C地点は、発掘捏造の発覚後間もない二〇〇三年に調査され、「前期旧石器」に対する批判的なムードが支配している最中の発見ともあって、懐疑的な目でみる研究者が少なくなかった。

遺跡は平戸島北部の中野地区に所在し、平戸島では珍しく河岸段丘上に立地する。この段丘は神曽根川の右岸に形成されたもので、神曽根川との比高は約一五メートルを測り、段丘の西端には高さ約八メートルの段丘崖を見せる。遺跡地の標高は四〇メートル余である。段丘面上の開発にともない一九九九年から二〇〇三年にかけて平戸市教育委員会によって緊急調査が数ヵ所で実施された（萩原博文「日本列島最古の旧石器文化」『平戸市史研究』第九号、二〇〇四年および萩原博文・塩塚浩一「速報：日本最古級の旧石器」『平戸市史研究』第一〇号、二〇〇四年）。

わたしは二度にわたって現地を訪れる機会をもった。遺物が出土するトレンチは、広い段丘面上にあって特定の場所に限られていることがわかった。この点もまた、自然の営為では説明できない。

調査を担当した萩原博文は、生粋の考古学ボーイで、國學院大学に進学して麻生優講師に師事し、平戸市教育委員会に就職したのち九州の旧石器研究を四〇年にわたって牽引してきたベテラン研究者で、多くの遺跡の遺物を実見するとともに、石器の観察眼には定評がある。

遺跡の基本層序は、第1層黄褐色土、第2層明褐色粘質土（暗色帯）、第3層黄色粘土、第4層赤色粘土（調査区によっては砂質を見せる）、第5層段丘礫層、以下基盤の安山岩層となる。第3層と第4層には瑪瑙などの円礫をふくむ。広域火山灰の姶良Tn火山灰のガラスが第2層上位から検出されている。段丘礫層中には安山岩や瑪瑙の円礫がふくまれ、石材の瑪瑙は当時の神曽根川河床で入手できたとみられる。瑪瑙は、「平戸瑪瑙」として有名で工芸品として利用されてきた。

火山灰分析も試みられたが、九万年前頃に降灰した広域火山灰である阿蘇4（Aso－4）、鬼界葛原《きかいとずらはら》火山灰（K－Tz）は検出されなかった。中位段丘面の形成時期を考慮すると、さらに北方の韓国の全谷里、萬水里、長洞里遺跡で鬼界葛原火山灰が検出されているのに入口遺跡で検出されないのは不思議である。おそらく前処理で流してしまったのであろう。

奈良教育大学の長友恒人・下岡順直によって土壌中にふくまれる鉱物を用いたＩＲＳＬ（赤外光ルミネッセンス法）年代は第3層下部が九万年前、第4層が一〇・三万年前と測定された（「入口遺跡のＩＲＳＬ年代」『平戸市史研究』第九号、二〇〇四年）。

瑪瑙製の前期旧石器とされる資料は、第3層下部と第4層最上位から出土した。第4層最上位から瑪瑙礫三点が出土したのみで、その性格は不明である（図32の下段）。萩原によれば、この層にはもともと瑪瑙礫がふくまれないという。

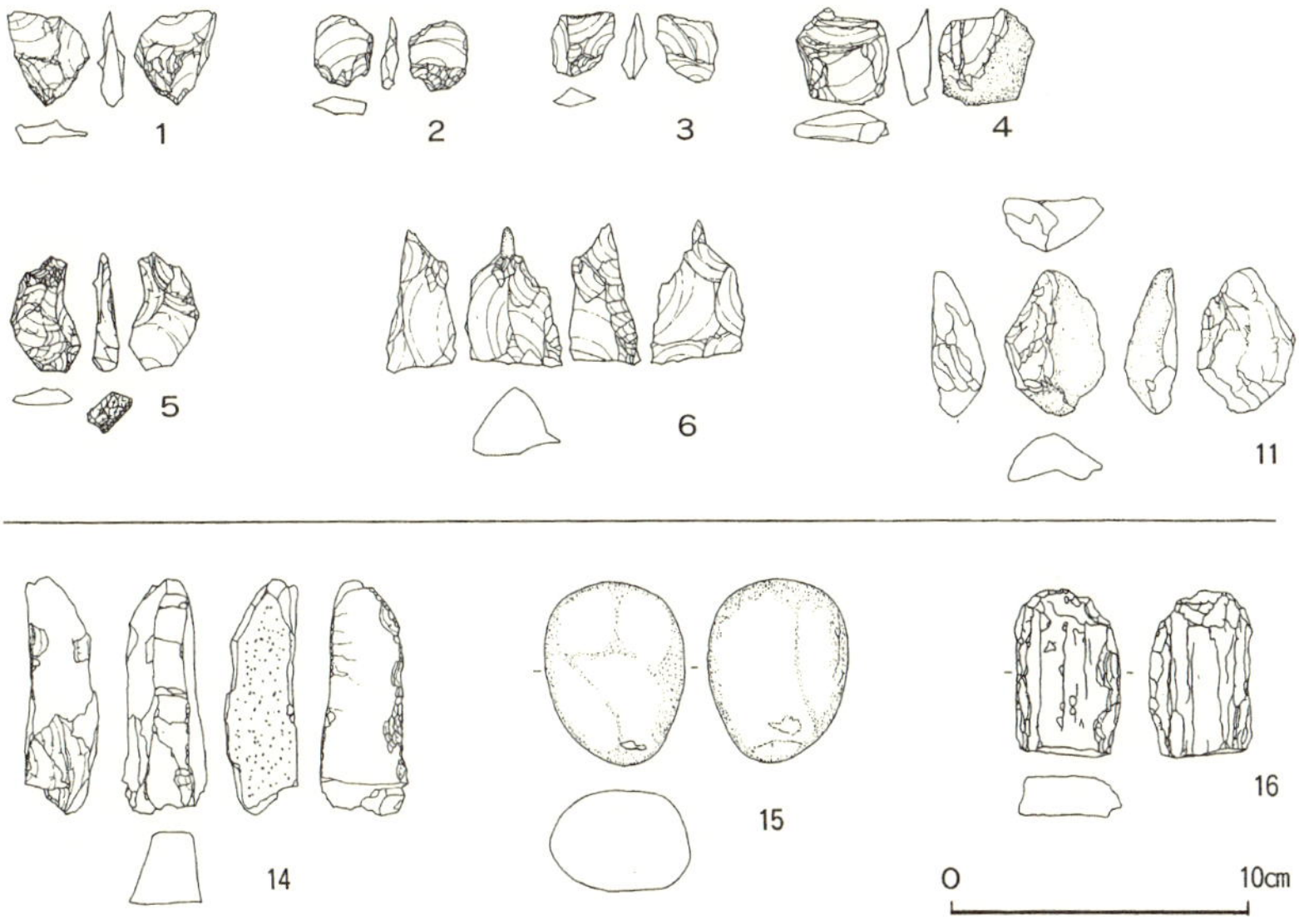


図32　平戸市入口遺跡の石器

二〇〇三年度の調査では、第3層下部からは、台形状剝片四点、嘴状石器一点、スクレイパー四点、ハンマー・ストーン二点、礫器一点、石核一点、剝片四点、砕片七点が出土した（図32の上段）。主体となる石器は小形の不定形剝片を用い、後期旧石器のような定型化した石器をともなわないという明瞭な特徴がある。

また、遺物包含層である第3層の黄色粘土はステージ3の温暖期に形成された暗色帯の下位にあり、ステージ4（七・一～五・七万年前）の氷期に形成された可能性が高い。第4層の赤色粘土はステージ5の温暖期に形成されたものであろう。

わたしは、萩原の案内で遺跡を訪れるとともに出土資料を実見したが、遺跡の立地する地形環境と出土層から判断しても、出土品のすべてが自然作用で破砕が生じたとは考えにくいものであった。自ら現地を訪れずに、出土品だけを取り上げて議論する研究者が多い。

# 八　岩手県金取遺跡の年代研究

## 1　金取石器との出会い

旧石器遺跡発掘捏造事件が発覚したあと、旧石器研究者の間でにわかに注目を浴びるようになったのが岩手県の金取《かねどり》遺跡と柏山館《かしやまだて》遺跡である。

一九八四年、岩手県の考古学者武田良夫は、同県宮守村（現遠野市）達曽部《たつそべ》の土取り場から一点の重厚なホルンフェルス製石器（チョッピング・トゥール）を発見した。それがきっかけとなり、翌年、菊池強一を団長とする緊急調査が実施され、一九八六年には早々と報告書が刊行された（菊池強一編『金取遺跡』宮守村教育委員会）。調査は、座散乱木遺跡の調査で「前期旧石器存否論争の終結宣言」がなされてから五年目のことであった。発掘当時は、宮城県下の「前期旧石器」に関心が集まり、注目されなかった。

発掘捏造が発覚した直後の二〇〇〇年十二月二三・二四日の両日、会津若松市の福島県立博物館で「東北の旧石器文化を語る会」主催のシンポジウムが開催された。藤村による上高森、総進不動坂における発掘捏造告白をうけ、藤村が関与した疑惑遺跡の資料を一堂に集めて全国の研究者の実見にゆだね、捏造にたいする嫌疑・疑惑を払拭することを企図したものであった。

会場に展示されていた藤村関与資料を見学する時間も終わろうとする頃、同僚の麻柄一志が藤村関与資料とは顔つきがまったく異なる石器が展示されていることをやや興奮気味に教えてくれた。これが金取遺跡の石器との出会いとなった。

展示会場の奥まった一隅に参考資料として展示された発掘資料をはじめて目にし、黒いホルンフェルス（岩石がマグマの貫入で熱をうけモザイク状に再結晶した変成岩）を用いた重厚な石器に目を釘づけにされた。同じ会場に展示された藤村新一が関与した遺跡のカラフルな頁岩・玉髄製石器とはまったく異質な顔つきを見せる石器が眼の前にあった。恥ずかしながら、こんな石器が日本から出土していたとは露知らなかった。

ホルンフェルスという石材は、中国山西省の丁村《ディンクン》遺跡で前期旧石器に使われ、一九九二年以来たびたび山西省考古研究所を訪れては実見する機会があり、わたしには馴染みの石材である。中国では角岩と呼ばれる。近年、中国の吉林省でもホルンフェルスを用いた前期旧石器が報告されるようになってきた。

この石材は北上山地に産出し、遺跡地の赤色風化殻をもつ段丘礫層中にも粗い石質のホルンフェルス礫がふくまれる。しかし、石器に使用されたホルンフェルスは、より緻密な石質のもので占められる。こうした石質の選択が自然作用に起因するものとはとうてい考えられず、ヒトを介在することによってのみ合理的に説明できる。このことからしても、金取遺跡の最下層出土の石器は人工品として疑問をはさむ余地がない。

菊池による金取遺跡調査の発表を聞き、この遺跡の重要性を再確認することができた。初日の夕方に設けられた懇親会の席で、菊池とたまたま隣り合わせになった。初対面ではあったが旧知の仲のように話が弾み、この遺跡の発見と調査に藤村が一切関与していないことを聞き、日をあらためて遺物と遺跡の地層をゆっくり実見したいと申し出ると、笑みを浮かべながら即座に快諾する返事が返ってきた。

このときの出会いが、九年後の砂原遺跡の調査につながる菊池との長いお付き合いになるきっかけとなった。いまにしてみれば、菊池との運命的な出会いを会津シンポジウムがお膳立てしてくれたのである。

## 2　金取遺跡の見学

それから一年を経た二〇〇一年十二月二五日、前・中期旧石器問題調査研究特別委員会の第四作業部会のメンバーとともに金取遺跡と出土資料を見学する機会を得た。早朝、雪が降りしきる湯田温泉のホテルをマイクロバスで出発し、菊池の案内で和賀川流域の峠山牧場遺跡の見学を経て、金取遺跡に到着した頃には雲間に青空が顔をのぞかせる格好の見学日和となった。

雪が斑となってのこる遺跡に立って周囲を見わたすと、なだらかな山並みや丘陵に囲まれた小さな山間盆地に集落が点在する冬枯れの景観に岩手の原風景を見るおもいでしばらく見とれてしまった。南国九州育ちのわたしには、ついぞ見慣れない風景だった。

遺跡の主体部は調査終了後の土取りによってすでに失われてしまっていたが、国道三九六号線との間に帯状に頂部幅二メートルほどの法面がのこされ、その反対側に高さ約四メートル、長さ約四〇メートルの土取りによって生じた露頭がのこされていた。事前にクリーニングされていた地層断面を前に菊池の懇切丁寧な説明をうけたあと、急な崖をよじ登り、石器が出土した層準を中心に参加者全員が時間を忘れ地層を舐《な》めまわすように観察した。

遺跡見学のあと、宮守村の役場に案内され、用意された昼食を摂ったあと、大事に保管されていた石器を参加者全員でじっくり観察することができた。

金取遺跡は北上山地の西南麓にあって、湯屋川（達曽部川支流）右岸の古期中位段丘上に立地する。湯屋川との比高は二〇㍍を測る。遺跡が載っているところだけが奇跡的に浸食をまぬがれ、まるで旧石器研究のために神さまがのこしてくれたようなものである。このことからして、温暖多雨気候にさらされた日本列島の浸食の激しさが窺い知れる。前期旧石器時代遺跡の遺存に関して、遺跡が豊富に見つかる立川面のような低位段丘上にのこされた後期旧石器時代の遺跡と一律に論じるのは間違いである。

## 3　出土石器

調査の結果、旧石器の文化層が地表下〇・一〜一・五㍍の深さに三枚、層位的に検出され、それらは上から下へ第Ⅱ文化層、第Ⅲ文化層、第Ⅳ文化層と命名された。旧石器人が時期を違えて三度もこの場所を訪れて石器をのこしたことが知られる。

第Ⅱ文化層は淡黄色火山灰層に包含され、後期旧石器時代の頁岩製石刃が微量出土した。本層から出土した木炭の放射性炭素年代は二・三万年前と測定された。

第Ⅲ文化層は焼石岳村崎野軽石（Yk-M）の上位で、北上山地一帯で広く観察される周氷河作用のインボルーションによる波状部の上面付近に包含される。

第Ⅳ文化層は焼石岳村崎野軽石層と段丘礫層に挟まれた水成粘土層の上面付近から出土した。第Ⅳ文化層の包含層準付近で広域火山灰の阿蘇4（Aso-4、約八・五〜九万年前）の火山ガラスが検出された。

第Ⅳ文化層からは礫の一端を打ち欠いて粗雑な刃部をつくりだしたホルンフェルス製の礫器、チャート製剝片など計九点が火を使った証拠である多量の炭化物とともに検出された（図33下段）。それらは当時の地

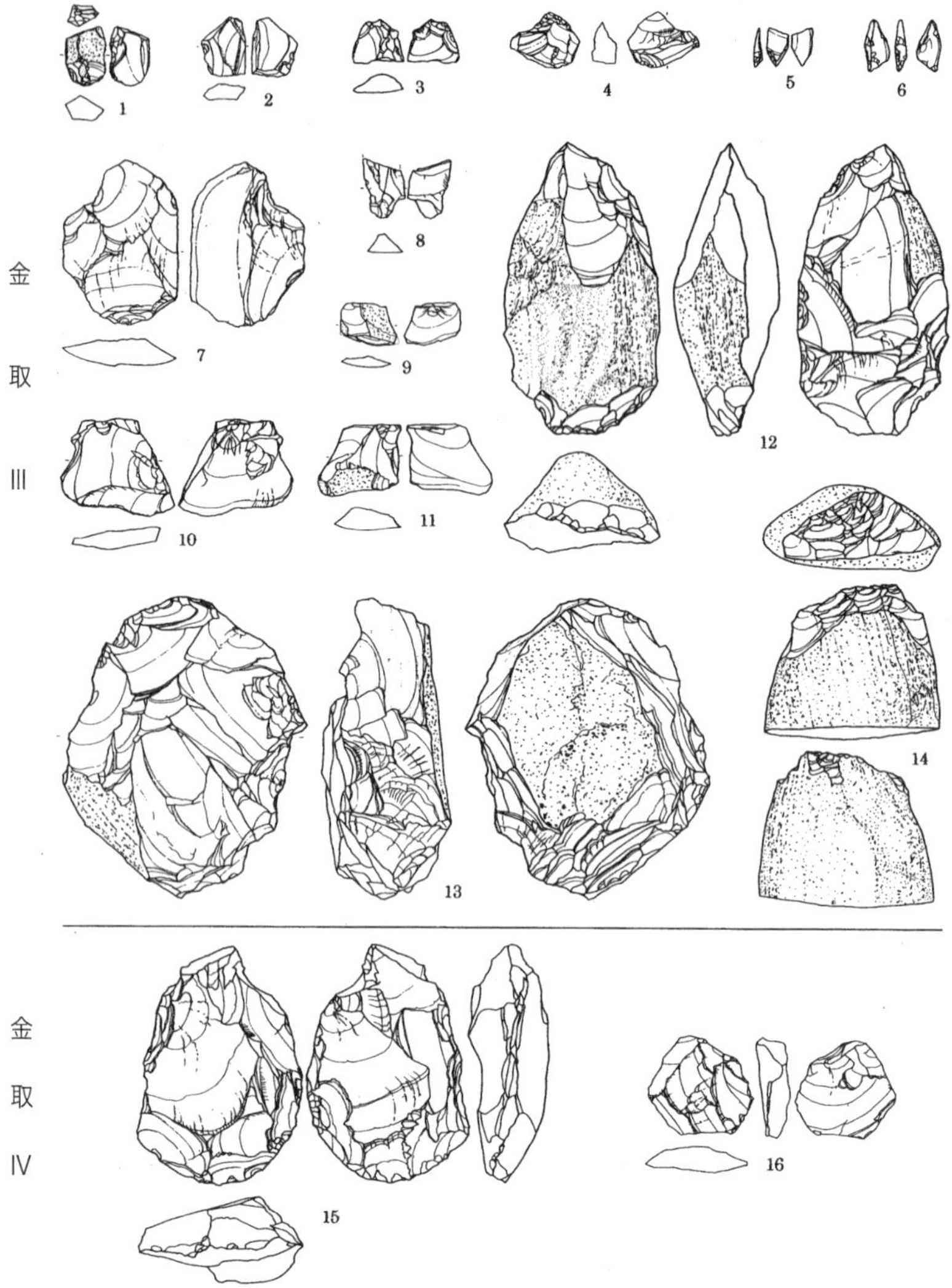


図33　金取遺跡の石器（上段：第Ⅲ文化層、下段：第Ⅳ文化層。15：上下11.15cm）

表面をものがたる乾裂面の直ぐ上から出土し、段丘面が離水する前の水辺に近い場所にのこされていた。旧石器人の生活場所をうかがうことができる貴重な遺跡である。古生層の代名詞ともいえる堆積岩のチャートは、北上山地では産出せず、金取から三〇キロほど離れた奥羽山脈に産出する岩石であり、これは人工品とみなす一つの証拠となる。金取旧石器人の行動圏を考えるうえで興味深い。

この第Ⅳ文化層の出土資料の一部については、竹岡俊樹のように人工品として疑問をもつ研究者もいる。

第Ⅲ文化層はチョッパー、ハンドアックス状石器、二次加工のある小形剥片、剥片、円盤状石核など計三一点からなる（図33上段）。ハンドアックス状石器（図33－12）のような大形の石器と小形の剥片や剥片石器（図33－1～6）がセットになっている。立川ローム基底部から出土するような刃部磨製石斧（図82－5）、台形石器（同－1・2）をまったくふくまず、それよりも古い時代の石器群であることがわかる。

## 4　火山灰層序による年代解明

第Ⅲ・Ⅳ文化層の年代をより詳しく知るためには、徹底した火山灰分析が要請された。この地域には、大山木次や阿蘇4などの広域火山灰、焼石岳や岩手山起源のローカルな火山灰が降下しており、それらと文化層との層位関係を正確に把握することによって文化層の年代を絞り込むことができる（図34）。この地域のテフロクロノロジー（火山灰層序学）を確立する作業が要請された。

発掘捏造事件発覚の直後から、わたしは㈱京都フィッション・トラックの檀原徹《だんはらとおる》、東洋大学の渡辺満久、産総研の伊藤順一とともにたびたび岩手を訪れては、菊池や武田の案内で周辺調査を重ねた。その脚は山形

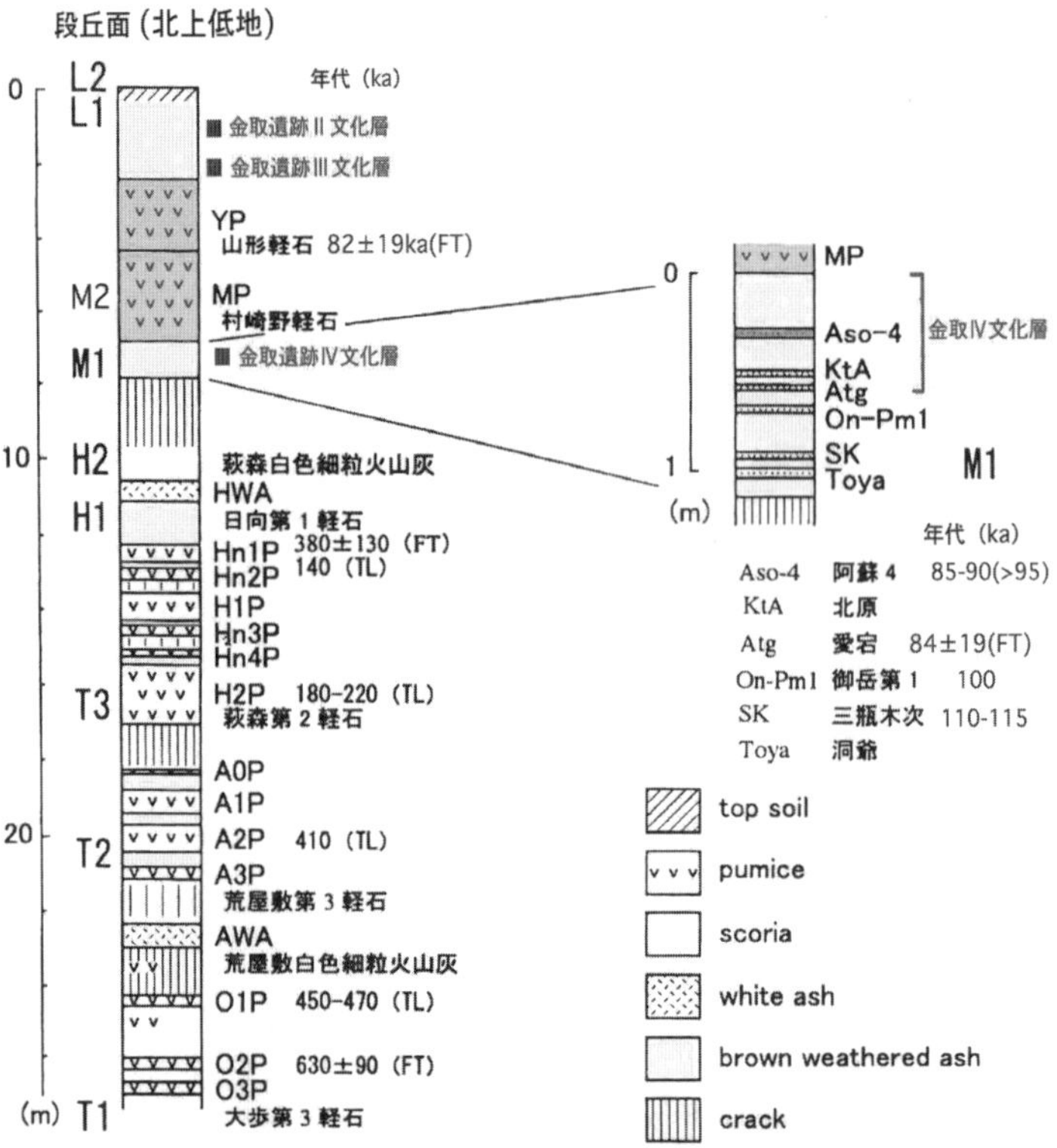


図34　北上低地の火山灰層序編年

県の最上地方までおよんだ。檀原は金取遺跡の地層断面から系統的に試料を採取して火山灰分析をおこない、第Ⅲ文化層の出土層準である波状部の上面付近で岩手生出《おいで》火山灰（Iw－Od）とみられる火山ガラスを見つけた。

また、別の場所で採取した試料からの測定によるものであるが、このテフラの下部に挟まれる岩手雪浦軽石（Iw－Yu）の年代が檀原によりフィッション・トラック法で六・七万年前と測定された。伊藤らの検討によれば、岩手雪浦火山灰はステージ4の寒冷のピーク後、温暖化がはじまるステージ3へ移行する時期に堆積したものという（伊藤順一・檀原徹・岩野英樹「岩手－雪浦軽石（生出黒色火山灰群下部）のFT年代値」『日本火山学会講演予稿集』

図35　遠野市達曽部小通の露頭

二〇〇七年)。

達曽部川をさかのぼった小通《こがよう》の民家脇にある高さ一〇《メートル》ほどの崖錐性露頭では、下位から阿蘇4、焼石岳村崎野軽石、岩手生出火山灰がそれぞれ単層で観察され、金取遺跡の層序を確認できた(図35)。この砂礫混じりの崖錐は中位段丘の段丘崖に貼りついたものである。この露頭は本地域のテフラの模式地となるもので、その後、渡辺は野外実習で学生を連れてスケッチをおこなった。

第Ⅳ文化層の直上には焼石岳村崎野軽石が単層として確認されるが、この火山灰はフィッション・トラック法で年代を測るには試料のジルコンに乏しく、この火山灰の直前に降下した焼石岳山形軽石(Yk-Y)を別の地点で採取した試料で測定したところ、八・二万年前というフィッション・トラック年代が得られた。第Ⅳ文化層はこの年代よりも層位的に古くなる。また、第Ⅳ文化層が包含される地層中からは阿蘇4火山灰の火山ガラスも検出された。

こうした広域火山灰やローカルな火山灰の検出にもとづく火山灰層序研究、放射年代測定から金取遺跡の第Ⅲ・第

Ⅳ文化層の年代が明らかになってきた。その結果、第Ⅲ文化層が約六万年前、第Ⅳ文化層が約八〜九万年前と年代づけられ、いずれも前期旧石器時代に属することが明らかとなった。金取遺跡は、地形学とテフラ分析から旧石器の年代を絞り込める稀有の条件をそなえた前期旧石器遺跡であることがわかってきた。

金取遺跡は、藤村関与の「遺跡」がすべて抹消されたなかで、前期旧石器時代の遺跡が日本列島に存在していた確かな証拠を提供することになった。菊池の指導のもと、金取でおこなわれた堆積学的視点からの精密調査は、二〇〇九年秋の島根県砂原遺跡の調査に継承されることになる。

発掘後二十年を経て、精緻な火山灰層序学的研究にもとづき金取遺跡の年代が確定するにいたった。それはまた、この遺跡の重要性を再認識させるものとなった。

なお、金取遺跡では、二〇〇二・〇三年に、宮守村教育委員会によって第二次・第三次調査が実施されたが、トレンチが開けられた遺跡の南端部では第Ⅲ・第Ⅳ文化層を包含する地層はすでに浸食され残存していなかった。出土した遺物も小形の剝片数点にとどる（黒田篤編『金取遺跡―第二・三次発掘調査報告書―』宮守村教育委員会、二〇〇五年）。この調査は、菊池の後日談によれば、金取遺跡の検証を兼ねたものであったらしい。そのため、遺跡発見者の武田と第一次調査の調査団長を務めた菊池は、当初、調査メンバーから除外された。それでも、菊池と武田は調査現場に連日おもむき適切な助言をあたえたという。

藤村が調査にまったく関与しておらず、石器の出自が明瞭な金取遺跡に対して、公費を投入してそこまでやるかとおもったが、再調査の背景には別の思惑があったのかもしれない。

# 九　砂原遺跡の発掘調査

## 1　石器発見の第一報

二〇〇九年八月八日、出雲市在住の成瀬敏郎から耳寄りな情報が、突如としてわたしのもとに寄せられた。成瀬は二〇〇八年三月に兵庫教育大学を定年退職後、郷里の出雲市に帰り、晴耕雨読の日々を送っていた。押しも押されもせぬ日本のレス研究の第一人者で、二〇〇三年以来、わたしが韓国全谷里遺跡の年代解明を目的に漢陽大学校の裵基同教授と共同研究を進めていたときの主要メンバーであった。

耳寄りな情報というのは、出雲市多伎町砂原《すなばら》の国道九号線脇の真新しい露頭で古い地層中から一点の石片を引き抜いたので、石器かどうかを見てほしい旨のメールであった。そのメールには露頭と抜き取った石片のスナップ写真が添えられていた。

写真だけではよくわからないので、現物を大学宛てに送ってもらうようお願いした。しかし、その郵便物は送られたはずなのに研究室になかなか届かず、やきもきさせた。気になったのか成瀬から電話もあって、配達元の郵便局に電話すると、すでに大学に配達済みとのことであった。あいにく大学の事務が夏休みの一斉休暇に入ったばかりで、手元に届くのにやたら日数がかかった。

やっとその郵便物を事務室から受け取り、おもむろに紐解くと、掌に収まるほどの小さな石片が入っていた。それは、赤褐色の美しい玉髄を用い、表裏ともに剥離された長さ五チセンほどの縦長状の剥片であった（口絵3、図36)。打瘤裂痕をとどめる打瘤に接して小さな打面と打撃錐が観察された。両側縁はいたってシャープで、器面には、剥片が包含されていた地層の土壌やカルサイト(石灰質)様の灰白色をした粘土鉱物が付着していた。

表面の付着物をきれいに洗い落とさずにのこしていた成瀬の配慮に心から感謝した。石器採集マニアならば、そうした付着物を洗い流して見栄えよくしてしまいがちであるが、そうすればもともと石器が包含されていた地層についての貴重な情報が失われてしまう。成瀬は、その点をよく承知していた。

さっそく、居合わせた大学院生の上峯篤史・大本朋弥両君に、人手にふれることによって石器の情報が失われてしまう前に石器の写真撮影と実測をお願いした。

成瀬のメールと写真から、出土した地層の古さがうかがえ、念には念を入れ、旧石器研究仲間の佐藤良二・中川和哉と一緒に私の研究室でじっくり検討したところ、人工品の可能性が高いという点で意見が一致した。

さっそく成瀬に連絡し、現地を訪れ出土地層を実地に確認したい旨伝えたところ、ただちに快諾を得た。

図36　成瀬敏郎発見の玉髄製剥片

## 2　予備調査

石器が発見された地層を確認し、追加資料がないかどうかを確かめるため、二〇〇九年八月二二〜二四日の三日間の日程で現地を訪れることにした。それにさきだち、堆積学が専門の菊池強一、一九九二年以来、中国や韓国で一緒に旧石器の行脚を進めてきた麻柄一志、石器づくりと石器観察に定評のある佐藤良二、旧石器の若手研究者である広島県庄原市在住の稲村秀介、大学院生の上峯・大本などに事情を説明し、予備調査に参加してもらう手筈を整えた。

また、島根県の埋蔵文化財行政を担当する島根県古代文化センターの丹羽野裕に電話で事情を説明し、予備調査で現地に滞在中、ご足労を願う段取りをつけた。

予備調査では、①玉髄製剥片の出土層位の確認、②火山灰同定のための試料採取、③新たな石器の検出を目的とした。

二二日の昼前、私と上峯は大阪の伊丹空港で盛岡からやってきた菊池と合流した。空港のロビーで菊池を待っている間、上峯に「この調査は研究史にのこるかもしれない」とつぶやいたという（上峯の後日談）。

乗機が出雲空港へ向かって離陸して間もなく、機内で持参した玉髄製剥片を菊池に見せた。しばらくルーペで観察したあと、菊池の唸るような声が漏れ聞こえてきた。

周囲をはばかり小声で訊ねると、器面に細い線状の斑紋が観察されるという。それは、水生植物の細い葉か茎が石器に付着して線状の酸化鉄が形成されたもので、石器が包含されていた堆積環境をうかがえる、という。それを聞いて、今度はわたしが唸った。

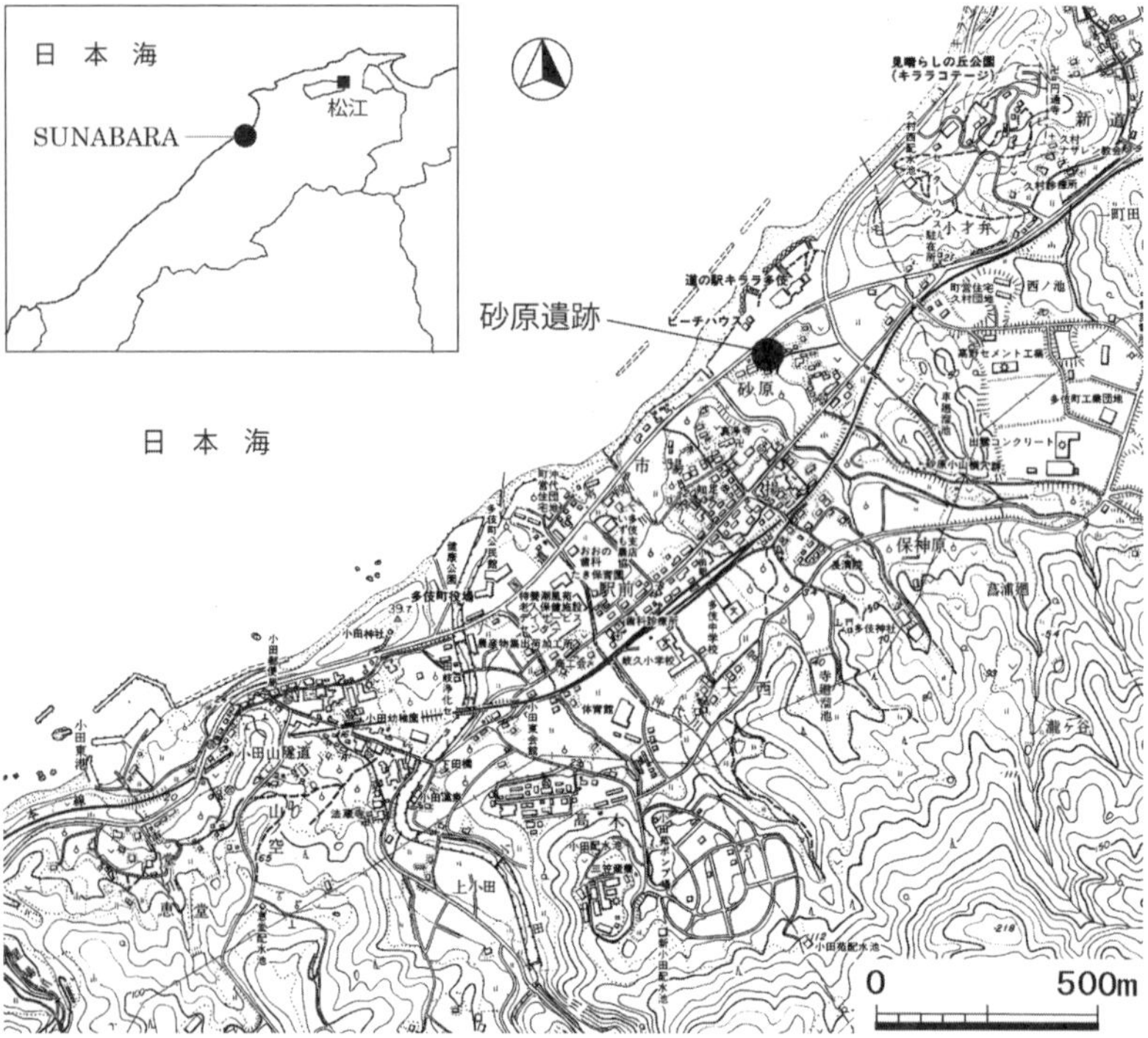


図 37　砂原遺跡の位置

恥ずかしながら、わたしはそこまでの知識を持ち合わせていなかったので、その観察力の鋭さに舌を巻いた。菊池は、岩手県下の旧石器遺跡の調査で乾裂痕、斑紋、高師小僧を検出し、これらが石器の堆積環境や産状と密接に結びついているのを経験していた。

JR出雲駅で案内の成瀬や院生の大本と合流し、駅前でレンタカーを借り、はやる気持ちを抑えながら国道九号線を一路西にたどり、砂原の露頭に急行した。この間、到着するまでの時間がやたら長く感じられた。こんなときは、時間の流れが遅く感じられるものだ。

砂原遺跡は、出雲市多伎町砂原に所在する。国道九号線の脇に「道の駅キララ多伎」があり、ここからは日本海が出雲平野に向かって大きく湾曲する大社湾を挟んで島根半島西端の日御碕、出雲大社、小田海岸の長い砂浜を眺望でき、国道九号線沿いの景勝の地である（図37）。「道の駅キララ多伎」の駐車場に車を止め、成瀬が指差したさきには国道脇のコンクリート擁壁上の地肌がむき出しになった真新しい小さな露頭があった（図38）。調査に着手する前に遺跡地の管理をしておられる松浦政代さんに挨拶し、こころよく調査の了承をしていただいた。成瀬が事前に話をつけていたおかげだ。

図38　成瀬敏郎が石器を見つけた砂原の露頭

国道脇の真新しい露頭は長さ約四メートル、高さ約一・五メートルで、雨で流された土がうっすらかぶっていた。表面をクリーニングする前に露頭の現状を写真に撮ったあと、第一発見者の成瀬に石器が見つかった場所を教えてもらい、成瀬の記憶を頼りに持参した石器を発見当時の状態にもどして写真撮影をおこなった。

菊池とわたしは、石器が抜き取られた場所の地層を入念に観察し、石器に付着する土壌と斑紋が、出土した地層の特徴とが合致するのを確認した。発見者の成瀬を疑うわけではないが、これは発掘捏造事件の教訓から、ないがしろにできない最優先の作業であった。そのあと、二四目のドジョウすなわち玉髄製剥片につづく石器の検出を期待しながら断面を慎重にクリーニングし、写真撮影をしたあと、分層してスケッチの準備をおこなった。こうして予備調査の一日目は終わった。

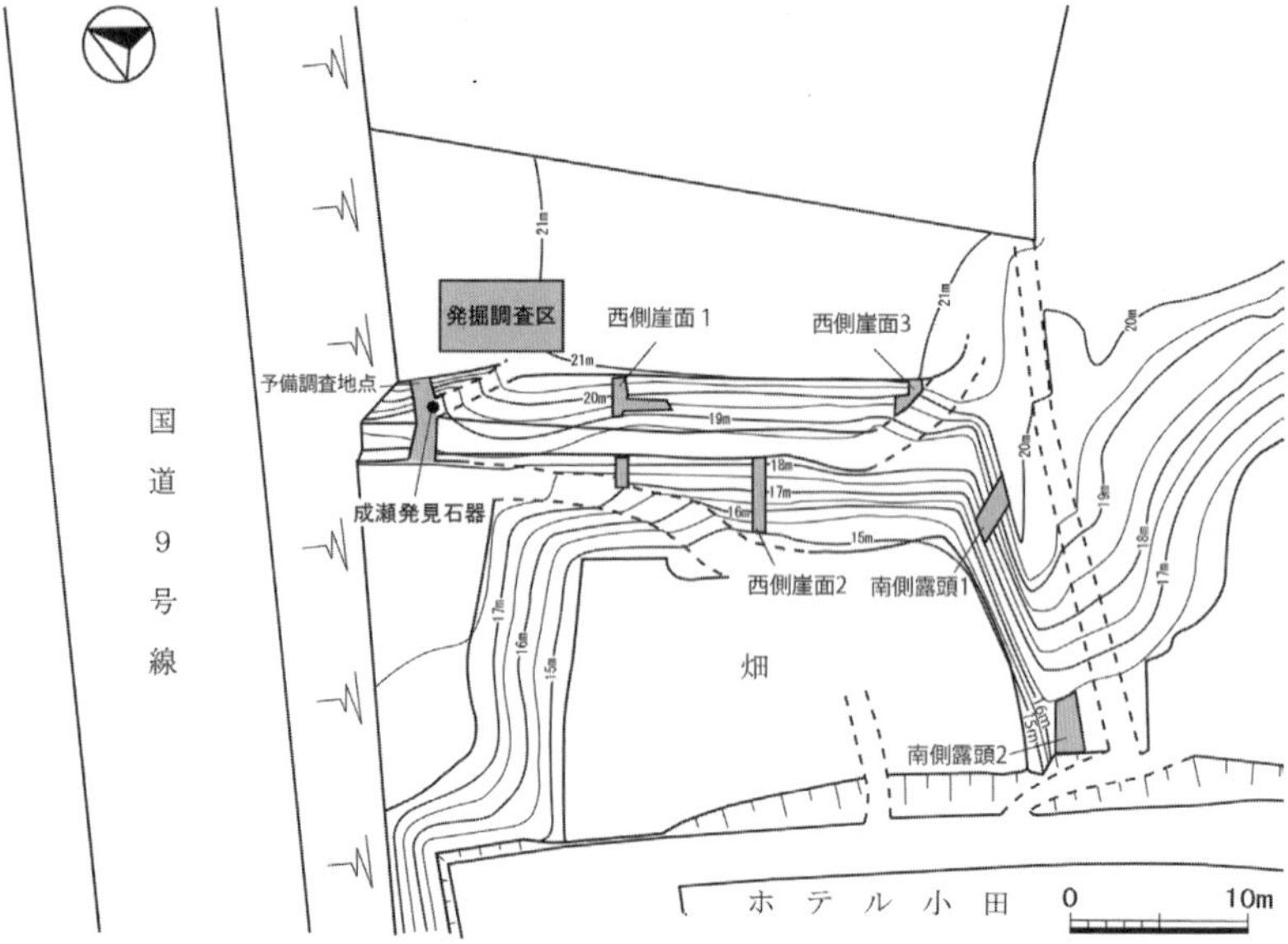


図39　砂原遺跡地形測量図

なお、遺跡地の地形を観察すると、もとの段丘崖の一部をコの字状にえぐり取るように地下げしたもので、その奥まった部分（東側）は南北に走る直線状の崖面となっている（図39）。成瀬が石器を見つけた新しい露頭は、この土取りによって生じた崖面の北端に位置する。したがって、調査地点は本来の中位段丘崖線から二五メートルほど奥まった場所にあたる。

## 御神酒の効果

二日目は、薄曇りで格好の調査日和となった。初日に期待していた二匹目のドジョウが見つからなかったため、御神酒を用意することにした。ここは出雲の神さまの膝元でご機嫌をそこなってはまずい、という一途な思いからである。

果たして、露頭に御神酒を振り注ぎ、出雲大社の方角に向かって黙礼祈願してからものの十分も経たないうちに、松の木の根っこの崖面を削っていた麻柄が掌におさまる大きさの石英斑岩製の石核を砂質シルト層中から掘り当てた（図40）。待望の二匹目のドジョウが見つかったのである。柳の下ではなく、松の木の下ではあったが。それにしても、なんと素早い御神酒の効果か。

最初の剥片が見つかった場所から一一メートルほど離れたところである。写真撮影後、用意したバケツの水で土を洗い落すと、裏面に丸く摩滅した礫面をとどめ、平坦な打面を打撃して正面側から並列して縦長の剥片を二枚剥ぎ取った痕が明瞭に観察された。それに勇気づけられ、皆で崖面を削ると灰色の砂質シルト層中から小さな剥片が次々に見つかった。

図40　予備調査時発見の石核

これは余談だが、わたしの住む京都の自宅近くに鎮座する産土神《うぶすなかみ》の田中神社がある。わたしは元旦にこの神社への初詣を欠かさない。主祭神は出雲の大国主命である。なぜ出雲の神さまが京都の地に祀られているのか謎である。それはさておき、わが守護神である出雲の神さまがはるばる出雲の地に招き寄せたにちがいない、と思ったりもした。

三時の休憩時間に、土地管理者の松浦政代さんから手づくりのドーナツを器に山盛りにして差し入れていただいた。皆であたたかい心遣いに感謝しながら、揚げたての美味しいドーナツをほおばった。

二日目の調査で、遺跡の基本層序が判明した。各地層は崖面の南側に向かって水平に広がっていることがわかった。旧石器遺跡の調査には願ってもない、みごとな成層堆積だ。基本層状は次のようになる。

地表直下に上から①耕作土、②古土壌層、③火山灰層、④古土壌層、

図41　予備調査時の地層断面

⑤火山灰層、⑥砂質シルト層、⑦古土壌層、⑧砂礫層、さらにその下に段丘礫層が二・五メートルの厚さに整然と堆積するのを目のあたりにする（図41）。

古土壌と厚い火山灰層を挟み、前期旧石器を探すには願ってもない厚い地層の堆積だ。こんな条件がそろった遺跡というのは、そうざらにはない。上峯・大本は露頭のスケッチを終えたあと、成瀬の指示のもと各層ごとに一袋ずつ火山灰分析用の土壌サンプルを採取した。

最初の玉髄製剥片が見つかった直ぐ脇の松の木の下で菊池が拳大ほどの石英の塊を拾い上げた。よく見ると、両端に敲打で生じた潰痕がたくさんついている。韓国の前期旧石器遺跡で馴染みの石英製のハンマー・ストーン（敲石）だ。これは、真新しい崖面を削り出したときに出土したものを、作業員が不思議に思って松の木の下によけておいたものだろう。

最初に見つかった玉髄製剥片は⑦の古土壌層から、残余の資料はいずれも⑥の砂質シルト層に包含されていた。基底部の段丘礫層は関東の下末吉面に対比され、約十二・二万年前に形成されたもので、あとは⑤の分厚い火山灰の給源が同定されれば、石器を包含する地層の年代が絞り込める。

炎天下での作業を終え、意気揚々と旅館に引き揚げ、夕陽に赤く映える温泉津《ゆのつ》湾の夕景を横目に生ビールで祝杯をあげ、石器の発見で話が弾むなか夜は更けていった。

三日目は、日本海の青い海原が真夏の陽光をうけてきらめき、水平線がくっきり見える暑い一日となった。灼熱の太陽が照りつける現場は、崖面に植えられた三本の若い松の枝がわずかに木陰をつくるだけだ。崖面での石器探索を継続するとともに、段丘礫層の下位にある地層の調査をおこなった。

午後、益田市に出張していた帰途の丹羽野に現地へ寄ってもらった。

丹羽野は、島根県の出身で岡山大学に進学して考古学を学んだあと、島根県教育委員会に就職し埋蔵文化財行政にたずさわり、旧石器の研究者としても名が知られていた。氏は島根県教育委員会の松尾充晶を同道した。松尾は地元多伎町の神主の子息で、京都大学の山中一郎教授の指導のもとで卒論を提出し、島根県教育委員会に就職した。丹羽野は今後の地元への対策を考慮して連れてきたという。

予備調査にいたる経緯を説明するとともに、発見した石器を手にしながら意見を交わした。わたしは、発見された資料に対して人工品としての確信をもっていた。しかし、丹羽野は玉髄製剥片には目を輝かせたが、ざらついた剥離面に斑晶をともなう石英斑岩製の石核や珪化流紋岩製の摩滅した剥片には訝《いぶか》しい表情を見せた。それも無理はない。出雲の後期旧石器には見慣れない石材だったからである。

丹羽野は崖面からの石器検出だけでは納得しない様子だった。想像するに、発掘捏造事件の苦い経験から、行政に身を置く立場として一抹の不安を覚えたのであろう。万人を納得させるには、地表面からトレンチを開け、捏造の手がおよばない地中深くから明瞭な石器を出すしかない。

丹羽野らと今後の対応策を協議したのち、午後五時前に一行は現場を離れ、わたしと菊池は予備調査の成果に満足しながら出雲空港へ引き返した。

## 3　本調査に向けて

京都に帰着してからというもの、本調査に踏み切るかどうか、わたしの決断ひとつにかかった。隠密裏にことを進めてきたせいもあって、だれかに相談するわけでもなく、熟慮のうえ意を決した。成瀬には二〇〇三年以来、韓国・中国のレス－古土壌調査でたびたび現地へ足を運んでもらい、ずいぶんお世話になった借りがあった。

まだ発掘捏造事件の後遺症が根強くのこっている考古学界の雰囲気としては、「前期旧石器」という言葉を聞いただけでも発掘捏造事件の悪夢が想いおこされ、のっけから拒否反応も予想された。その一方で、閉塞した研究をなんとかして立て直さなければ日本の前期旧石器研究の今後の展望は見えてこない、という思いも脳裏をよぎった。

「虎穴に入らずんば、虎児を得ず」という諺もある。千載一遇の好機を逸するより、ここは一か八か、調査に打って出る局面だ。予備調査で二匹目のドジョウを見つけたこともあってなんとか成算はある。その一方で、段丘面の西側は地下げで大きく抉りとられていて、石器包含層が残っているかどうかは掘ってみないとわからない。

わが守護神である出雲の大国主命が出雲へ誘っているにちがいない、と勝手に想像してもみた。出雲の神さまは、因幡の白兎をたすけた心優しい神さまだ。困ったときには、手を差し伸べてくれるにちがいない、と手前勝手な思いをめぐらしてもみた。

本調査を決断すると、直ぐに成瀬や丹羽野とも密に連絡をとりながら、石器が見つかった崖面の台地上にトレンチを開けるべく発掘調査の準備を粛々と進めた。この年は、四月から大学でサヴァティカルをとり、国内研究に従事する一方で授業と校務を免除され、時間はたっぷりあった。こんなときに発掘調査が降って湧くとは、神さまの思し召し以外に考えられない。

丹羽野によれば、当該地は島根県遺跡台帳にも登録されておらず、発掘にさきだつ届け出は不要という。とはいえ、他人の土地を無断で発掘するわけにもいかず、土地所有者の承諾は欠かせない。成瀬の斡旋で土地管理者である松浦政代さんの承諾は直ぐ得られた。しかし、地権者は松浦さんの娘さんの名義となっていて、手紙や電話ではなかなか承諾が得られない。結局、お住まいの大阪の千里まで出向き、事情を説明して発掘承諾書に署名捺印していただいた。こうして発掘に向けての準備は着々と整っていった

調査にあたっては、旧石器考古学をはじめ地質学、地形学、堆積学の専門家からなる砂原遺跡学術発掘調査団を結成し、万全を期すことにした。主要メンバーは、岩手県金取遺跡の年代研究、さらには韓国や中国を舞台にした国際共同研究で同じ釜の飯を共にし、気心の通じ合った専門研究者たちだ。

調査費用は、わたしが研究代表をつとめる科学研究費の二〇〇九年度予算から捻出することにした。これは「東北アジアにおける古環境変動と旧石器編年に関する基礎的研究」（二〇〇九〜二〇一二年）と題し、陸上に堆積したレス（黄土）‐古土壌連続をグローバルな海洋酸素同位体比ステージ（ＭＩＳ、図42）と同期させ、東北アジアにおいて精度の高い旧石器編年を構築するのが目的で、主に韓国や中国でのフィールド調査

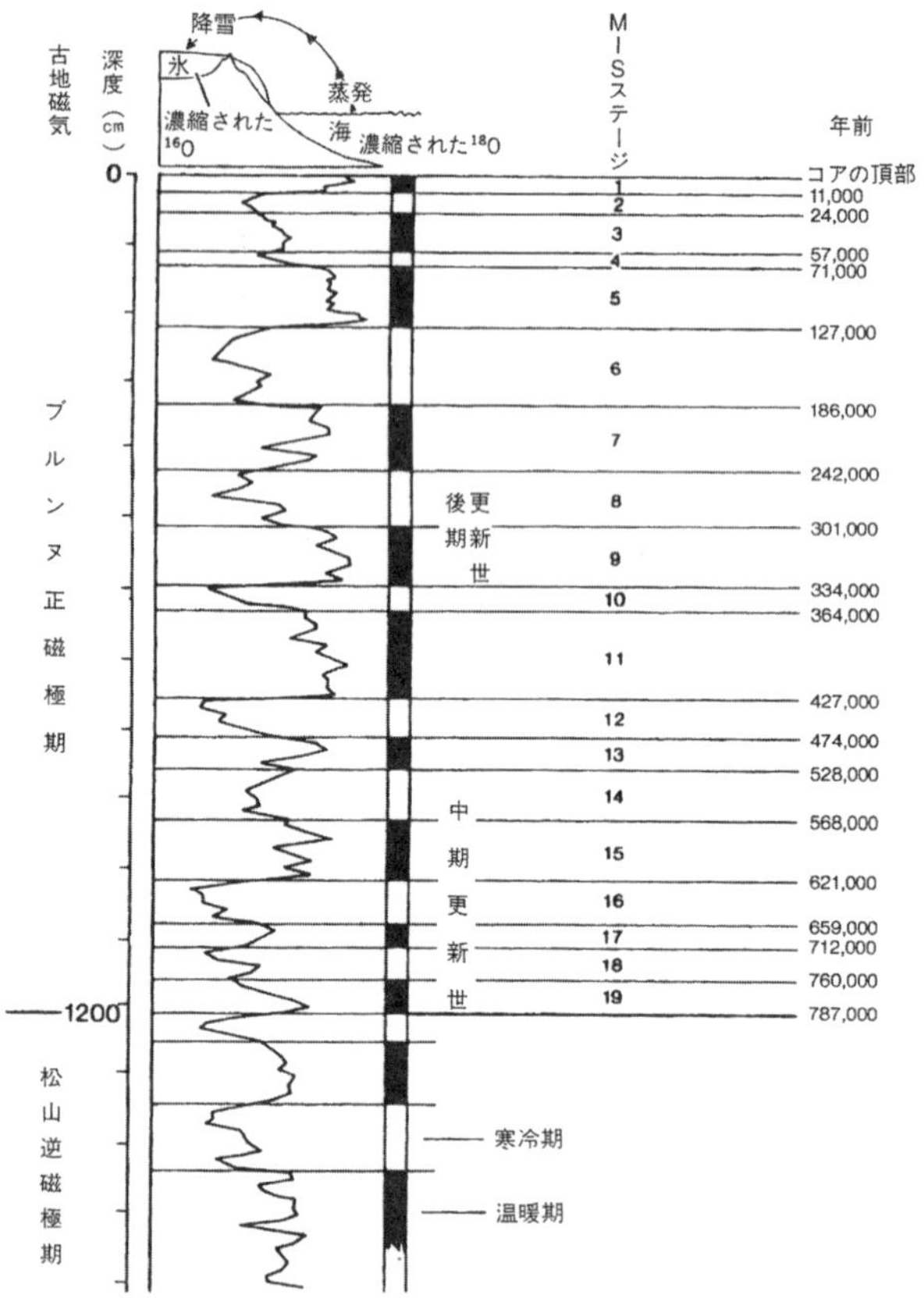


図 42　中期更新世以降の海洋酸素同位体比ステージ

を対象としたものである。

その年の夏休みに吉林省文物考古研究所と共同で予定していた吉林省内でのレス（黄土）ー古土壌調査の許可が中国国務院文物管理委員会からなかなか下りず、七月末には中国での調査を断念せざるをえない事態が生じていた。東北地方にある吉林省は北海道と緯度が同じであるが、八月下旬には長白《チャンペイ》山《シャン》（白頭山）など場所によっては雪が降りはじめ、フィールド調査の期間は夏場に限られ、その準備に少なくとも数週間はかかる。どんなに遅くても、七月末が決断するタイムリミットだった。

そんな矢先、砂原での石器発見の第一報が飛び込んできたのである。まさに捨てる神あれば、拾う神あり。なんというめぐりあわせか。

砂原の予備調査の際、山陰地方では珍しく厚い古土壌が二枚も堆積しているのを確認したが、これほど厚い古土壌層が日本の旧石器遺跡で見つかった例を聞いたことがない。

この古土壌と大陸のレス－古土壌との年代的な対応関係を明らかにすれば、二〇〇一年以来韓国と中国で進めてきたレス－古土壌編年に依拠した東アジアの古環境変動史のなかに砂原の古土壌と石器群を位置づけることも不可能ではない。それは、大陸での経験と成果を日本列島に拡大適用するという点で大きな意義がある。

調査期間は二週間を予定し、上峯君らと慎重に調査計画を練った。考古学研究室の学生を主体にした調査の場合、夏休み期間中に調査を終えなければならなかった。

調査の精度を落とさず、目的を達成するためにはトレンチ規模に応じた調査補助員数の確保、遺物包含層の精査に要する時間が調査の成否を左右する。発掘面積が狭すぎても石器を検出できるとは限らない。

それと同時に、重機の手配、伐採した植木の補償、作業員の現地雇用など丹羽野・松尾と連絡を取りながら発掘準備を進めた。考古学研究室に出入りする学生は旧石器から近世まで好きな時代を研究するのが古くからの伝統で、このとき石器に関心をもつ学生はわずか二～三人しかいなかった。

また、調査にさきだち、日本旧石器学会の中心メンバーである稲田孝司岡山大学名誉教授、安蒜政雄明治大学教授、小野昭首都大学東京教授、白石浩之愛知学院大学教授、佐藤宏之東京大学教授、藤野次史広島大学教授、竹広文明広島大学教授には発見の経緯を記し、玉髄製石器や地層断面等の写真等を添え、調査期間内に現場への来訪をメールでお願いした。小野教授と外国出張が予定されていた佐藤教授をのぞき、いずれも調査中に炎天下の現地へ脚を運んでいただいた。

さらに、文化庁記念物課の水ノ江和同調査官にも発見の経緯を伝え、出雲での調査について行政の立場から有益なアドバイスをいただいた。水ノ江調査官はわたしの大学の後輩で、長崎県伊木力《いきりき》縄文遺跡の発掘調査と整理・報告を共にした間柄である。

## 4 発掘調査の開始

予備調査からわずか三週間という短期間で本調査に向けての諸準備を整え、九月十五日から二週間の予定で本調査に着手した。丹羽野裕は手回しの早さに驚いた風情であった。それは調査地が遺跡に指定されていなかったから実現できたことで、遺跡台帳に登録されていたら発掘届けなどの手続きで早くても一〜二ヵ月を要することになる。

調査初日の十五日は、秋風が吹く九月に入ったとはいえ、夏日の焦がすような太陽が照りつけた。出雲空港に降り立った後、丹羽野とともに出雲市教育委員会の埋蔵文化財担当責任者の花谷浩を訪れ、調査にいたる経緯を説明し、協力をお願いした。隠密裏に準備を進めていたことから、初めて耳にする話で驚いた様子であったが、事情を了解していただいた。

午後、遺跡へ着くと、調査予定地に掘削用の小型重機が一台待機していた。調査地への重機の搬入路はなかったので、遺跡の西側の畑や崖面に新たに通路をつくって移動したものという。

一足先に現地入りした上峯・大本・面将道・真田陽平と合流し、調査トレンチを石器が発見された崖面に隣接した台地上に設定した。石器が見つかった崖面にトレンチを設定したかったが、地権者の意向も配慮し調査後の崖面の崩落を防ぐため、崖面上端から奥へ一・五メートルの緩衝帯を設けることにした。

発掘面積は南北七メートル、東西四メートルの二八平方メートルである。トレンチに降りるステップやトレンチ壁に崩壊を防ぐ法面を設けたことから、実際の発掘面積はそれよりひとまわり小さくなった。それでも、予想される遺跡の広さからすれば小さな窓を開けるようなもので、目指す石器を掘り当てるのは運まかせであった。

トレンチ設定の杭打ちが済むと、重機（パワーシャベル）を使って上層の排土にかかった。一回のスキ取りによる掘り下げはパワーシャベルのバケットのサイズを考慮し深さ約二〇センチを目安に皮をめくるように慎重に掘り下げていった。二枚の厚い初生火山灰層（Ⅲ層、Ⅴ層）中には遺物が包含される可能性はないが、とくに風成層である二枚の古土壌層の掘削に際しては目を凝らした。にもかかわらず、Ⅰ～Ⅴ層の掘削中、遺物はまったく出土しなかった。さいわいというべきである。これらの古土壌層中から遺物が出土しようものなら、その調査に時間を割かれ、目指す下層の調査も覚束なくなってしまう。これも出雲の神さまの思し召しか、つきがあるとおもった。

成瀬らの土壌分析によれば、Ⅱ層の古土壌層最上部には微量の鬼界アカホヤ火山灰（約七三〇〇年前）と姶良Tn火山灰（約二・六～二・九万年前）の火山ガラスを多量にふくむことが知られていた。いずれも南九州から飛来した広域火山灰として有名である。噴出時期の異なる二つの火山ガラスが一緒に見つかるのは、鬼界アカホヤ火山灰が植物の根などによって落ち込んだものと考えられる。

また、これらの火山灰が純粋の火山灰層（単層）として存在しないのは、本来の地表面が開墾や耕作によって削られてしまったことを示唆する。赤みの強いⅡ層の古土壌層は、海洋酸素同位体比ステージ3（五・七～二・四万年前）の温暖期に形成されたことが推定される。

二枚の古土壌層（Ⅱ層、Ⅳ層）は遺物を包含していてもおかしくない風成層にもかかわらず、ヒトの活動の痕跡がまったく見つからなかった。これは、古土壌層が形成されていた当時、最寄りの河床（古後谷川）はかなり低いところにあって、生活に欠かせない水源から離れていたせいであろう。

上層のスキ取りに二日半を費やしたが、地表下一・五メートルの深さに横たわる三瓶雲南火山灰層（Ｖａ層）の下底で重機での掘削をストップし、遺物包含層（Ⅵａ層）の直上に達すると手掘りに切り替えた。機械掘りでのこった三瓶雲南火山灰とその直下にある火山灰薄層（Ｖｂ層）の残土をていねいに取りのぞいて、火山灰が降下する直前の旧地表面を露呈させた。露頭の観察ではよくわからなかったが、この面は著しい凹凸を見せることが

図43　Ⅵａ層上面の凹凸（不整合面）

判明した（図43）。

この凹凸面は三瓶雲南火山灰が降下する前に長い期間、地表面が地上にさらされ浸食をうけたことをものがたる。地質学でいう「不整合面」である。九州の火山から飛んできた広域火山灰の阿多（ATa、約十万年前）、鬼界葛原火山灰（K－Tz、約九・五万年前）、阿蘇４（Aso－４、約九万年前）が本遺跡で検出されないのは、それらがこの不整合の形成時期に降灰し、削剥されてしまったと考えれば説明がつく。これらの火山灰が降下した

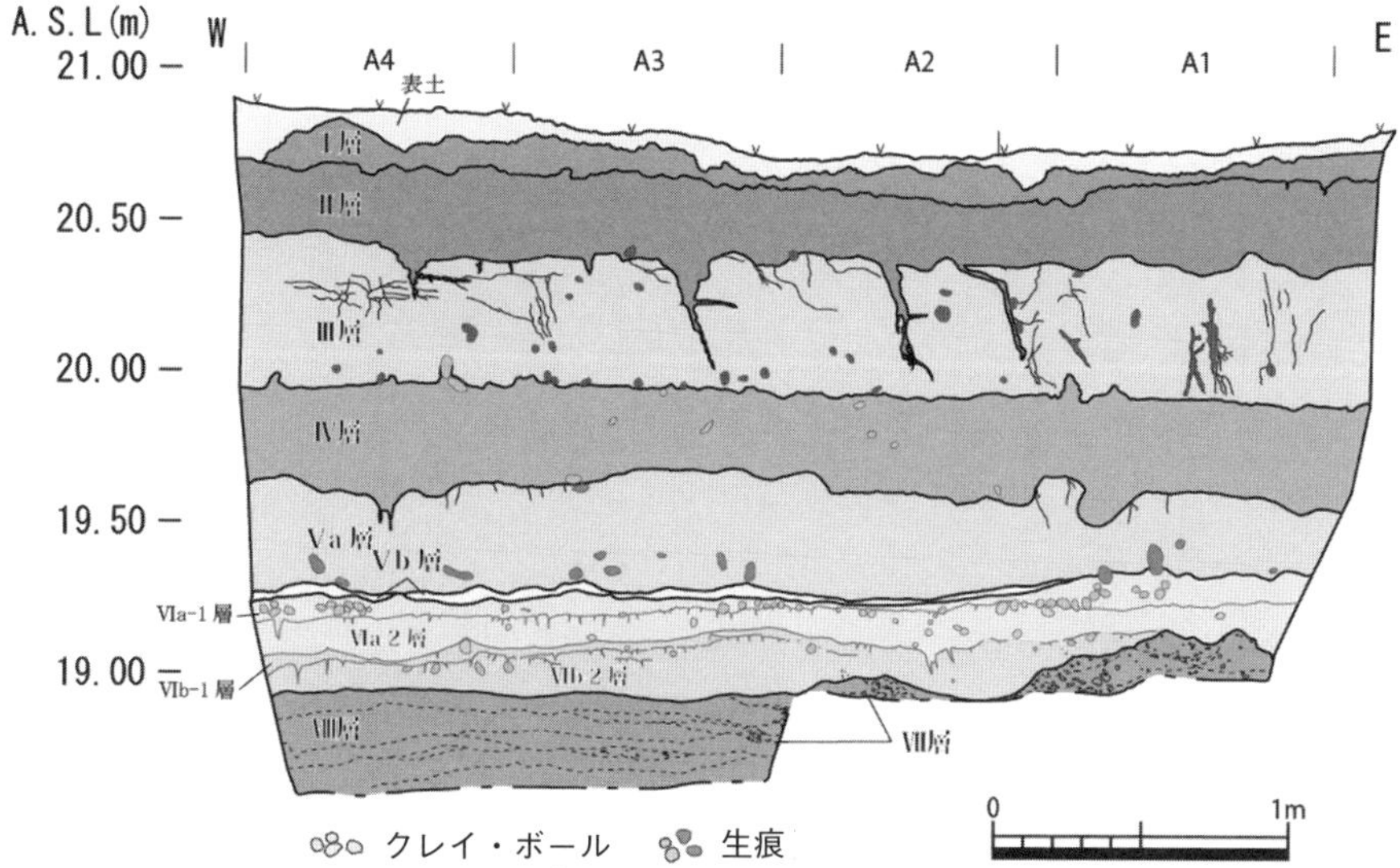


図44　トレンチ北壁の地層断面図

時期とＶ層の三瓶雲南火山灰が示す年代に挟まれた期間、すなわち約一〇～七万年前に形成されたはずの地層がすっぽり抜けていることが推測される。

また、この凹凸面をさかいに遺跡地の堆積環境が大きく変化したことが知られる。すなわち、下層（Ⅵ層以下）は水の営力で運搬されてきた水成層、上層（Ⅴ層以上）は空から降ってきた火山灰、風成塵、黄土などが積もってできた風成層からなり、この不整合面を境に堆積環境がドラスティックに変わったことがわかる。地層は正直なものである。

トレンチの地層断面図からもわかるように、上層の各層は厚さが一定で、しかも水平に積み重なるように堆積する（図44）。こうした事実は、遺物包含層の形成後、二次的な撹乱や地層の再堆積を考慮する必要がないことを示し、遺跡の遺存状態としては申し分のない条件をもつ。

これは、予備調査の段階から気づいたことであるが、前期旧石器遺跡の調査を進めるうえで最高の条件をそなえた遺跡であることが理解される。

## 5　スライス掘り

ここで、砂原遺跡の調査で適用された発掘調査法にふれておく。考古学の発掘では、調査方法がその後の分析の帰趨《きすう》を握ることになる。そのためには遺跡からどのような情報を収集するのか、つまり調査で解明する目的に沿ったデータの収集が要求される。宝探しのように単に遺物を掘り出すことを目的とした発掘ならば、従来の伝統的なやり方を踏襲すればよい。しかし、それでは研究の発展性が担保できない。

砂原遺跡の調査は、発掘捏造事件の教訓に照らし、その検証調査で案出された緻密な調査法を発展させるというねらいがある。そこで、旧石器遺跡の堆積環境の解明という明確な目的に沿った高精度調査と、その後の科学的な分析に耐えられるデータを収集することに主眼を置いた。これは、考古学の調査法を自然科学的な手法に限りなく近づけることになる。

Ⅵa層以下を精査の対象としたが、トレンチ内を一メートル四方のグリッドに区切り、一つのグリッドをひとりの学生が担当して、隣接するグリッドとも合わせてトレンチ全体が同じ高さになるように細心の注意を払って水平に掘り下げる方法を採用した。これを見た菊池は、わたしの横でほくそ笑んだ。これなら氏が期待するものを捕捉できると考えたのであろう。

スウェーデン鋼製の鋭利な刃先をそなえた草掻きを使い、刃先を寝かして地層を一～二ミリずつ水平にスライスするようにして遺物の検出をおこなった（図45）。これを「スライス掘り」と呼ぶ。長さ数ミリの砕片（石屑）はいうにおよばず、一～二ミリの炭粒でさえも地層から顔を出した時点で見逃さない、きわめて精緻な遺物検出法である。

図45　スライス掘り

旧石器遺跡の調査では、移植コテを垂直に突き刺して土塊を掘り起こす「立て掘り」するのがほとんどであるが、これでは大きな石器は見つかっても微細な砕片や炭化物はもとより地層の微妙な変化を見逃してしまう。しかも、個々の遺物が埋没していた堆積学的情報が見失われてしまうのは避けられない。掘り下げる調査スピードは速いが、その半面、失われる情報も多くなる。

この調査法は、掘り下げるのにやたらと時間がかかるが、その有効性は一九八〇年代におこなった長崎県国見町（現雲仙市）にある百花台東遺跡の発掘で証明済みであった（森浩一・松藤和人編『百花台東遺跡』同志社大学文学部考古学調査報告第八冊、一九九四年）。

しかし、参加した学生は初めての経験なのか、当初は草掻きの使い方もぎこちなかったが、じきに慣れてきた。もちろん、学生たちにとって、行政発掘は日ごろ経験していても、発掘精度が要求される旧石器遺跡の緻密な学術調査となると初めての経験だ。

石器や礫が出土すると直ぐには取り上げず、地中から頭をのぞかせたら竹べラや竹串を使って慎重に輪郭を出し、写真撮影、産状計測、出土位置の三次元記録、インプリント（跡形）の観察をおこなって取り上げた。遺物の三次元記録にはトータルステーションを用いた。

スライス掘りで生じた排土はグリッドごとに土嚢《どのう》袋に収納し、トレンチの外に運び出し、メッシュのサイズを段階的に換えた篩にかけ、出土時に見逃された遺物を回収することにした。ウォーター・セパレーション（水洗選別）も考えたが、調査後、トレンチを埋め戻すときに土量が足りなくなってくるので採用しなかった。

調査中、経験豊かな麻柄一志、佐藤良二、中川和哉、松浦五輪美、沖憲明、稲村秀介の各氏らがわざわざ休みをとって応援に駆けつけてくれた。旧石器遺跡の調査経験がない学生ばかりで、豊富な調査経験にもとづいて貴重なアドバイスまでしてもらい、じつに有難いとおもった。これこそ、教室の講義では得られない、現場での実践的な教育だ。この調査に参加できた学生は幸せものだ。

## 6 旧地表面をものがたる乾裂面の検出

Ⅵa層の上面に落ち込んだⅤ層の残土を丹念に除去していくと、トレンチ全面に白い粘土をブロック状にふくむ砂泥質シルト層（Ⅵa層）が顔を出し、さらに指先大のボール状となった白色粘土も随所で観察された。菊池の説明によれば、これはクレイ・ボール（粘土球）と呼ばれるもので、上流から粘土塊がゆるい水流で運搬移動される過程で角がとれて丸いボール状になったものという。

次いで、旧地表面の存在を証明する重要な痕跡が見つかった。

砂泥質シルト層の上面層を少し掘り下げると、散発的に出土する石器や角礫とともに不規則な亀甲状の乾裂がトレンチ内の随所で検出されはじめた（図46、図47）。最初に乾裂面が見つかったとき、菊池の唸るような声が聞こえてきたと思いきや、間髪を置かず顔をほころばせた。この乾裂痕は水分をふくんだ泥土が空気や太陽の輻射熱にさらされ乾燥するときに形成されるもので、往時の地表面をものがたる証拠となる。冬の

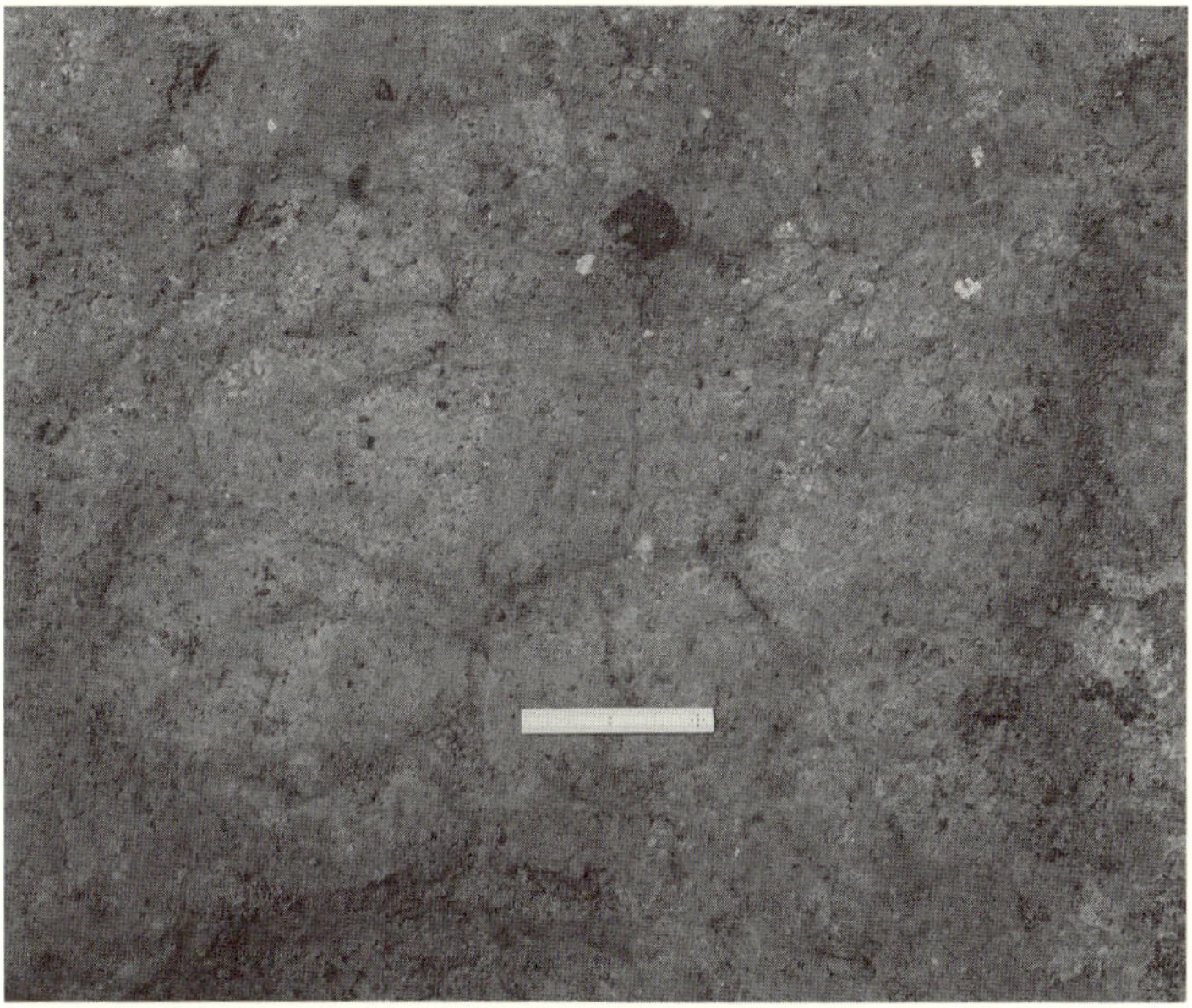

図 46　Ⅵa 層で検出された乾裂面

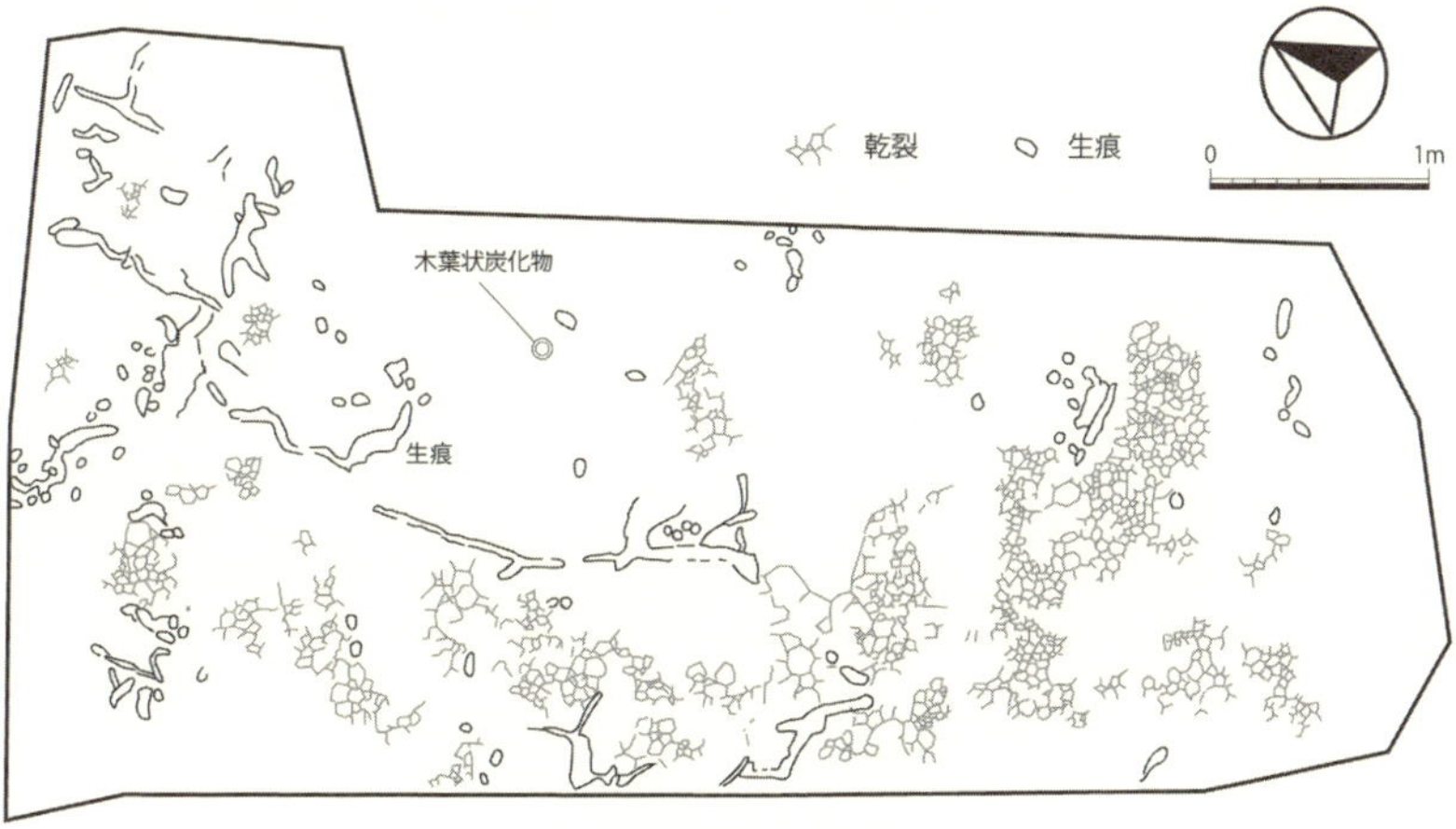


図 47　乾裂面①・生痕の分布

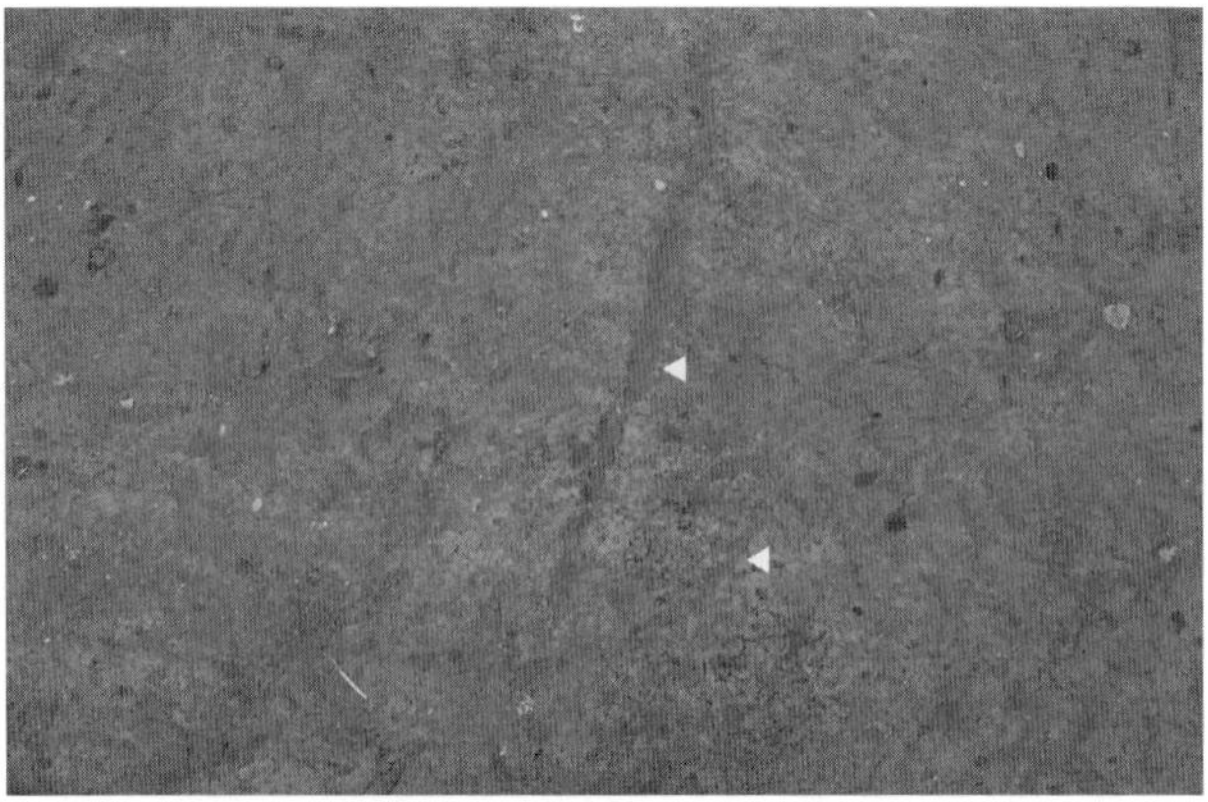

図 48　地中動物の這い痕

図 49　木葉様炭化物

田んぼなどでよく見かける光景だ。

菊池は、自ら発掘した岩手県金取遺跡等の調査でこうした乾裂痕を検出し、その検出面付近から石器や炭化物が出土する事実を観察していた。氏を調査団に迎え入れたのは、遺跡の堆積環境の解明にあたって、豊富な現場経験を買ってのことである。菊池にとっては、まさに本領発揮の現場となった。

乾裂面の検出につづいて、モグラとみられる地中動物が這ったとみられる溝状の痕（生痕《せいこん》）がいく筋も見つかった（図47・48）。溝の中を充填するのは軟らかい暗黄褐色の土壌である。たいへん興味深いことに、この溝状這い痕が乾裂を切っているところもあって、これは乾裂が形成されたあとに地中動物が這《は》いまわったことをものがたる。その這い痕を観察すると、まっすぐ伸びてはところどころ直角に曲がっている。それを見て、菊池はモグラの習性だと教えてくれた。旧石器考古学は、生物の生態学的知識をも要求する学問だ。

モグラは掘った土を地表に盛り上げながら、地表直下を這いまわる習性をもっており、乾裂面の直下でその這い痕が見つかる事実と合致する。モグラは水底には棲息しないので、モグラの生痕があるということは、水が引いて地表面が形成されていた傍証となる。乾裂面の直ぐ下で地中生物の這い痕が検出できたのは、スライス掘りの重要な成果といってよい。

また、乾裂面上では、炭粒や木葉様の炭化物も見つかった（図49）。炭粒は多くの後期旧石器遺跡や前期旧石器時代の金取遺跡でも検出されており、ヒトが火を使用していたことと関係するのかもしれない。火床や配石炉が見つかればいうことないが、そうした明瞭な遺構はどこの遺跡からでも見つかるものではない。

砂原では乾裂面がⅥa層中（乾裂面①）のほか、Ⅵa層とⅥb層の境界面（地質学でいう層理面、乾裂面②）、さらにⅥb層中（乾裂面③）でも見つかり、少なくとも三回は地表面にさらされていた証拠を提供した（図50）。第Ⅰ文化層は乾裂面③、第Ⅱ文化層は乾裂面①と密接に関連して検出された。

なお、乾裂面②にともなうとみられる遺物も若干あるが、乾裂に沿った落ち込みの可能性も考慮して、報告書ではこれらを第Ⅱ文化層に帰属させた。この点、将来の検討にゆだねられる。

日本列島の旧石器時代遺跡では関東ローム層や火山灰層などの風成層中から一定の深度幅をもって石器や礫群、炭化物などが出土するのが通例である。砂原遺跡のように当時の地表面すなわち生活面を発掘で特定するの

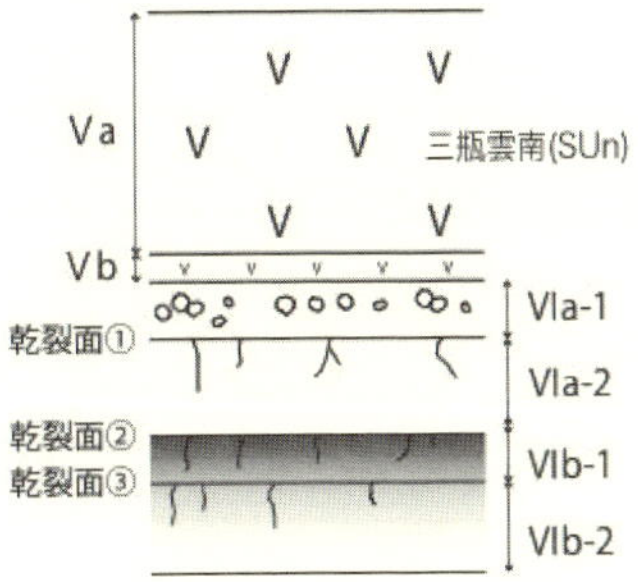


図50　検出された３枚の乾裂面の層位概念図

**図51　検出された高師小僧と生痕**（1～4高師小僧、5・6生痕〔巣穴〕）

は不可能であった。

そのため、石器や礫の垂直分布の検討を経て、出土分布曲線または「ヴィーナス・ライン」のピーク付近に往時の地表面を想定していた。こうした旧来の地表面（生活面）推定法とくらべたら、砂原遺跡の調査が直截的に旧地表面を把握する点でいかに斬新かつ実証的であるかが読者にはご理解いただけよう。

## 7　高師小僧の検出

砂原遺跡の堆積環境を知るうえで、もうひとつの手がかりがある。

石器や礫を出土したⅥa層中の乾裂面のベース（基層）となった地層中からは、直径五ミリほどの管状ないし紡錘状の高師小僧《たかしこぞう》も検出された（図51）。

一風変わった呼称で、ユーモラスな響きさえあたえる。学生に聞いても、だれもこの言葉を知らない。れっきとした学術用語として『地学事典』（地学団体研究会編、平凡社、一九九六年）にも載っている。

高師小僧とは、水辺に生える植物の根や茎などが褐鉄鉱や二酸化マンガンなどに置換されたもので、根や茎は朽ち果て褐鉄鉱や二酸化マンガンからなる中空の筒状を見せ、往時の堆積環境をうかがううえで重要な指標となる。さらにⅥａ層から出土した石器・礫の表面には褐鉄鉱や二酸化マンガンを付着するものがあり、出土層の形成環境との密接な関連をものがたっている。

トレンチ内では、直立した高師小僧が乾裂面によって分断された状態で検出された。これは、高師小僧が水流等でなぎ倒され横位になって検出される二次堆積と異なり、直立した高師小僧をともなう地層がもと原位置を保って埋没していたことをものがたる。こうした高師小僧はⅥｂ層中でも確認された。

なお、Ⅵａ層中の乾裂面の上に堆積した地層から出土する高師小僧は、原形をとどめるものはまれで、検出されても傾斜が四五度未満の寝そべった状態を見せた。同層中では水流によって運搬されたクレイ・ボールも観察され、分断され原形をとどめない高師小僧は河川の氾濫や溢流水または地表流水などによって移動運搬され再堆積したものと考えられる。

## 8　礫・石器の産状計測

砂原遺跡の調査では、出土する石器や礫を一点一点三次元記録としてとどめるだけでなく、それらの産状すなわち出土状況を観察・計測し、データ化することにした（図52）。データの収集には時間がかかるが、地層の生成過程を把握し科学的な議論をおこなううえで重要な拠りどころになる。このような産状計測は、

図52　産状計測

図53　現河川（鴨川）に見られる覆瓦構造（左が上流）

金取遺跡で菊池によって先鞭がつけられた。

砂原の遺物包含層であるⅥa層・Ⅵb層層から出土する礫のサイズは、径数センチから最大でも拳大ほどで、礫のサイズが比較的そろっている点が注目される。

なお、赤色や緑色を呈する輝石安山岩や泥岩の礫は、鋭利な刃をそなえたスウェーデン鋼製の草掻きでいとも簡単にスライスできるほど風化をうけクサリ礫化していた。こんな経験はわたしもはじめてのことで、Ⅵa層・Ⅵb層が形成された気候環境と形成年代の古さをうかがわせるものであった。これらの礫は採り上げる際、たいてい崩れてしまい産状計測の対象から除外した。

通常、水流などの自然の営為によって礫が運搬・移動させられるとき、流水の抵抗が最も小さくなる向きに再配列される。その好例を河川礫の自然堆積に観察することができる。これは礫が長軸の平坦な面を上流

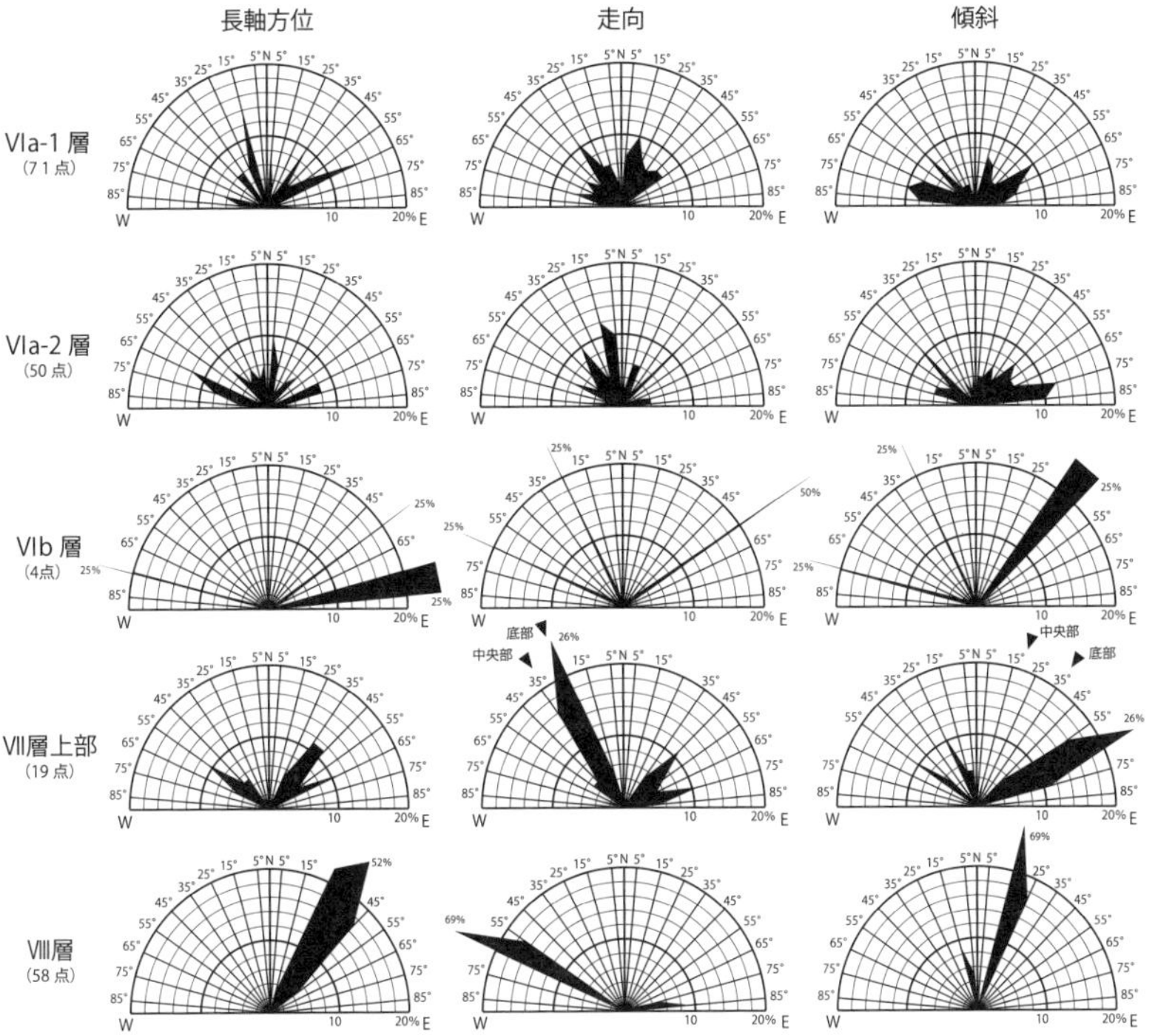


図54　層位別出土礫・石器の産状ローズグラフ

側に向けて水流の抵抗を減じるように傾斜させるインブリケーション（覆瓦《ふくが》構造）としてよく知られる（図53）。これは地学の教科書にも載っているので、ご存知の方もあろう。

こうした産状のデータ収集には手間と時間を要するが、出土する石器や礫が残された当時の原位置をとどめたものかどうかを総合的に判定するうえで客観的な証拠となる。

研究室に持ち帰ったデータは、長い時間をかけて慎重に解析され、とりわけⅥａ層から出土した石器・礫については測定された資料数（一二一点）も多く、客観的な評価をあたえることを可能とした。これらを自然堆積層（Ⅷ層・Ⅶ層上部）の礫と比較したものが、図54である。

Ⅵａ層から出土した礫のデータは、長軸

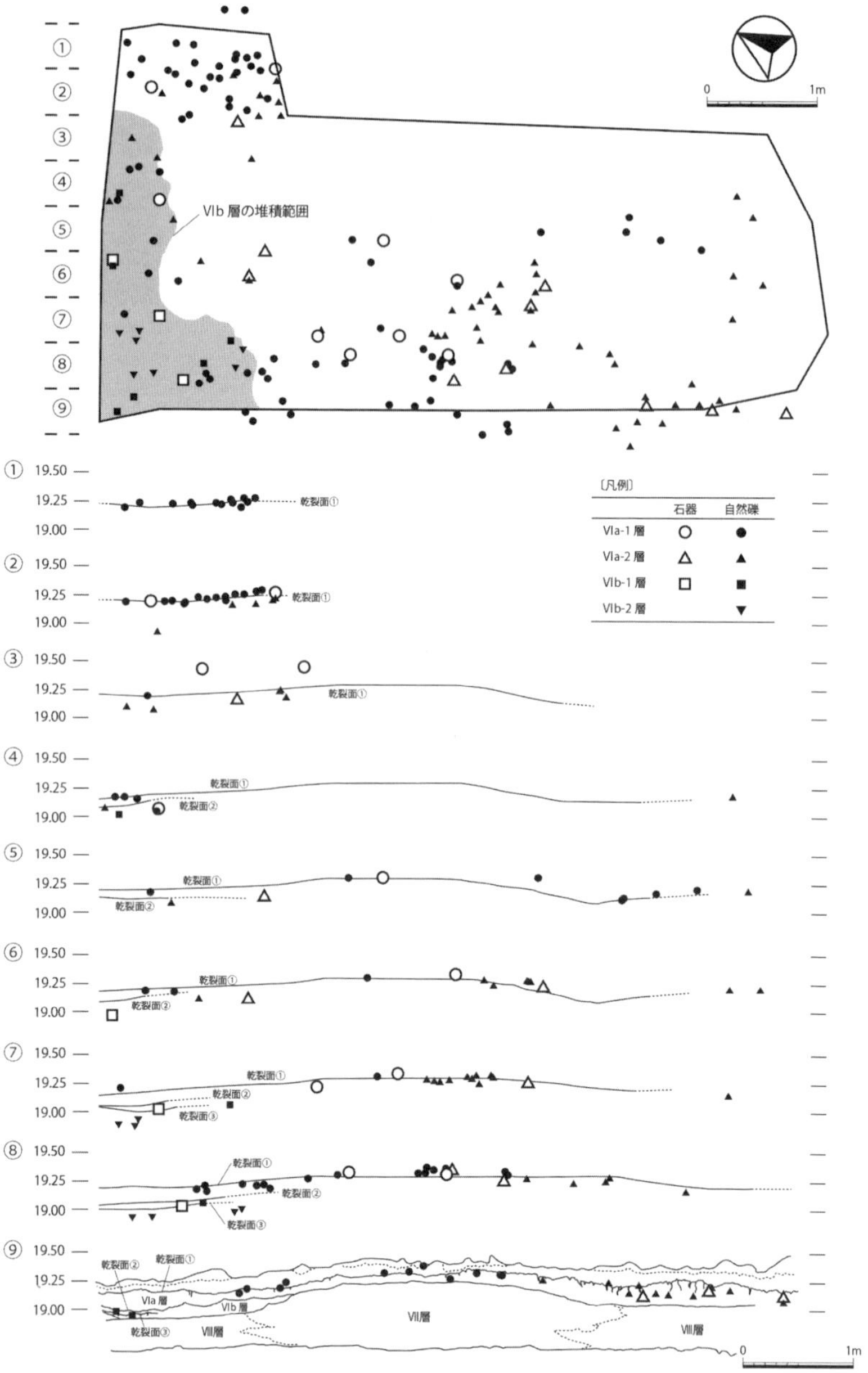


図 55　乾裂面①と礫・石器の垂直分布

方向、走向、傾斜ごとにローズグラフで示され、いずれの項目も自然堆積のⅦ層上部（礫堆）、Ⅷ層（河成礫層）と異なり、定向性を示さない。これは、石器・礫が上流から強い水流によって運搬・移動されてⅥa層中に再堆積したものではないことをものがたっている。

なお、Ⅵb層の出土資料についても同様に計測したが、Ⅵb層ではもともと礫の出土数が少なく、しかも本層がトレンチの北側だけに局所的に分布することから、測定資料数がわずか四点にとどまり、統計的な有意差を判定できない。

Ⅵa層中から出土した石器や礫のほとんどが乾裂面の直ぐ上に貼りつく状態で検出されたことも注目される（図55）。

砂原遺跡は、当時の地表面でおこなわれた旧石器人の活動痕跡を復原できる稀有な条件をそなえた遺跡といえる。これほどの情報豊かな堆積条件に恵まれた前期旧石器遺跡は、東アジアを見わたしても、金取遺跡を除いてほとんど例がない。おそらく砂原で実施されたような堆積学的視点をはっきり意識した調査がなされていないためであろう。

## 9　礫の形状と古流向解析

Ⅵa層に包含される礫は、角礫・亜角礫が約七割を占め、残余は亜円礫からなる（図56）。Ⅵb層についてもこの比率はさほど変わらない。ところが、Ⅶ層以下の礫層（自然堆積）から出土する礫は角礫・亜角礫が四割弱と減少し、逆に円礫・亜円礫が六割強となり、Ⅵa層・Ⅵb層の両者の比率と逆転する。

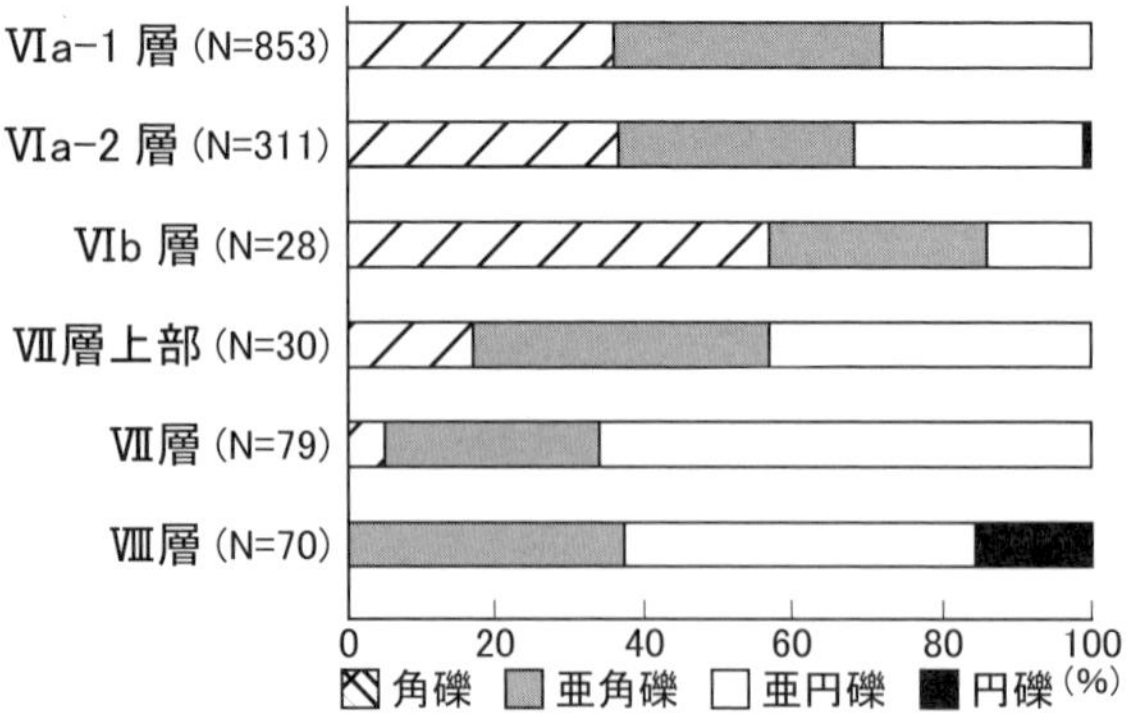

図56　層位別に見た円礫・角礫の比率

自然礫というものは上流から下流へと押し流される過程で角がとれ、下流に行くにつれて丸くなっていくのが通例である。しかし、当時の古地理の復原から、河口に近い平野部にあったと推定される砂原遺跡にあって、Ⅵａ層中から出土する角礫・亜角礫が七割を占める状況は、水流などの自然の営為で運ばれたにしてはじつに奇妙な現象というほかない。つまり、これらが自然の営為ですべて上流から押し流されてきたという解釈では説明がつかないのである。

Ⅵａ層から出土した礫の平面分布を検討すると、それらはトレンチ全域から万遍《まんべん》なく出土するのではなく、トレンチ中央を横断する礫堆とその周囲にいくつかの集中域を見せて出土する傾向を看取できる。

すなわち、Ⅵａ層を細分したⅥａ-1層とⅥａ-2層中にそれぞれ三ヵ所の礫の集中域がみとめられるが、それらは平面分布および垂直分布のうえでまったく重なり合わない（図57）。つまり、両層に見られる礫集中部は、上下が連続した一連の堆積ではなく、また下層の礫層（Ⅶ層）から乾裂面を突き抜けての浮き上がりでないことが理解される。したがって、両層の礫集中部は、時間差をもって石器を交える礫集中部が形成されたなによりの証拠となる。一部の研究者は、石器や礫を下層の礫層からの浮き上がりと決めつけ、石器を自然の破砕礫とみなす主張を展開しているが、そうした解釈は誤りであることをデータが実証する。

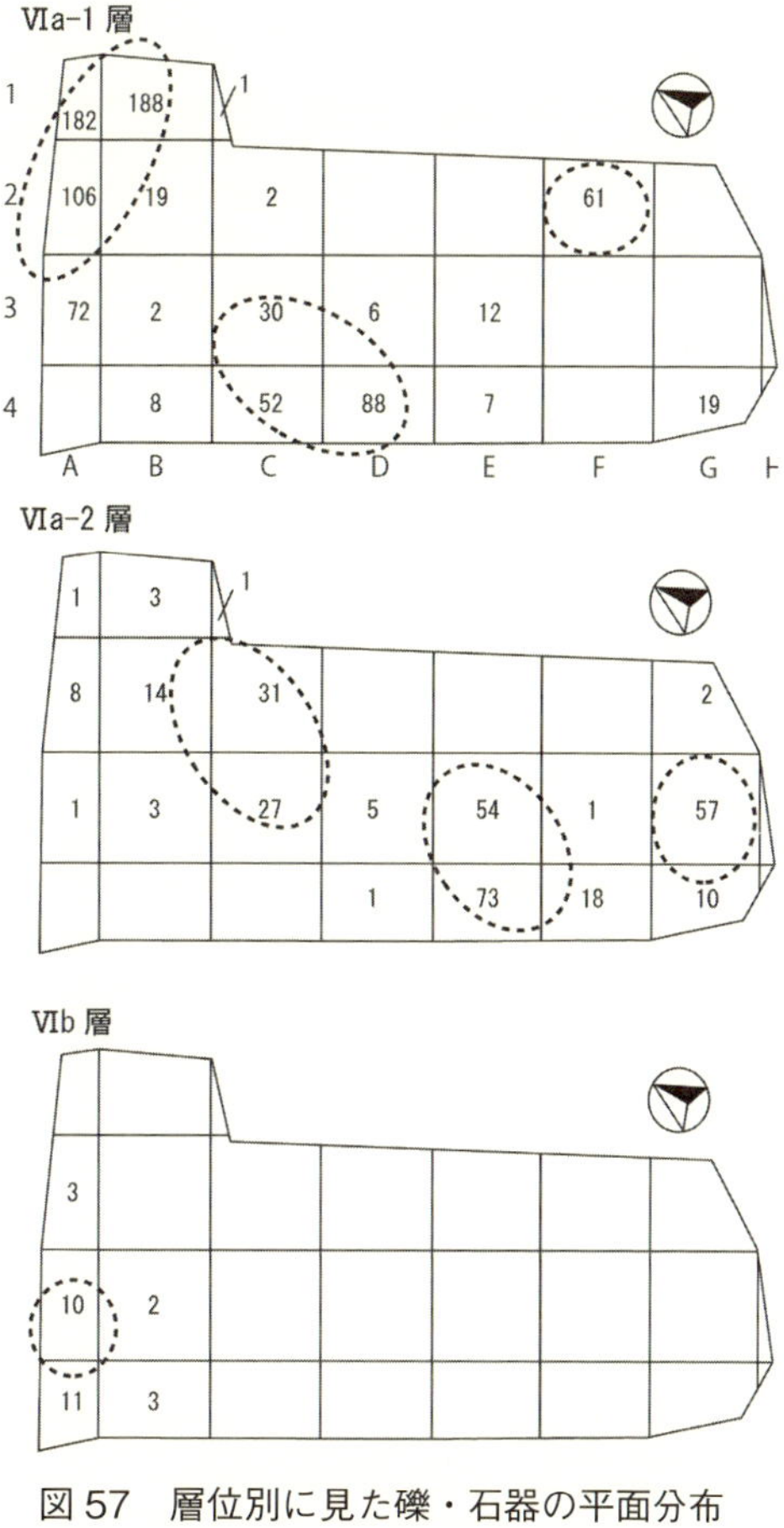


図 57　層位別に見た礫・石器の平面分布

それでは、これらの礫はどこからもたらされたものであろうか。

この問題を解明するうえで、トレンチ内から出土した礫種（岩石種類）を遺跡周辺に自然状態で存在する礫種と比較検討する作業が要請された。この作業は、菊池の主導のもとに、発掘調査終了後もたびたび現地を訪れ、後谷川の流域を中心に進められた。

砂原周辺の基盤地質は、地質図によれば新第三紀と第四紀の地層からなる。遺跡南方の後背山地を構成する基盤岩は新第三紀のグリーンタフ造山運動にともなう流紋岩質ならびに安山岩質火砕岩からなる。この基盤岩山地の北側（海側）斜面に貼りつくように大森層、それを被覆するように布志名層の礫層が帯状に分布する。

一方、遺跡周辺に分布する第四紀の地層は、砂原遺跡の西南方と東方に広く分布する中位段丘礫層、後谷川の流域に沿って局所的に分布する低位段丘礫層からなっている。これらの段丘礫層を構成する礫種は、基

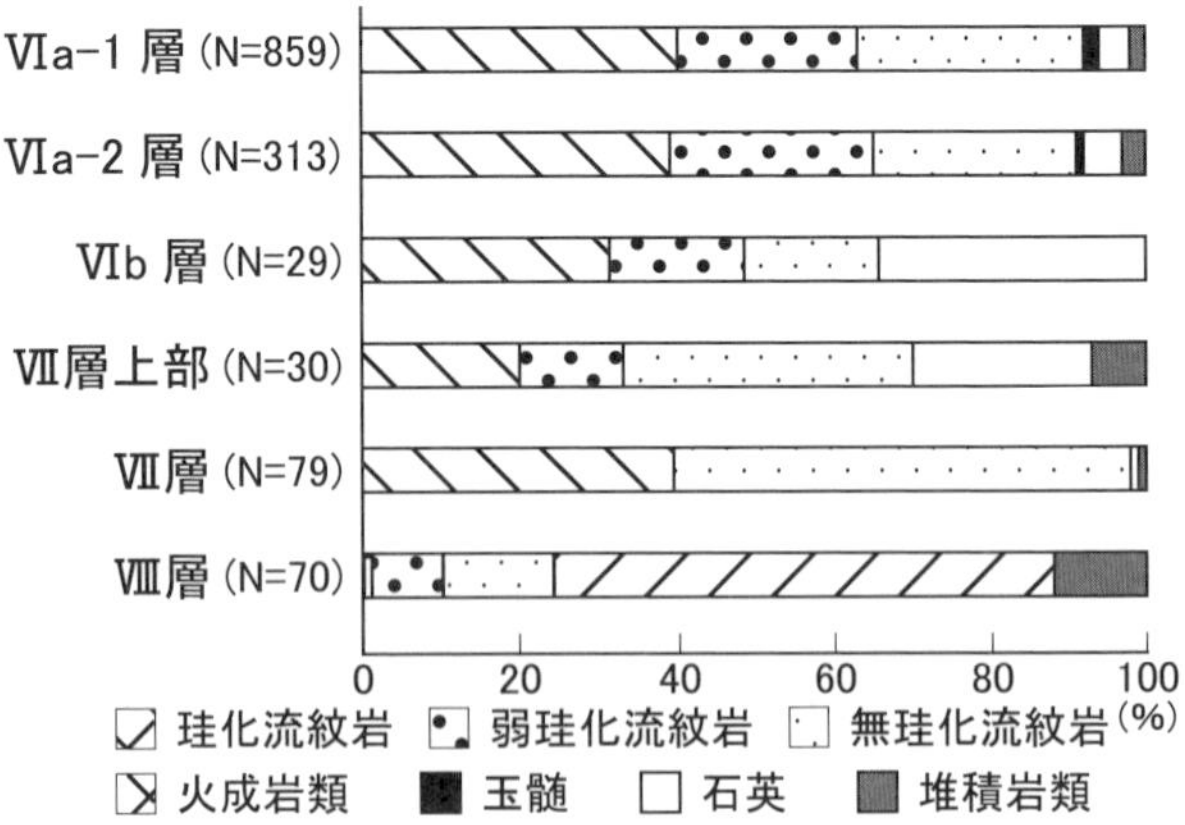


図 58　層位別に見た礫種構成

本的に後背山地の基盤岩に由来する火砕岩、大森層と布志名層に由来する火成岩類・堆積岩類から構成される。

なお、砂原遺跡の東南方約一キロ、後谷川の上流側にある多伎町工業団地南端の布志名層の大露頭では、流紋岩や玉髄の円礫も散見されたが、成瀬が最初に見つけた玉髄製剥片と同色・同質の玉髄は見あたらない。このことは、砂原で見つかった玉髄製剥片のような自然礫が遺跡形成当時の古後谷川の河床で採取できなかったことを意味する。

砂原遺跡の基盤をなす中位段丘礫層（Ⅷ層）の礫種は六〇パーセントを火成岩類が占め、残余は弱珪化流紋岩・無珪化流紋岩・堆積岩類などからなる。ところが、石器をともなうⅥb・Ⅵa層では珪化流紋岩と弱珪化流紋岩の比率が急激に増加する（図58）。硬い珪化流紋岩は砂原遺跡で石器の材料としても使われた岩石である。

さらに遺跡から出土した礫の円磨度を検討すると、石器をともなうⅥb・Ⅵa層と自然堆積のⅦ層以下の礫層とでは、亜円礫・円礫と亜角礫・角礫の構成比が劇的に変化することがわかる（図56）。

すなわち、Ⅶ層・Ⅷ層では亜円礫・円礫が六〇パーセントを占めるのに対し、Ⅵb・Ⅵa層では反対に亜角礫・角礫が六五〜八五パーセントを占め、両者の比率は逆転する。礫というものは、下流に移動運搬されていく距離に応じて水流等によって角が取れ、丸みを帯びてくるのが常態である。Ⅵb・Ⅵa層で珪化流紋岩と弱珪化流紋岩の比率が急激に高くなる事実とⅥb・Ⅵa層で亜角礫・角礫が増加する現象との間には密接な相互関係があると考えたほうが合理的な解釈である。

さらに中位段丘礫層（Ⅸ層）の礫がインブリケーション（覆瓦構造）の観察にもとづき、現在の後谷川と同じ南方からの古流向（図59）を示すのに対し、Ⅵa層の礫・石器の走向・傾斜は斉一性を示さず、段丘礫層のインブリケーションとはまったく合致しない。これは収集したデータの解析から導き出されたものである。

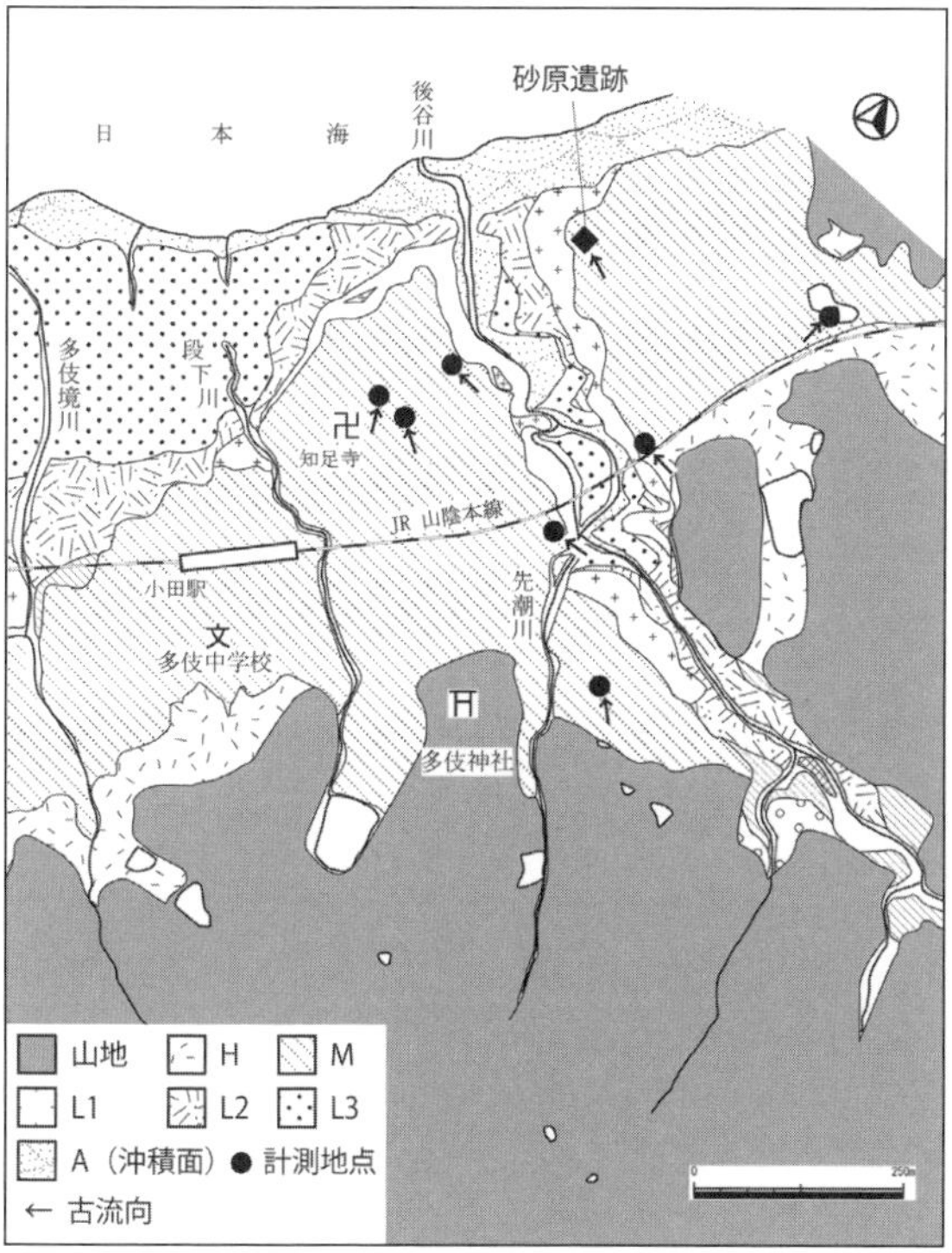

図59　中位段丘構成礫層の古流向

結論として、Ⅵa層出土の石器・礫の産状を自然現象で説明することは難しい。これを合理的に解釈するには、自然作用以外の要因が関与したと解釈するしかない。わたしは、その背後に人為的な選択がはたらいていたとみる。つまり、ヒトの関与が自然現象では説明できない状況を現出させたと考える。

なお、遺跡周辺の分布調査をたびたびおこなったが、成瀬が最初に見つけたよ

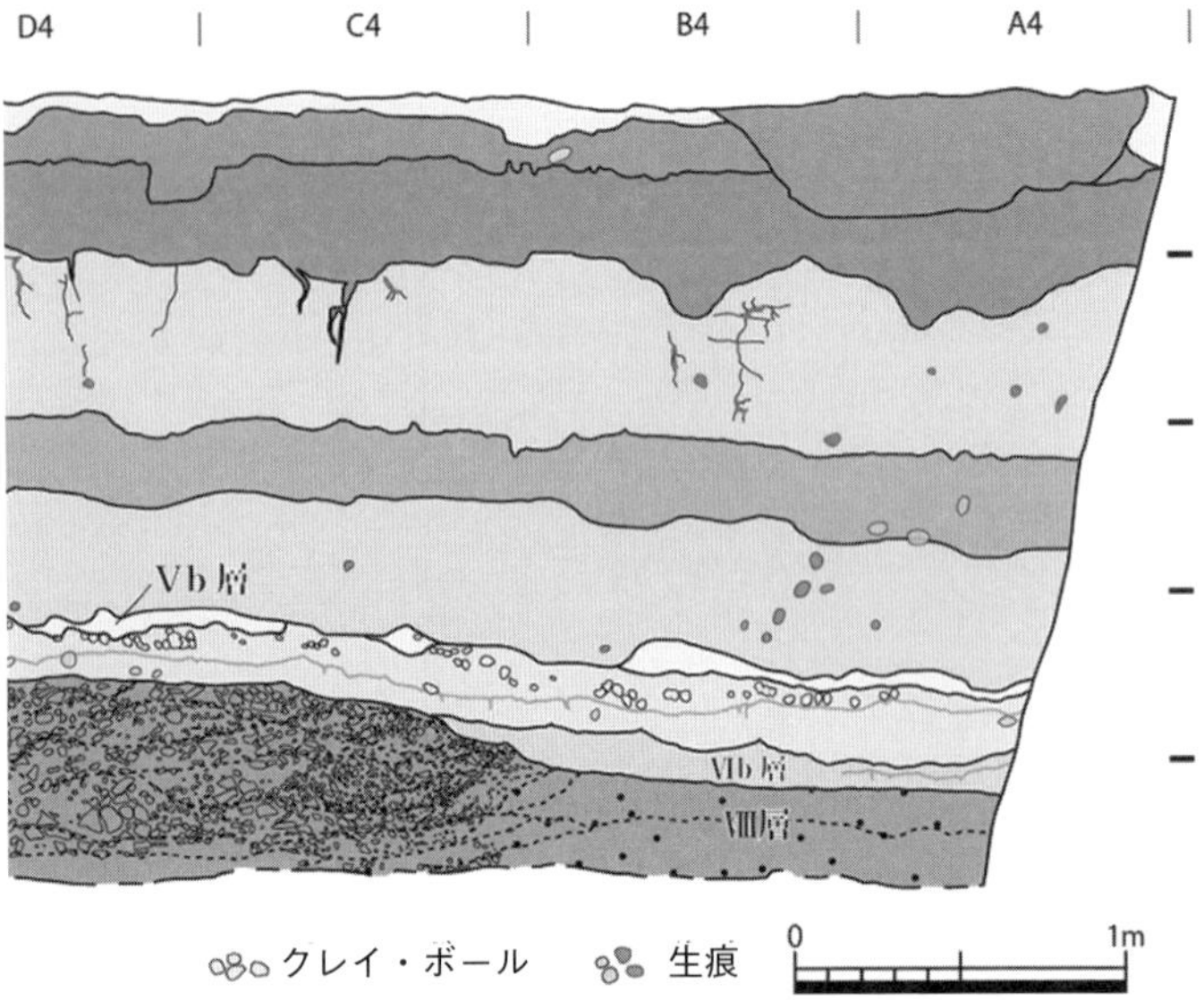


地層断面図

うな茶褐色を呈する均質な玉髄は第三紀・第四紀に形成された礫層中からは一点も発見することはできなかった。これに類似した玉髄は、砂原遺跡から二〇キロほど東に離れた宍道湖南岸一帯に産出することが知られている。宍道湖南岸の鳥ヶ崎では類似した色調・岩質の玉髄が石器に用いられている。この地域で打ち割られた剝片がヒトの手を介して砂原に持ち込まれた可能性が高い。

## 10 堆積環境の復原

砂原遺跡は、いったいどのような場所にのこされたのであろうか。この問題を解明するためには、遺物を包含する地層が形成された当時の自然地形と堆積環境の復原が要請される。

Ⅵa層を少しずつ掘り下げていくなかで、遺物や礫を包含する地層の微地形がわかってきた。トレンチ中央を東西に横断する堤状の高まりを見せる礫堆《れきたい》が検出

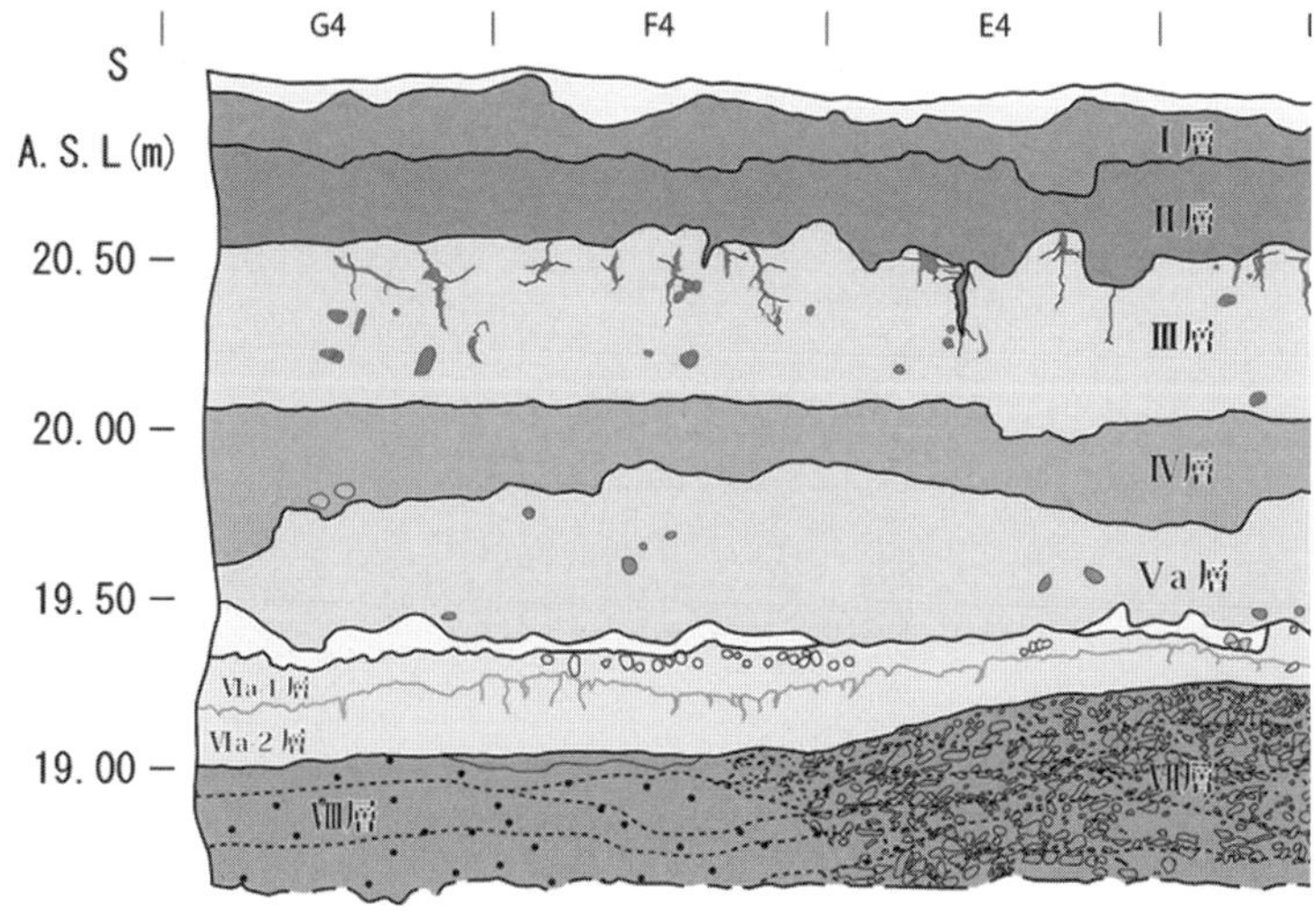


図60　トレンチ西壁

された。こうした礫堆は河川の水流によって河口に近い沖積地に形成されることを菊池から教えてもらった。ここでいう沖積地は、河口に近い平野部に水流などの自然営力によって形成された堆積物の総称で地質時代を完新世に限定するものでない。過去には、「沖積」という用語は完新世（一万年前以降）に限って使用されることもあったが、現在では時代を限定せずに使われる。

調査の最終段階でトレンチ西壁を深掘りして判明したことだが、この土堤状の高まりの直下に固く締まった断面レンズ状の礫層（VII層）が伏在することが明らかになった（図60）。礫堆を構成する礫は、インブリケーション等の観察によれば、古後谷川をふくむ山側からの礫の運搬作用によって形成されたものと推定される。

礫堆の南（山）側は落ち込むような地形を見せ、小規模なラグーン（潟湖）が存在した可能性もある。この点、調査トレンチが小規模なため、詳しくは今後の

図61　Ⅵb層出土の尖頭スクレイパー

調査によって解明しなければならない。また、礫堆の海側も徐々に落ち込んでいる堆積状況が、西壁下の深掘り断面によって判明した。

第Ⅰ文化層の石器を包含するⅥb層は礫堆の海側にだけ堆積し、マトリックス（基質）のシルトが赤く古土壌化していた。この古土壌層は、温暖多雨環境下で生成したものとみなしてよい。これは、シルトの堆積中や堆積後、地表にさらされていたことをものがたる。それを証明するかのように、Ⅵb層中からも乾裂面が検出された。この層は成瀬によって最終間氷期最温暖期に対比され、最上部は数㌢の厚さで酸化鉄の凝集が見られ、鮮やかな赤褐色を呈する。

流紋岩製の尖頭スクレイパー（図61）は、この酸化鉄凝集部を少し掘り下げた乾裂面③（図50）付近から出土した。Ⅵb層に包含される礫はまばらで、この点、Ⅵa層にふくまれる礫のあり方とは、明瞭な違いが観察された（図62）。Ⅵb層の中部でも乾裂痕が一枚検出され、基質のシルトが堆積する過程で一時的に地表面にさらされていたことが知られる。尖頭スクレイパーはこの乾裂面付近から出土したものである。

Ⅵb層・Ⅵa層のいずれも断面レンズ状の礫堆が形成された後に堆積したものであり、Ⅵa層は礫堆の上にオーバーフロー（溢流）したことが地層断面の観察からもはっきりわかる。クレイ・ボールをともなうも

図62　トレンチ北部Ⅵb層の遺物検出状況

のの、ラミナ（葉理）構造を見ないことから強い水流ではなかったことがうかがえる。

一九九一年、山中一郎京都大学教授の案内でパリ郊外のセーヌ河畔にのこされた有名なパンスヴァン遺跡の発掘現場を訪れる機会をもった。後期旧石器時代末のマドレーヌ期の石器群やトナカイの骨が氾濫した砂層にパックされ原位置をとどめている状況を目のあたりにして感動した。増水でゆっくり水位が上昇した川の岸辺では、廃棄された石器は下流に押し流されることもなく、そのまま埋没した好例だ。

砂原遺跡は、まさにそうした堆積環境を連想させるものであった。

こうした水辺は、水にはこと欠かず、葦《あし》などの水辺の植物が点在する叢《くさむら》は肉食獣から身を隠し、やわらかい砂地はベッドともなり、旧石器人にとって好適な生活環境を提供したにちがいない。大雨が降れば、水に浸からない背後の高台に避難すればよい。このような遺跡立地は、金取遺跡第Ⅳ文化層と共通することから、前期旧石器人の占地に際して、好適な居住条件を提供したものと考えられる。

Ⅵb層・Ⅵa層を堆積した主な営力は遺跡の西側を流れる古後谷川の水流とみられ、遺跡がのこされた当時は河床面がほぼ同じ高さにあった。因みに現在の後谷川の河床面は一五メートル以上も低い位置にある。これは中位段丘面形成後の隆起量とも関係する。

第Ⅰ文化層が残されたのは礫堆の陰となった海側の場所で、わずかな高まりではあるが、礫堆が古後谷川の氾濫をさえぎる効果をもったのかもしれない。また第Ⅱ文化層が残されたころにもこの礫堆がわずかな土堤状の高まりとして存在し、旧石器人が活動する場を提供した。河口に近い平坦な沖積平野のなかに微高地があって、それを旧石器人が目ざとく見つけてやってきたと考えてもなんら不思議ではない。

砂原遺跡の調査は、わずか二週間の発掘調査、度重なる補足調査を経て、前期旧石器人が活動した当時の生態環境や堆積環境の復原・解明に少なからず寄与することになった。

# 十　砂原遺跡の旧石器

## 1　士気を一新する尖頭スクレイパーの出土

発掘調査時のエピソードを紹介しておこう。

予備調査で崖面から五点の石器が見つかったことは先に述べたが、本調査でⅥａ層の精査に入ると、学生にでも判別できるような石器がなかなか出てこないのにじらされた。成瀬が最初に見つけたような美しい玉髄製の石器が次々に発見されるだろうと高をくくっていたのが、そもそもの間違いであった。出雲の神さまは、そう簡単に欲しいものをあたえてくれないのをいやというほど身をもって経験させられた。砂原に限らず、出雲の調査では難題が次々に投げかけられ、まさに神さまとの知恵くらべのようなものだ。いつしか、それも慣れっこになってしまった。

連日、炎天下の作業で疲労も蓄積するなか、学生たちの士気も日増しに落ちてくるのが、ひしひしと伝わってくる。出土するのは珪化流紋岩や玉髄などの摩耗した剥離面をもった冴えない剝片や石核、加工痕のある礫片、自然礫ばかりで、チャートやサヌカイト（讃岐岩）の石器を見慣れた学生にとって、砂原遺跡の調査は記録にもやたら手間がかかり、異様に感じたにちがいない。

それでも営々粛々と調査は続行された。土のなかから顔を出す圧倒的多数は珪化流紋岩の角礫とぼろぼろに風化した安山岩のクサリ礫だ。それらの三次元記録、産状計測を粛々と進めていく毎日が続いた。発掘とはまさに自分との根くらべだ。

調査団内部の旧石器研究者であっても、だれが見ても疑いを入れようもない石器が出土しないので、腐りも生じてきた。記者発表用の資料をピックアップするとき、それまでにトレンチから出土した珪化流紋岩製の資料について議論も交わされた。黒曜岩や頁岩などの剥離属性が観察しやすい後期旧石器とくらべてあまりに異質なのに、だれもが面食らったのである。

麻柄は、「最初に見つかった玉髄製剥片、予備調査で見つかった剥片・石核、本調査で出土した資料と、だんだん悪くなっている」と思わず吐露した。無理もない。

調査も終わろうとする九月二五日の午後、土層剝ぎ取りをおこなうためトレンチ北壁下のⅥｂ層の掘り下げを進めていたとき、珪化流紋岩とは明瞭に区別できる緻密な流紋岩製の尖頭スクレイパー（口絵4、図61、図64－1）が出土した。

昼食を済ませ、北壁下の深掘りを進めていたとき、上峯篤史が作業員の鍬先付近で見慣れない淡青色の石片が顔をのぞかせたのにいち早く気づいた。

興奮した声でわたしを呼んだ。手にすると、それまで出土していた珪化流紋岩とはまるで石質が異なり、大分県の大野川流域で後期旧石器に盛用された緻密な無斑晶流紋岩とそっくりなのに驚いた。器面にはⅥｂ層の赤褐色の粘土がべっとり付着していた。そのとき、思わず「おおっ、これは石器ではないか」と上峯につぶやいた、という（後日談）。当の本人は忘却の彼方にあるが。

昼食から帰って来てそれを手にした長井謙治は興奮した面持ちで、素材剝片の分断した折れ面に異常な関心を示し、その面が手にふれて摩耗しないように注意をうながした。

作業員が掘り出してうっかり取り上げてしまったが、出土した場所に戻して出土層がわかるように記録写真を撮った。そのようなわけで、インプリントや産状計測の記録を取れなかったのが悔やまれる。

この石器一点で、厭戦気分にとらわれていた学生たちの士気は一挙に上がった。

出土した時点では瑞々《みずみず》しい淡青色を呈していたのが、日を経るにしたがって褪色し、現在では灰白色に変わってしまった。

この石器の出土をいちばん喜んだのは、連日、トレンチの脇で固唾《かたず》を呑《の》んで調査のゆくえを見守っていた成瀬だった。あとで耳にしたが、「だれもが認めるような石器が出なかったら、自分が疑われるかもしれない」という重圧がのしかかっていた。

この日の朝、所用のため、後ろ髪を引かれるような気持ちで発掘現場を離れたばかりの菊池に電話を入れた。ちょうど出雲空港で安全検査を了えたところだった。電話越しに、喜悦した声が返ってきた。菊池は、予定されていた福島県郡山での講演を済ますと、盛岡の自宅にも寄らず、砂原に引き返してきた。

## 2　出土した石器

砂原遺跡では二つの異なった地層から層位的に石製遺物が出土した。下層のⅥｂ層から出土した石器群を第Ⅰ文化層、上層のⅥａ層から出土した石器群を第Ⅱ文化層と命名した。

なお、Ⅵａ層から出土した石器群は、乾裂面①と同②の上から出土するものとに、層位的に細分することができるが、近い時期に残されたものでもあり、報告書では一括して第Ⅱ文化層にふくめた。この点、今後の追調査の検討にゆだねなければならない。

しかも、Ⅵa層中では旧地表面を示す乾裂面の上に貼りつくような状態で遺物が検出され、旧石器研究者の悲願であった旧地表面上で遺物を検出することができた。

報告書の作成にあたって、解像度の高い鮮明な写真を掲載するのを一義的に考えたが、考古学では実測図を載せるのが習わしである。実測という作業は、解釈的要素がふくまれ、描くひとの経験の差によって違ったものに仕上がることも少なくない。報告書に掲載されたきれいなトレース図を見て正確な図と勘違いする学生がいるが、心得違いもはなはだしい。

二〇～三〇年前までは、学生が卒論を書くために石器の所蔵先へ実測に訪れるのは当たり前であったが、近年めっきり少なくなった。報告書から手っ取り早くコピーして挿図をつくるのが常態化している。そうすると、自分の目で石器を観察し実測図を仕上げるという基礎力が低下するのを避けられなくなる。

石器実測の場合、リング、フィッシャーが明瞭に現われる黒曜岩製石器でトレーニングをうけた学生のなかには、石英、脈石英、火砕岩製の石器には戸惑い、実測ができないものが多い。まだしも、サヌカイトのようにリング、フィッシャーが明瞭に現われにくい石器でトレーニングをうけたもののほうがこうした石器を目の前にしての違和感が少ない。石器の実測図を見ていると、実測者の観察力が白日のもとにさらされてしまうのである。

砂原では後期旧石器時代の石材とは異なる珪化流紋岩・石英斑岩、石英などを用いるのにくわえ摩滅した石器が多く、剥離面の観察には難渋させられた。とくに珪化流紋岩でつくられた石器は、熟練した目でないと実測もままならない。そのため、石器の実測はわたしがおおかた手がけ、残余を佐藤良二と面・上峯が分担した。よもや還暦を過ぎてから実測をおこなう羽目になるとは思いもよらなかったが、いたしかたない。報告書に掲載した石器のトレース（製図）は上峯の手を煩わせた。なお、人工品としてとりあげた資料にあっても、さらに検討を要するものが一部ふくまれているのも事実である。

ここでは、代表的な石器を抽出して説明をくわえる。残余の石器については、砂原遺跡の調査報告書に詳しく記述しているのでそちらを参照してもらいたい。

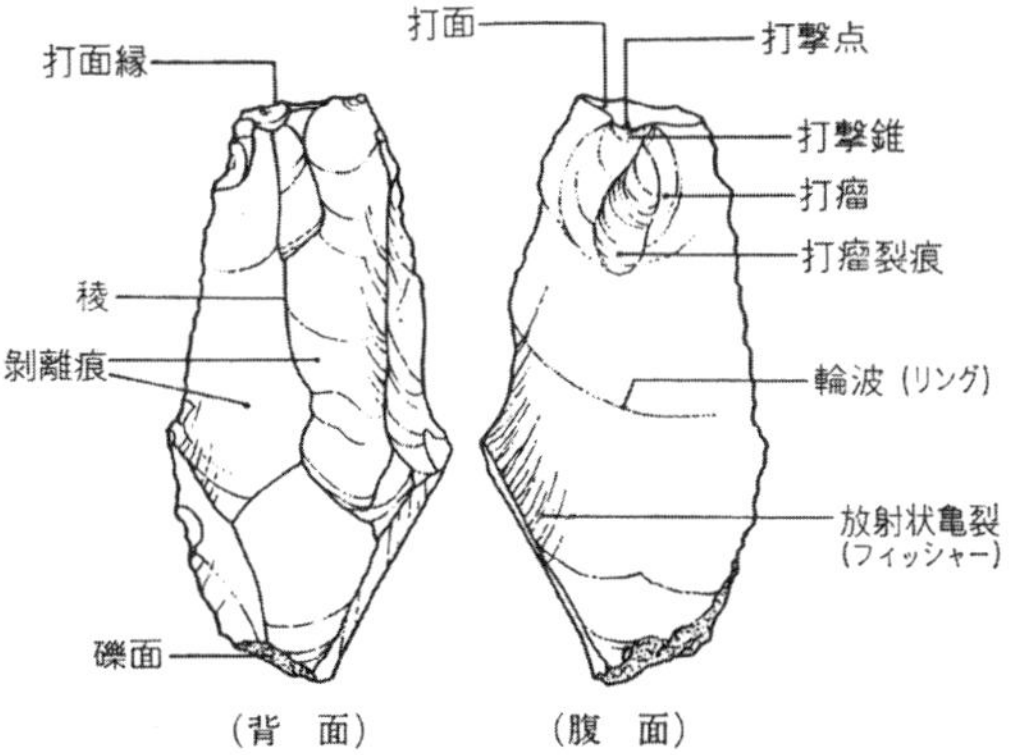

図63　剥片に観察される割れの物理的属性

なお、石器の記述にさきだち、岩石の割れにともなう物理的な属性について、剥片を例に簡単に説明しておく（図63）。これは、石器を認定するうえでの基本的な観察事項である。

剥片の場合、石塊もしくは石核から最終的に剥離された面（主要剥離面と呼ぶ）に物理的な破砕の諸特徴をとどめる。ハンマー・ストーンなどの打撃具が打ちおろされる平たい面を打面と呼ぶ。この打面は礫面からなる自然面打面、一枚の剥離面からなる平坦打面、複数の剥離面からなる調整打面、面を形成しない点状打面などに分類される。

ハンマーの先端が当たった部位（打撃点または打点）に接して半円錐体の打撃錐が見られ、その下には打撃錐から伸びる瘤状の高まりがある。この高まりは打瘤（バルブ）と呼ばれ、その上に小さな剥離痕をとどめることもある。これは打瘤裂痕（バルバー・スカー）と呼ばれる。

この打瘤裂痕は、剝片の剝離と同時に形成されたものである。

打撃点から伸びる割れの力は、水面に石を投げたときに生じる波紋のように、打撃点を中心とする同心円状の弧となって剝片の末端にまで伝わる。この打撃点に収束する弧をリング（輪波）、それが波打ったものをウェイブと呼ぶ。

また、打撃力の伝わりを示すものとして打撃点から放射状に伸びる細い亀裂が観察され、これをフィッシャー（放射状亀裂）と呼び、剝離面の縁辺に強くあらわれる傾向がある。これらの属性は、黒曜岩を用いた石器に最も鮮明に観察できるが、石英脈岩、珪岩、珪化流紋岩、火砕岩など不均質な岩石ではリングやフィッシャーは明瞭に現われず、打撃方向や打点を読みとるのにかなりの熟練と経験が要求される。そのため、同じ対象物であっても、研究者によって認定と評価に差が生じるのは避けられない。

腹面または主要剝離面に認められるこうした物理的な破砕にともなう特徴は、石核上の剝離痕にも観察されるが、剝片の場合とは逆に打撃錐、打瘤はネガティヴなかたちをとる。

剝片が石核から最後に剝がされた主要剝離面側は「腹面」、その反対側の面は「背面」と呼ばれて区別される。以上に述べた岩石の破砕にともなう物理的属性は、石と石が激しくぶつかるような環境のもとでは自然の営為でも生じ、人工品に固有の特性というものでもない。このことが、問題をより複雑化させる要因となっている。自然為と人為を識別するために実験や議論が積み重ねられてきたことは、すでにもふれたとおりである。

しかしながら、自然の営為は無作為であるのに対し、石器は割れの物理的特性を応用しながらもそれをコントロールすることによってつくりだされるもので、そこにはヒトという製作者の意図が反映される。それを読みとれるかどうかが人工品と自然破砕品とを識別するうえでの基準となる。

## 3　第Ⅰ文化層の石器

下層（Ⅵb層）の第Ⅰ文化層から出土した石器の内訳は、礫器（チョッピング・トゥール）一点、削器（スクレイパー）二点、剥片一点、砕片二点の計六点である（図64）。石材は玉髄、珪化流紋岩からなる。このうちの剥片一点は成瀬が見つけた玉髄製剥片である。削器のなかには緻密な流紋岩製の尖頭スクレイパー（口絵4、図61）がふくまれる。

第Ⅰ文化層からの出土点数が少ないのは、もともと設定したトレンチが狭いうえ、包含するⅥb層の分布が礫堆の北側の狭い範囲に限られていることと関係する。この地層は国道側に広がっていることから、トレンチの北側を拡張すれば、石器の出土点数が増えるかもしれない。

砂原遺跡発見の契機となった玉髄製剥片については、すでにふれたので説明を割愛する。

尖頭スクレイパーは、長さ五・九センチ、幅三・二センチ、厚さ一・五センチを測る（図61、図64-1）。きわめて緻密な石質の珪化流紋岩製。幅広の剥片を剝ぎ取り、打面は背面側からの加撃で折り取られている。最後に石核から剝がされた剝離面は人為でよく生じるウートラパッセ（割れの力が背面末端の突出した脊稜に規制され、剝片の末端が肥厚する剝離現象）を生じ、背面には打面側と末端側からの剝離痕が交錯する。その末端側からの剝離は鈍角剝離を見せる。本例のように、背面に鈍角剝離による剝離痕を並列する前期旧石器時代の台形状剝片を韓国牙山《アサン》市ジント遺跡で実見したことがある。鈍角剝離を偽石器の専売特許のようにみなす研究者が

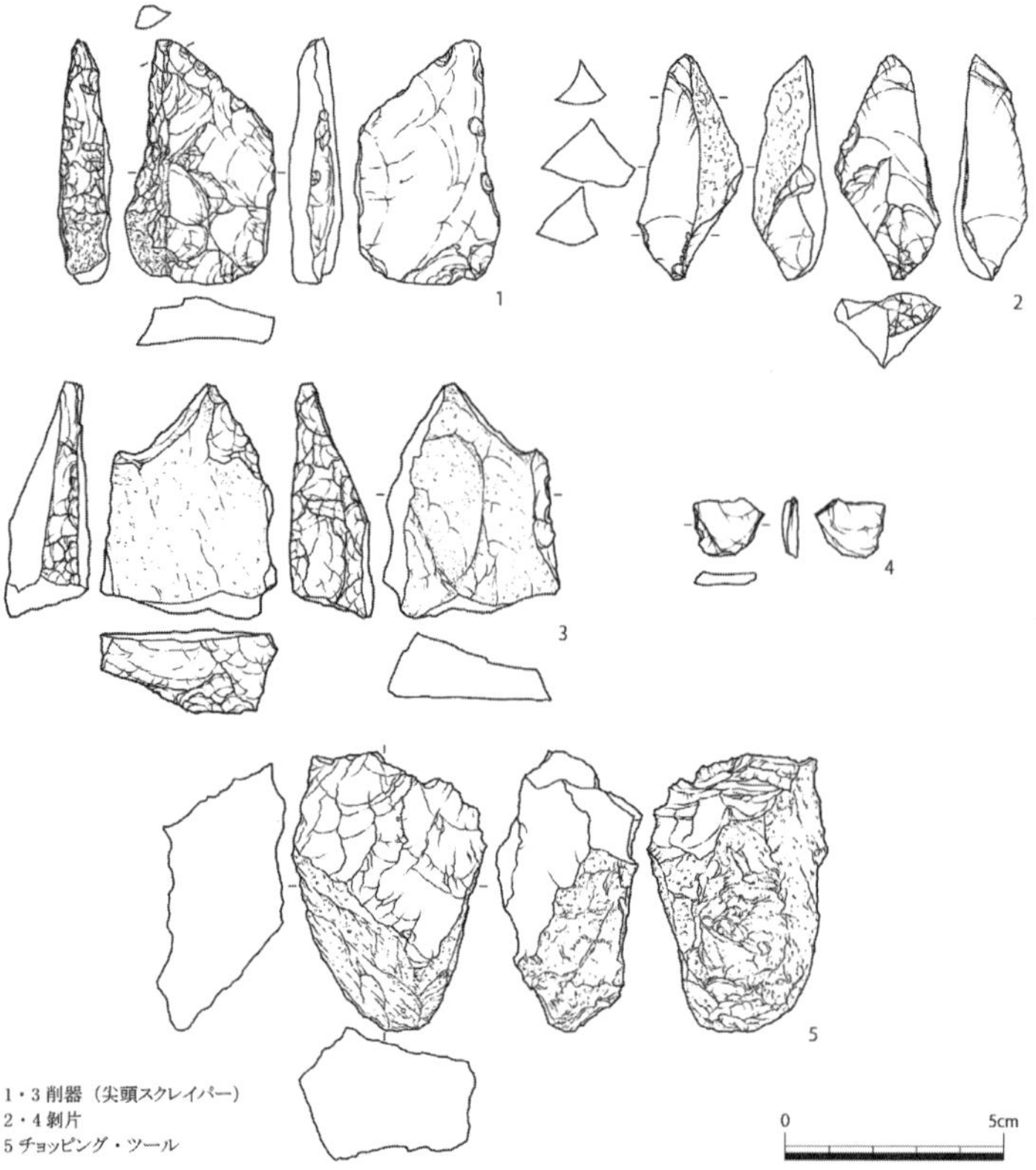


図64　第Ⅰ文化層の石器

いるが、それは間違った理解である。

剝片の末端を腹面側からの連続した二次加工で尖らせており、刺突を目的につくられた石器で、これほどの優美な形の石器はあまり見たことがない。

しかし、二次加工は後期旧石器に通常見るような同形同大の調整剝離痕を整然と連接したものではなく、どことなくぎこちない印象をあたえる。

とくに注目されるのは、尖頭スクレイパーと同一母岩とみられる砕片（石屑）が一メートルほどの距離を隔《へだ》て一点出土したことである（図64－4）。残念ながら接合はしないが、ほかに同質の岩石がまったく見あたらず、遺跡上で尖頭スクレイパーの刃部を再生する際に生じたものかもしれない。そうであれば、現地で生成された古土壌という包含層の性格とも相まって、ヒトが介在した証拠となる。

第Ｉ文化層の遺物は、まったく摩滅をうけていない小形のチョッピング・トゥールと、稜や剥離面がわずかに摩滅した尖頭スクレイパー、玉髄製剥片からなる。摩滅度の違いは石器個々の埋没時の条件の違いも考えられるが、その原因としては石器表面の風化をうながす地表にさらされている時間、当時の温暖多雨な気候環境下で生成された包含層の性格、それらの複合した要因などが考えられる。その具体例を二、三紹介しておく。

過日、韓国京畿道沐洞遺跡から出土した石英製の石器群を実見した際、段丘礫層直上の砂層から出土した石器に限って剥離痕・稜が摩滅しているのを観察した。砂原遺跡で主用された珪化流紋岩よりも硬い石英でさえ摩滅をうけているのに驚いた。

また、サヌカイト原産地の二上山北麓に近い飛鳥川（大阪府太子町）の河床の砂層で採集した翼状剥片も剥離痕や稜がまるくなるほど摩滅していた。福岡県鴈ノ巣の砂丘から採集された後期旧石器を実見したことがあるが、同様な摩滅が認められた。こうした事例から帰納すると、砂原で石器の摩滅をもたらした要因は、間氷期の温暖多雨な気候、地表にさらされていた時間、堆積物（マトリックスの砂粒）の性状と推察される。

チョッピング・トゥール（同－５）は、きめが粗い珪化流紋岩の水磨した円礫の一端に両面から交互に剥離をくわえて鋭い刃部がつくりだされている。その刃部に指を押しつけると痛いくらいである。小ぶりであるが、朝鮮半島や中国南部の前期旧石器時代に普遍的な器種である。しかし、砂原ではわずか一点だけの出土で、これのみで石器群の性格と系統を議論するには限界がある。

近年、朝鮮半島（韓国）で海洋酸素同位体比ステージ５段階の石器群の類例が増加するなかで、チョッパー、ハンドアックス、クリーヴァー、石球など大形で重厚な石器をともなう場合でも、小形の剥片石器を主体にする事実が判明してきた。第Ⅰ文化層は、このような剥片石器文化の系統に関連するものであろうか。

## 4　第Ⅱ文化層の石器

上層（Ⅵａ層）に包含される第Ⅱ文化層の遺物は、嘴状石器一点、削器三点、彫器様石器二点、剥片一〇点、石核三点、断塊一〇点、敲石（ハンマー・ストーン）一点の計三〇点からなる（図65）。出土点数が第Ⅰ文化層にくらべて増えているのは、包含層がトレンチ全域にわたっているためである。

石器の石材は多様で、珪化流紋岩を主体に玉髄、石英からなる。いずれも多かれ少なかれ摩滅をうけている。珪化流紋岩の礫を分割した接合資料が一組（同－10）あるが、石器をつくるときに生じる砕片（石屑）が出土しないことから、石器製作はほかの場所でなされたのであろう。

なお、断塊（チャンク）と分類したものは、礫の一部に大小の剥離痕跡をとどめるもので、石核にも分類しがたいものを一括した。同時期の韓国や中国の石器群にもこのような資料がかならずふくまれ、前期旧石器時代に通有なものである。

包含層が泥砂質シルトからなり全体に水磨をうけているが、剥片には打面をつくりだし、背面と腹面に同一方向からの打撃による剥離面をとどめる先細りの縦長状剥片（同－11・12・15）がふくまれ、打面に接して打瘤が明瞭に観察される。こうした縦長状剥片を剝ぎ取った石核も、予備調査で一点断面採集された（同－13）。これらの剥離プロセスは、コールズのいう石器認定基準の③に合致し、一定の手順に沿って目的と

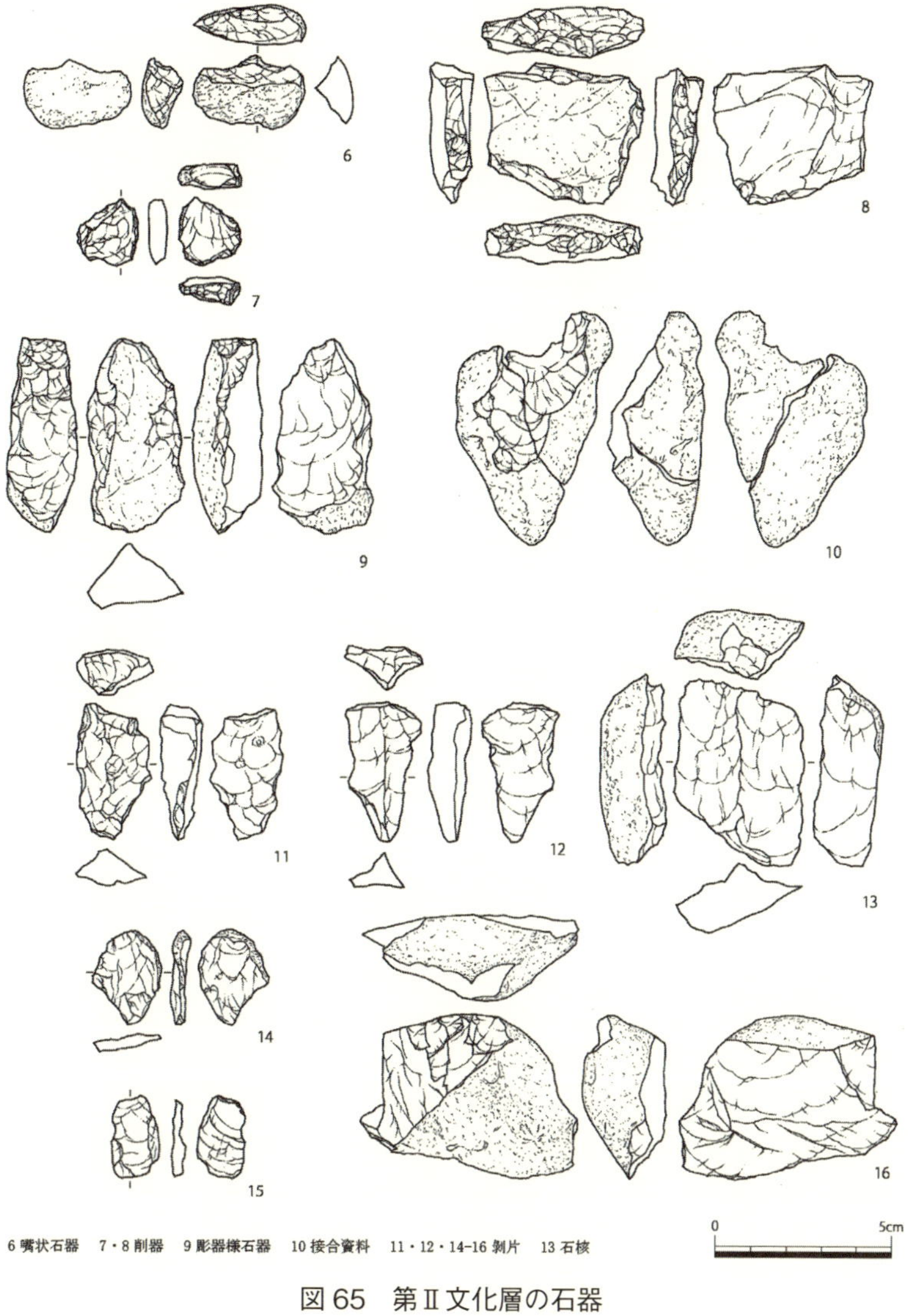


6 嘴状石器　7・8 削器　9 彫器様石器　10 接合資料　11・12・14-16 剝片　13 石核

図 65　第Ⅱ文化層の石器

する剥片が剥離されたことをものがたる。

このような手の込んだ剥離プロセスが緩やかな溢流堆積環境のなかで石と石がぶつかって偶然生じたとはとても考え難い。これも、砂原から出土する石器を人工品とみなす根拠の一つとなる。

なお、Ⅵa層の礫種構成を調べるためにトレンチ中央の礫堆上から一括採取した礫の収納袋から、斑晶をふくまない均質な珪化流紋岩製の部厚な横長剥片を菊池が見つけた（口絵5、同-16）。発掘後、三年を経たころのことであった。驚いた菊池は、すぐさまわたしに電話をよこし、興奮した声で「出土した剥片のなかでは一番いいんでは」と告げた。それが送り返されてくるまで期待に胸を弾ませた。

この剥片は、盛岡の菊池の自宅宛て現場から直接輸送された土嚢袋を開けてはじめて気づいたものである。菊池は、捏造の嫌疑をかけられるのを避け、石器についた土を洗い落とさずに研究室に送り返してきた。わたしは、慎重を期し、表面に付着している土をルーペで丹念に調べ、Ⅵa層の土壌と合致するのを確かめた。出土位置や産状計測の情報は失われているものの、採取したグリッドと層位がわかり、出土場所の特定が可能である。

それにしても、出雲の神さまは、三年もの間、出し惜しみをしてくださるものだ。ほとほと困ったものだ。この横長剥片は、平坦な礫面の打面を加撃して剥離された横に長い剥片で、剥片剥離にさきだち、打面に接する背面の突出部を並列する数回の剥離で取り除いている。主要剥離面の末端は階段状剥離を見せる。主要剥離面の打瘤は発達しないが、打点が主要剥離面から離れているとこうした打瘤を生じることは二上山北麓のサヌカイト製盤状剥片（後期旧石器）で観察済みだ。本資料だけは、ほとんど摩滅をうけておらず、稜や縁辺はいたってシャープである。

# 十一　砂原遺跡の年代決定

## 1　年代決定法

遺跡や遺物の年代を決めるためには、旧石器の形態や石器組成などによる考古学的検討と地形・地質学的な検討によることが多い。別名火山列島を呼ばれる日本列島では火山が多く、噴出時期が判明する広域火山灰が豊富で、それを利用した火山灰層序編年《テフロクロノロジー》が確立している。火山灰は降灰したときの地表面が同一時間面を示すことから、離れた場所にある遺跡の年代関係を知るうえで重要な鍵層《かぎそう》となる。

論争の多い前期旧石器に関しては、わが国では依拠すべき石器型式編年が確立されていないので、いきおい地形・地質学的な年代研究に頼らざるをえないのが実情である。

そのため、発掘調査によって明らかになった石器包含層の年代を地形・地質学、火山灰分析を駆使してさらに絞りこむことにした。この方面の調査は、主として成瀬と渡辺が担当したほか、二〇〇三年以来、韓国・中国での共同調査で研究を共にした同志社大学理工学部の林田明教授にも陰に陽にバックアップしてもらった。また、㈱京都フィッション・トラックの檀原徹氏には、火山灰分析、フィッション・トラック年代測定でお世話になった。

採用したアプローチは、先ず段丘地形の研究から砂原遺跡が立地する段丘の形成年代を究明すること、二

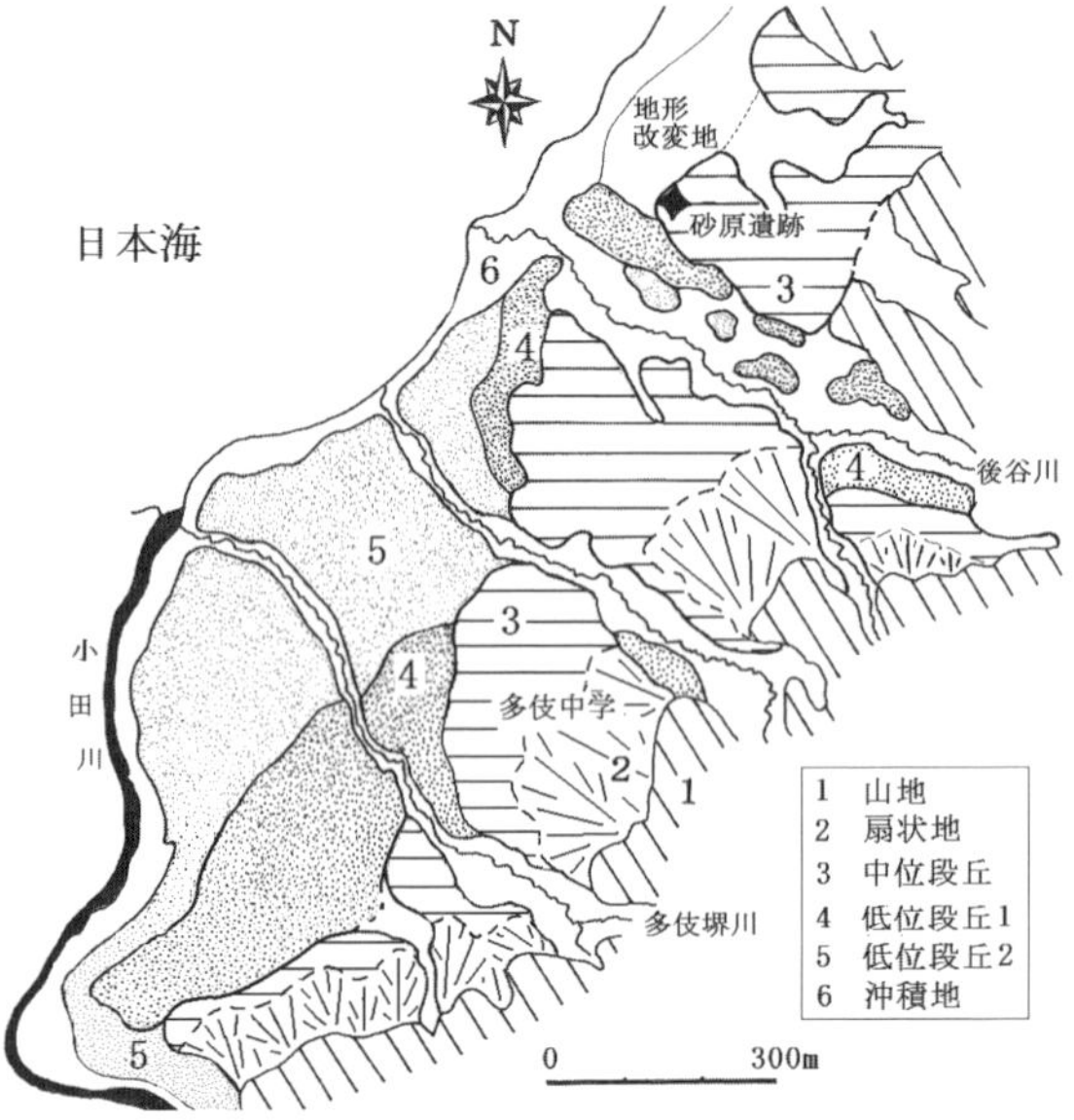


図66 砂原遺跡周辺の地形面区分

番目には遺跡に堆積している地層中に噴出年代がわかる既知の火山灰を見つけ出すこと、三番目には砂原で見つかった二枚の部厚い火山灰を試料にフィッション・トラック法を用いて年代を直接測定することである。

まず、段丘地形であるが、成瀬と渡辺の調査によれば、砂原周辺には、中位段丘が一面、低位段丘が二面存在する。中位段丘面は、砂原遺跡が載る台地と後谷川を挟んだ南西側に広がり、遺跡周辺では最も面積が広い（図66）。この面は、標高が二一～三一メートルを見せながら日本海に沿って帯状に分布する。渡辺によれば、日本海に流入する河川がないところでもこの面が観察され、海成段丘であることを裏づける、という。

低位段丘は、中位段丘より一段低い標高八～一六メートルを測り、多伎境川・段下川・小田川右岸、後谷川の流域に分布する。この低位段丘は、標高が異なる二つの面（L1、L2）からなる。

一方、菊池は、砂原遺跡の東方の山陰線南側、多伎中学校南方で中位面より一段高い高位面を認めた。

ここでは、砂原遺跡の年代に直接関係しない高位・低位段丘にはふれず、中位段丘だけをとりあげる。

中位段丘の構成層を見ると、砂原、多伎中学校では三瓶雲南（SUn）と三瓶砂原（SS）の二枚の火山灰がいずれも四〇センチの厚さで堆積するのが観察される。約十一万年前に降灰した三瓶木次火山灰（SK）は、砂原では単層としては観察されないが、その火山ガラス、黒雲母の凝集部と岩片が第Ⅱ文化層を包含するⅥａ層中で検出された。このことから、中位段丘が形成されたのはSKの降灰に先だつことが知られる。海成の中位段丘礫層（Ⅸ・Ⅹ層）との間には河成礫層（Ⅶ・Ⅷ層）が介在し、後者の上には一枚の古土壌層（Ⅵｂ層）が認められた。

砂原遺跡の基盤層である海成礫層（Ⅸ・Ⅹ層）は、段丘面の標高と火山灰層序を根拠に汎日本的な分布をもつ下末吉礫層に対比され、最終間氷期最温暖期（ステージ5eのピーク、十二・二万年前）に形成されたものであることがわかる。

第Ⅰ文化層出土の旧石器は海成段丘礫層を覆う河成礫層の上に堆積したⅥｂ層の赤褐色古土壌中に包含される。この古土壌は、三瓶木次に由来する火山ガラス・黒雲母・岩片をふくむⅥａ層の下位にあることからステージ5eに生成されたものと考えられる。

宍道湖周辺地域には鳥取県大山から噴出した大山松江軽石（約十三万年前）が分布する。砂原の北東五・五キロにある板津では厚さ三〇センチの大山松江火山灰が観察されるが、砂原には認められない。そのころ、砂原は中位段丘礫層が形成された時期にあたり、大山松江火山灰が降下してもそれを地層中にとどめない堆積環境下にあったのであろう。

砂原の旧石器包含層の年代下限は、旧石器包含層の上に降下した三瓶雲南火山灰（約七〜六・三万年前）よりも古いことは層位学的事実に照らして明白である。

しかし三瓶雲南火山灰（Ｖａ層）と第Ⅱ文化層を包含するⅥａ層との間には堆積の休止・断絶を示す大き

な不整合面があり、かなりの時間の間隙が考えられる。このことは、第Ⅱ文化層の残された時期が三瓶雲南火山灰の噴出年代に限りなく近接していることを意味しない。

この時間的間隙を明らかにするために、わたしたちは三瓶山周辺にフィールドを拡大した広域調査にとりかかった。そして、三瓶火山周辺の露頭をめぐり、火山灰と旧石器の探索をひたすら進めた。

渡辺満久教授は変動地形学の押しも押されもせぬ専門家で、二〇〇二年以来、岩手県金取遺跡の年代研究を通じてわたしや菊池とフィールド調査を共にした間柄で気心もよく知れていた。二〇〇四年からは科研費による韓国全谷里遺跡の年代解明を目的とした共同研究や長江下流域での日中共同研究に分担研究者として名を連ね、成瀬のよきパートナーをつとめた。

砂原遺跡で見つかった二枚の厚い火山灰層（Ⅲ層、Ⅴ層）については、砂原遺跡の調査時点では、正確な同定までにいたらなかった。そのため、三瓶火山起源の火山灰や西日本の広域テフラと比較しながら層序学的観点から位置づける必要があった。しかし、砂原周辺には地層が剝《む》きだしになった露頭が少なく、調査対象地域を広げざるを得なかったのである。

この広域調査では、予備調査で採取したサンプルから分析された京都フィッション・トラックによる火山灰分析報告も重要な拠りどころとなった。Ⅲ層は三瓶池田火山灰（SI、四・三～五・三万年前）に類似するが、火山ガラスの屈折率が微妙に異なり、当初、調査団では「三瓶池田モドキ」と称した。

他方、Ⅴ層の火山灰は、予備調査で採取したサンプルの分析により大田火砕流（三瓶雲南火山灰と同時異相）と同定されたが、地層の外見は三瓶木次ともよく似ていた。実際、三瓶火山起源の火山灰を見慣れた地元の研究者でさえも見まちがったほどである。そのため、砂原のⅢ層とⅤ層の上下二枚の火山灰を三瓶系火山灰

図67　雲南市掛合の土取り場露頭

層序のなかに正確に位置づける作業がもとめられた。

この作業は、砂原の発掘が終わった後も成瀬・渡辺によって粛々と進められていった。途中から、成瀬の友人で雲南市三刀屋《みとや》在住の地質コンサルタント武島正幸もこの調査にくわわった。武島は出雲地域の地質や露頭をよく熟知し、地質調査のガイドとしてこれ以上の人物はいない。出雲でまたフィールド仲間が増えることになった。

二〇一〇年三月、武島は、雲南市の掛合《かけや》集落を見下ろす高台にある土取り場にわれわれを案内した（図67）。

その露頭は、麓を走る国道からは山の蔭になって見えず、武島が案内しなかったら気づかなかっただろう。国道から脇道に入り山腹の舗装された車道を登りつめたところに球場のある平坦面があり、そこから少し奥に入って車を降りると、標高が異なる二ヵ所の真新しい露頭が目に入った。

標高が低いほうの露頭には高さ約八メートルの土取りで生じた新鮮な堆積物が観察された。渡辺の観察によれば、ぼろぼろに風化したクサリ礫をともなう段丘礫層の上に赤色風化殻をともなう古土壌、レス層（大山松江火山灰をパッチ状にふくむ）、古土壌層（ステージ5e？）、二メートルに達する三瓶木次軽石層、古土壌層（阿多火山灰をパッチ状にふくむ）、三瓶雲南火山灰、三瓶砂原火山灰、三瓶池田火山灰、姶良Tn火山灰、三瓶浮布火山灰、三瓶大平火山灰が整然と積み重なるように堆積し、三瓶火山を給源とする火山灰がほぼ出揃っている（図68）。三瓶火山から噴出した火山灰・軽石の模式地となっている。

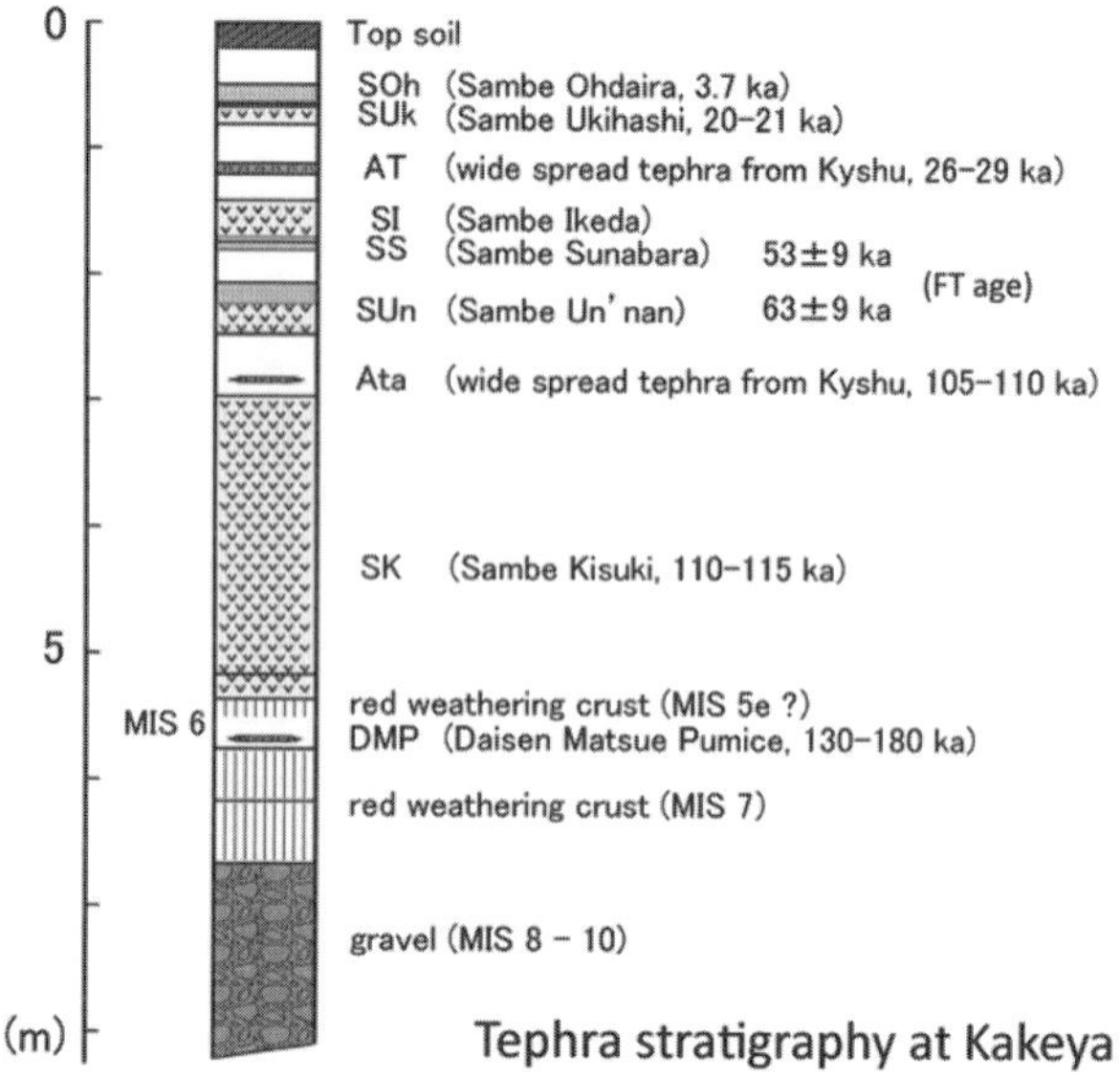

図68　掛合土取場の層序

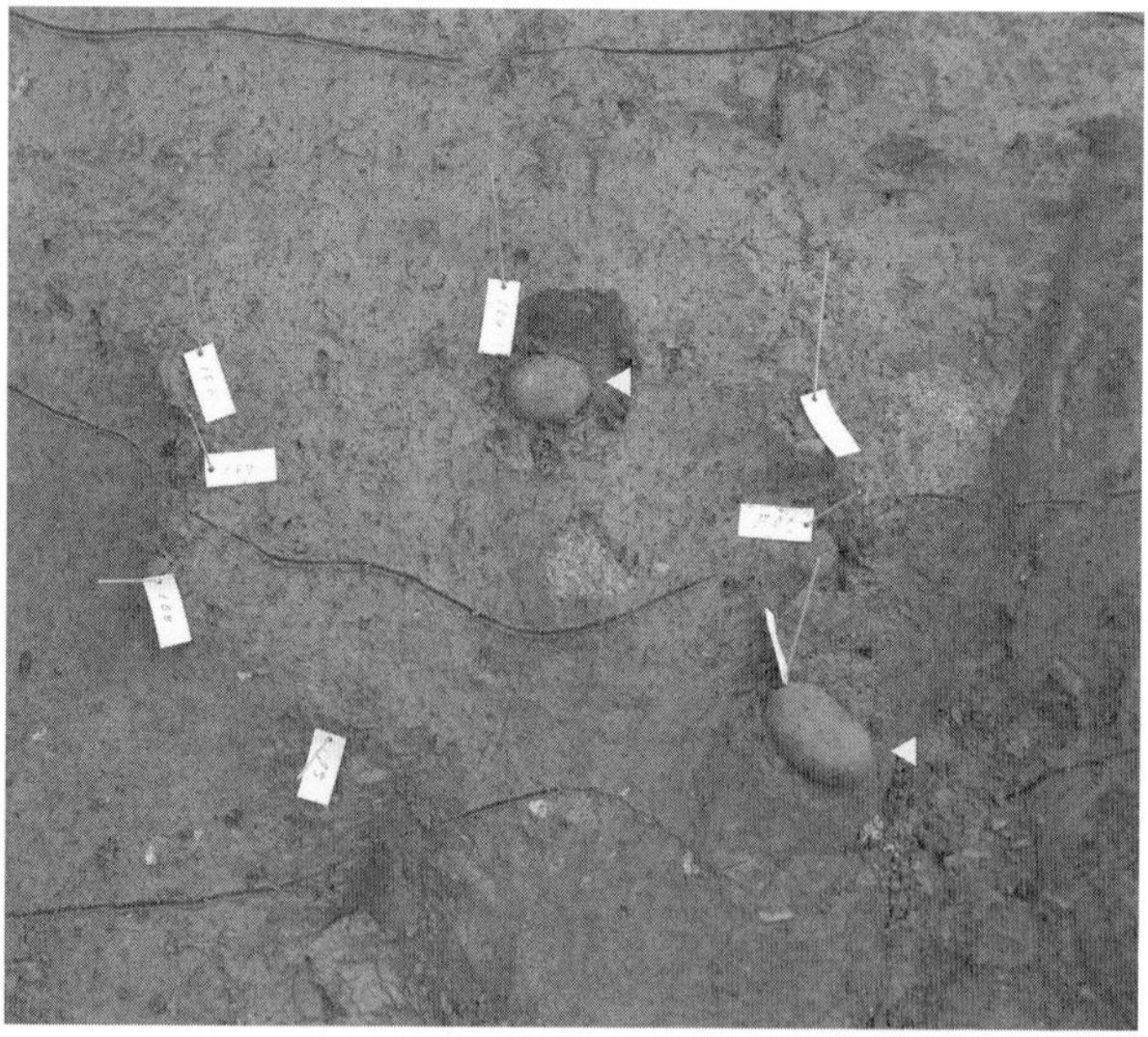
図69　掛合土取場断面のハンマー・ストーン

成瀬は、他日、この露頭の下から一点の石器とみられる資料を採集した。それが呼び水となって、わたしたちはたびたびこの場所を訪れることになった。そして、露頭をクリーニングしていたとき、段丘礫層直上の古土壌、レス層に埋もれていた硬砂岩製のハンマー・ストーン（敲石）を二点発見するにいたった（図69）。それらは層位的に見てＤＭＰよりも下位の地層となる。まだ確定はしていないが、ＭＩＳステージ７・８に相当する可能性がある。

砂原遺跡の火山灰同定で紆余曲折を経ながらも、掛合土取場露頭での模式的な火山灰層序の観察と火山灰の屈折率測定等を通じて、砂原遺跡の上下二枚の火山灰層を三瓶火山から噴出した火山灰層序のなかに正確に位置づけることができた。

すなわち、砂原の上位火山灰（Ⅲ層）は、掛合土取場の露頭で三瓶池田火山灰の直下に薄く堆積する火山灰と同じもので、噴火主軸を北方に向けて降灰させたものであることが判明し、成瀬は新たに「三瓶砂原火山灰（SS）」という名称をあたえた。その火山灰が最初に見つかった砂原遺跡が模式地となる。それに対して三瓶池田火山灰は東方に主軸を向けて降灰し、遠く琵琶湖湖底の堆積物でも見つかっている。三瓶砂原火山灰は三瓶池田火山灰との間に間層を置かないことから、きわめて近接した時期の噴出とみなされる（図68）。砂原遺跡で採取したⅢ層の火山灰試料を用いたフィッション・トラック年代は五・三万年前と測定された（京都フィッション・トラック測定）。

砂原の下位火山灰（Ｖａ層）については、前述したように、その後の補足調査をかさねて三瓶雲南火山灰と確定した。砂原遺跡で採取したこの火山灰試料のフィッション・トラック年代は六・三万年前と測定された（同前）。なお、砂原遺跡では三瓶雲南火山灰（Ｖａ層）の直下に火山灰（Ｖｂ層）の薄層が確認されたが、

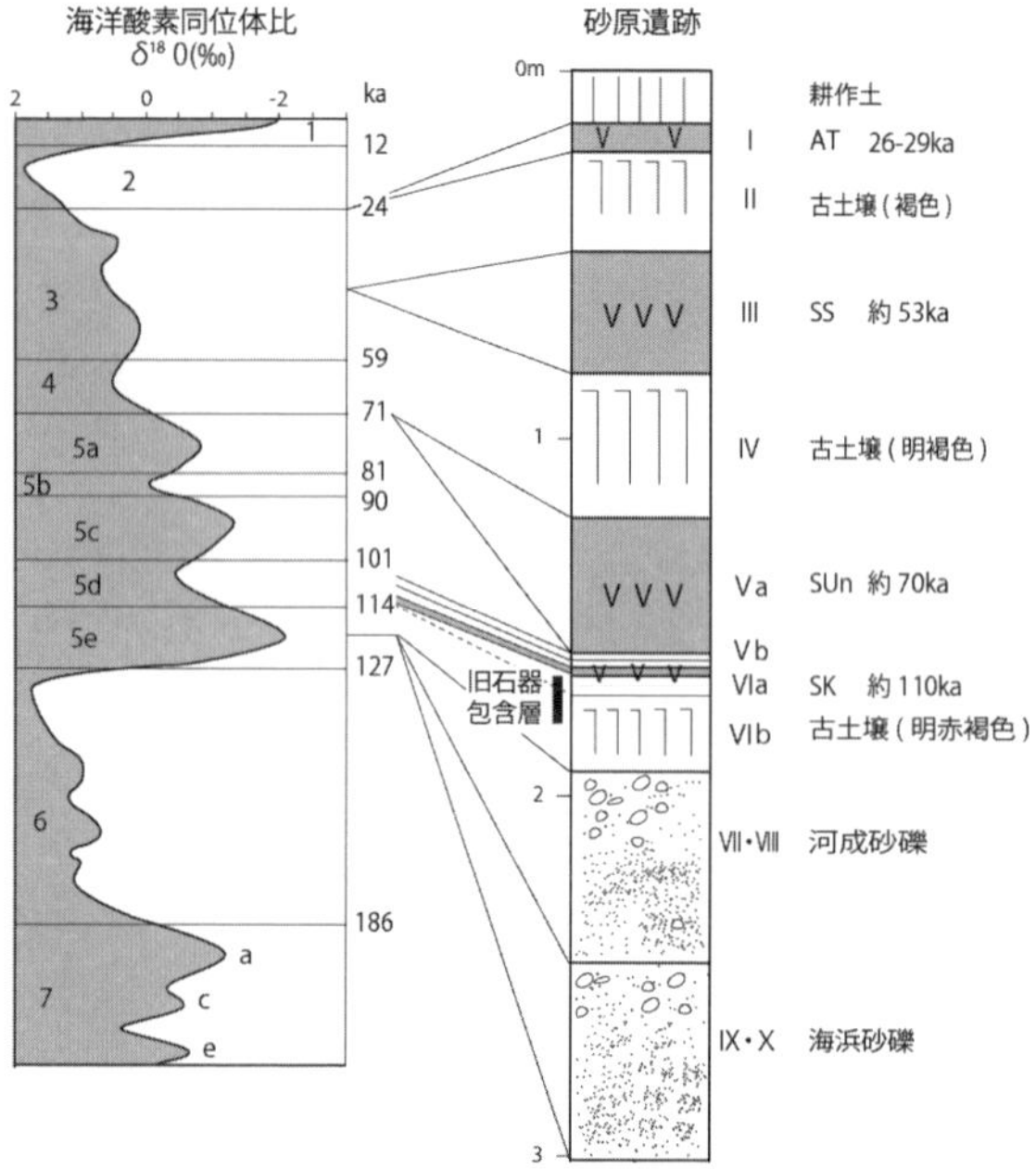

図70　砂原遺跡の層序と火山灰検出層準

その給源は特定されていない。その解明は、今後の研究課題である。

発掘調査直後、成瀬はトレンチ西側露頭面のⅥa層中から採取した土壌から火山ガラスや黒雲母の凝集部を見つけ、そのEPMA（電子線マイクロアナライザー）分析の結果、三瓶木次火山灰（十二万年前）と同定された。

また、渡辺は出雲市差海《さしみ》海岸の三瓶木次火山灰層中にふくまれる花崗岩質岩片と同質の岩片を砂原遺跡のⅥa層中に見いだした。渡辺の執念さえ感じさせる。この岩片は三瓶木次火山灰が噴火した際、火山岩体の基盤岩を吹き飛ばしたものである。砂原では、花崗岩質の岩片よりも流紋岩質の岩片が多くみられる。

以上の事実から、調査団ではⅥa層中に三瓶木次火山灰が降灰したものと判断し、Ⅵa層中に包含される第Ⅱ文化層の年代を十二万年前と特定することができた。下位のⅥb層は段丘礫層の形成後に堆積した古土壌層であることから、海洋酸素同位体比ステージ5eの最終間氷期最温暖期（約十二万年前）に位置づけた（図70）。

砂原遺跡は、全国の沿岸に普遍的に分布する中位海岸段丘上に立地し、三瓶火山の北方一八キロに位置するという絶好の地形・地理的条件を有していたからこそ、紆余曲折を経ながらも地形学・火山灰分析、火山灰層序学、フィッション・トラック年代を総合してきめこまかく年代を絞り込むことができたのである。

## 2　島根県による砂原Ⅰ遺跡の調査

砂原遺跡の調査が終わって間もなく、二〇〇九年十月、県道多伎インター線建設にともない、同じ中位段丘面に立地する砂原Ⅰ遺跡の調査が島根県教育委員会によっておこなわれた（『砂原車廻古墳群・砂原Ⅰ遺跡』二〇一〇年）。砂原遺跡と同じ地形面に立地し、約二〇〇《メートル》という至近距離にあることから、砂原遺跡と同様な遺物の出土に関心がもたれた。

成瀬とわたしは専門的な立場から協力をもとめられ、二〇〇九年十月二七日、調査中の現場を訪れた。国道九号線の「道の駅キララ多伎」前から南に延伸する道路の建設にさきだち道路敷きにあたる部分が発掘された。調査地は標高約二一《メートル》、砂原遺跡から東方に約二〇〇《メートル》離れ、東と南に山塊が立ちはだかる。火山灰考古学研究所の早田勉によって詳細な火山灰分析がおこなわれ、表土層下に始良Tn火山灰（AT）、その下位で三瓶池田火山灰、三瓶雲南火山灰が間層を挟みながらいずれも単層として認められた。下層はシルト、砂層、礫層からなる水成堆積物の様相を見せる。

調査地点は、砂原遺跡と同じ中位段丘面を開析した浅い谷状の地形となっており、そうした谷部に地層が堆積したものである。なお、早田によって三瓶池田火山灰とされたものは火山ガラスの屈折率（n：一・四九五－一・五〇〇）が三瓶池田火山灰（n：一・五〇二－一・五〇五）とは微妙に異なる。三瓶池田火山灰は分布主軸が東方を向き砂原にはおよんでいない事実と層厚が砂原遺跡と同様三〇センチという点、測定された火山ガラスの屈折率を根拠に、早田が三瓶池田火山灰としたものは三瓶砂原火山灰（SS）とみなしてよいであろう。

なお、砂原遺跡で観察された旧石器を包含するⅥｂ層の赤褐色土はここには見あたらない。標高一八メートルを測る基底部は七センチ以下、多くは二〜三センチ大の水磨した円礫からなる段丘礫層である。こうした段丘礫は砂原遺跡のそれと基本的に一致する。下層では指先大の珪化流紋岩や瑪瑙の自然破砕礫を少量ともなう。後日これらを実見したところ、砂原遺跡で出土したような人為的に剝離した石器は認められなかった。

砂原Ⅰ遺跡の調査は、砂原遺跡で出土するような遺物が同じ中位段丘面のどこからでも出土するのではなく、特定の場所に限られ、遺跡の立地が選択的であったことを示唆する。いいかえれば、人類がこのあたりで活動するうえで、砂原遺跡は特別な地形的条件をそなえた場所であったのであろう。こうした状況は、平戸市入口遺跡でも観察されている。

# 十二　砂原発掘成果の公表

## 1　記者発表

調査成果を公表するにあたって、県側の丹羽野と協議をおこないスケジュールをつくった。記者発表は九月二九日に島根県庁でおこなうことになり、その前に県庁詰めの記者クラブを通じて調査の概要を記した発表資料を配布することになった。この資料は、通常、現地説明会で配布される資料と同様、現場での調査事実の速報と所見をまとめたものであり、整理の進展にしたがって今後の変更もありうるとふくみをもたせたものであった。事実、収集された膨大なデータは手つかずで、出土した石器の実数、上下二枚の火山灰層の同定についてはさらなる検討を必要としていた。発掘調査ですべてが判明するわけではなく、発掘調査が問題提起となり、その後の研究で解決されることも少なくない。

「発表資料」作成のため連日深夜まで作業が続き、学生たちの疲労はピークに達した。調査の終盤には、調査に参加していなかった院生・学生に応援をもとめ、手つかずの地形測量を手伝ってもらうことにした。また同志社大学歴史資料館のスタッフや卒業生も応援に駆けつけてくれた。

記者発表にさきだち、二四・二五の両日、島根県知事、出雲市長と別個に面会し、調査の成果について報告・説明をおこなった。知事との面会には丹羽野が、また市長との面会には花谷浩出雲市文化企画部次長が同席した。今後の遺跡の保護措置に関して行政側の前向きの対応を要請するとともに、地権者の意向をも配慮していただくようお願いした。

調査団からの記者クラブへのリリース直後から、現場上空に新聞社のヘリコプターが飛来するなど、にわかに慌ただしさを増してきた。地元の住民には調査自体が周知されていなかったため、突然のヘリの飛来と旋回で驚かせたにちがいない。

二九日の島根県庁での記者発表には、成瀬とわたしが出席し、テレビカメラの砲列のなか、調査の経過を淡々と説明したほか、出土品の一部を持参して、自由な撮影に供した。会見場は大勢の取材陣で埋め尽くされた。

事前に発表資料がメディア各社に配布されていたため、松江支局のみならず大阪本社から文化財担当の記者を送り込んできた新聞社もあった。記者会見では、調査の経緯と考古学的成果についてはわたしが、地質および年代問題については成瀬が発表資料に沿って説明し、また各社からの質問に丁寧にこたえた。調査団で用意した発表資料は島根県のホームページ上にそのまま掲載され、島根県民ならずとも国民に広く情報を提供した。

いまわしい発掘捏造事件以後、日本最古級の遺跡の調査とあって、メディアの関心も高く予定の時間を大きくオーバーし、昼過ぎに記者会見は終了した。会見が終わると、取材陣はただちに発掘現場に急行し調査風景をテレビカメラに収めるのに余念がなかった。あいにく朝から小雨にみまわれたが昼過ぎには上がり、濡れて足場が悪い現場での取材には発掘作業を指揮していた麻柄さんに対応してもらった。

また、記者発表当日の午後、砂原の住民の方々へは出雲市の多伎支所を通じて連絡してもらい、短時間ながら発掘現場を見学してもらった。日が暮れてからも道の駅キララ多伎の駐車場では煌々としたライトのもと遺跡発見者成瀬へのインタビューが続いた。

発表は同日夕方のＮＨＫほかのテレビニュースで取り上げられ、翌朝の地元新聞は一面トップで報道するなど、反響は予想を超えるものであった。

このニュースは、国内はもとより海外にも報道され大きな反響を呼んだ。中国でも報道され、教え子の冉万里西北大学教授、海外共同研究者の王幼平北京大学教授・南京博物院の房迎三研究員はわざわざ祝意をメールで伝えてきた。

## 2　学会発表と市民への資料公開

砂原の発掘調査は九月三〇日に終了し、その日のうちに現場を撤収した。丹羽野の助言もあり、調査の疲れを癒す間もなく、十月三日に香川県坂出市で開催された中・四国旧石器文化談話会の席で速報のかたちで砂原遺跡の調査についてパワーポイントを使って発表した。学会発表としてはこの場が最初で、地元中・四国地方の研究者に対して調査の概要を報告するのを優先した。

十月四日には、出雲市多伎支所の講堂で市民を対象とした講演会が出雲市によって企画され、盛況のなか成瀬とわたしが調査団を代表して報告をおこなった。これは調査地の足場が悪く危険なので、現地説明会に代わるものとして企画したものである。会場には、地元の研究者はもとより、わざわざ関西から駆けつけた顔馴染みの研究者の顔もあった。現地を一目見たいという遠来の方もあって、道の駅キララ多伎の駐車場には簡単な説明板も用意され、出雲市教育委員会の方々には休日にもかかわらず交通整理などに従事していただいた。

調査後間もない十月十日〜二五日の期間、島根県立出雲古代歴史博物館（出雲市）で砂原遺跡出土石器の速報展が開催された。それにともなう講演は地元在住の成瀬にお願いした。二週間ほどの短い展示ではあったが、大勢の市民が見学に訪れ盛況だったらしい。

二〇一〇年十一月二二日、出雲市民会館で出雲市・山陰中央新報社の共催で「砂原遺跡シンポジウム」が開催された。あいにくの雨にもかかわらず一五〇名余の出席があり、砂原遺跡に対する地元の方々の熱い期待が感じられた。

韓国から招聘された漢陽大学校の裵基同教授が韓国の旧石器研究の最新成果を紹介したあと、成瀬、松藤が専門分野に応じて砂原遺跡の基調報告をおこなった。引き続き、山陰中央新報社の高尾雅裕論説委員の司会のもと、地元多伎町で旅館「小田温泉」を経営する石飛鴻氏、石見銀山ガイドの会会長の和上豊子氏、松藤をパネラーにディスカッションがおこなわれた。観光資源として砂原遺跡を活用したいという思惑も感じられた。地元の期待に水を差すようで気が引けたが、発掘報告書も刊行しておらず学界での評価も定まっていない状況のなかで、研究の進展を静かに見守ってほしい旨の発言にとどめた。

## 3　北京国際シンポジウムでの発表

十月二〇日、秋天の北京空港に降り立った。北京で開催される「北京原人第一頭骨発見八〇周年記念国際シンポジウム」に出席し、研究発表をおこなうためである。

このシンポジウムは、一九二九年に北京市郊外の周口店で北京原人の最初の頭骨が発見されたのを記念し、中国科学院古脊椎動物古人類研究所（ＩＶＰＰ）が主催し、五年に一度北京で開催され、世界の著名な人類学者や先史・考古学者が出席する世界的にも知られた権威のある国際学会である。

わたしは、これまで三回出席しては毎回研究発表をおこない、なかば常連になっていた。この年は第二回アジア旧石器協会（ＡＰＡ）の年次大会も合わせて開催され、日本からも数名の若手旧石器研究者が参加した。会場は、ＩＶＰＰの建物と道路を挟んだ反対側の西苑《シーエン》飯店で、ここは北京滞在中のわたしの常宿である。

このときは人類多系統進化の世界的権威であるミルフォード・ウォルポフ、パキスタンのリワットで二〇〇万年前の石器を発掘し物議をかもしたロビン・ウイリアム・デネル、「ルヴァロワ概念」の提唱者として著名なフランスのエリック・ボエダの顔もあった。

日本最古級の砂原遺跡の調査成果を国際会議の場で初めて紹介するため、最初にノミネートしたタイトルを急遽変更しての発表となった。この変更に際しては、事前に主催者側の責任者で顔馴染みの高星《ガオシン》ＩＶＰＰ旧石器研究室主任から了承を取りつけた。

十月二二日、「島根県砂原遺跡における日本最古の旧石器の発掘」と題し、成瀬、渡辺、麻柄、菊池らとの連名で、わたしがパワーポイントを使って発表した。中国で約一七〇万年前、韓国で約五〇万年前の石器が発見されている趨勢《すうせい》のなかで、日本のせいぜい十万年前の遺跡の発表をしても驚かせるものではない。むしろ、外国の研究者たちは、旧石器遺跡発掘捏造事件を日本の旧石器研究者がどのように乗り越えようとしているのかに関心を寄せていた。

わたしは、微層位学的発掘、往時の生活面の検出はもとより、日本が得意とする火山灰層序学による緻密な年代決定法を絡めて、砂原遺跡がどのような堆積環境下で形成されたのかというミクロな視点での調査成果をアピールした。

このときはＮＨＫ松江支局の要請をうけ、北京支局のスタッフがテレビカメラを担いで発表の取材に訪れた。日本を発つ前にＮＨＫ松江支局から砂原遺跡調査のテレビ番組をつくりたいという申し出とその協力要請があり、若いディレクターの熱意にも打たれ了承した。発表のあと、北京支局のスタッフはフランスのエリック・ボエダ、韓国漢陽大学校の裵基同教授、中国科学院古脊椎動物古人類研究所の李超栄研究員にインタビューするのを目にした。このＮＨＫ番組は島根県や広島県などで放映された。「北京原人第一頭骨発見八〇周年記念国際シンポジウム」は、世界遺産周口店遺跡の所管が北京市に移されたこともあり、北京市政府の主催ながらも、近年の急速な経済成長を背景に国威発揚も兼ね国家的規模でおこなわれた。エクスカーションで訪れた周口店遺跡は世界遺産に指定され、隅々まで整備されていた。北京原人第一頭骨が見つかった第一地点を見下ろす断崖の上では新たに発掘もおこなわれ、見学も許された。

周口店遺跡の見学後、近くの国際会議用に造られた巨大な建物で北京市政府主催の盛大なレセプションが開催された。市政府幹部のスピーチのあと、北京市舞踏団による北京原人をテーマとしたモダン・ダンスのほか、いまをときめく人気歌手殷秀梅を登場させるなど閉幕セレモニーの演出には唖然とさせられた。国威発揚の場として並々ならぬ予算が投入されたことはいうまでもない。

## 4　考古学界の反応

砂原遺跡の調査をめぐって、学界の反応はどうであったのか。好意的にうけとめた研究者もあったが、総じて厳しいものであった。

発掘現場にたびたび脚を運び、調査の行方に深い関心を払っていた稲田孝司岡山大学名誉教授は、二〇〇九年十二月、「マスコミ考古学の虚実―出雲市「最古の旧石器」をめぐって―」と題し『考古学研究』第五六巻第三号誌上に砂原遺跡の調査に対する論評を寄稿した。調査終了間際のメディア報道時のコメントをのぞき、旧石器分野の研究者としては最初の論評であった。

その論旨は、学会での発表による洗礼を経ないまま調査成果をメディアに公表したことへの批判と成瀬発見石器および尖頭スクレイパーへの人為性に対する否定にあった。その真意は、砂原の調査成果の全面否定にあったことは想像に難くない。

稲田の論評を目にした親しい知人が心配になったのか、すぐさま反論するように促してきた。反論しなければ、稲田の主張を黙認したことになると考えたのであろう。だが、考古資料だけを取り上げて議論すれば、石器かどうかという水掛け論に終始するのは過去の研究史が示している。砂原の発掘で得られた膨大な堆積学的データの解析と時間をかけた出土資料の検討がのこされており、両者の総合的な分析結果を待って遺跡だと判断する客観的な証拠を提示すれば、疑念は解消すると考えたからである。それが、まさに科学的研究というべきものだろう。調査事実に関する批判については、調査報告書『砂原旧石器遺跡の研究』（二〇一三年）がなによりの回答になるので、ここでは敢えて再論しないことにする。

学会での発表を経ずにいきなりメディアに発表したことについて、「前期旧石器調査の発表は先ず学会で論議すべし」という主張のようであるが、わたしは前・中期旧石器問題調査研究特別委員会の委員を三年間つとめてきたが、そんな取り決め、申し合わせを一度として耳にしたこともない。

発掘捏造事件の後遺症が根強くのこっていた当時にあって、仮に学会発表を先行させたところで、考古学界のなかで冷静かつ前向きな議論を期待できず、ややもすると否定的なムードのもとで前期旧石器研究再生の新しい芽が摘まれるのではないかという懸念もあった。

すでに述べたように現地説明会の開催もままならなかった事情もあって、調査で確認された事実をいち早く国民に知らせるのが先決と考えた。考古学の調査成果といえども、狭い考古学界だけの独占物でもない。ましてや調査費を科研費という国民の税金から捻出していることを踏まえれば、納税者である国民に周知するのは、しごく当然のことである。

考古学調査の成果について学会発表を優先すべきだという主張を仮に容認するとすれば、現今の行政調査における記者発表も問題となる。そうした学界の一部の声は、ダブルスタンダードともいえるもので、説得力をもつようにはおもえない。

## 5　日本考古学協会での発表

日本考古学協会の理事をつとめていた東京大学の佐藤宏之教授から日本考古学協会総会での砂原遺跡の研究発表についての打診があり、データ解析に着手したばかりで時期尚早の感があって乗り気でなかったが、氏はかつて前・中期旧石器問題調査研究特別委員会の委員として藤村発掘捏造事件の検証を共にした間柄で、砂原遺跡の調査についても前向きにうけとめた数少ない研究者のひとりであった。

二〇一〇年五月二三日、国士舘大学世田谷校舎で開かれた日本考古学協会第七六回総会で調査成果を調査団の主要メンバーである成瀬・林田・渡辺・菊池・麻柄との連名で発表することになった。砂原遺跡はメディアでも大きく取り上げられ、ホットな話題ともなっていたので旧石器研究者ならずとも注目を集め、発表会場にあてられた教室は満員の盛況であった。会場には地元島根のメディア関係者の姿もあった。

前・中期旧石器問題調査研究特別委員会の委員をつとめた旧知の渋谷孝雄の司会のもと、発表はパワーポイントを使ってわたしがおこなった。この時点では、現場で収集したデータの解析に着手したばかりだったので、限られた発表時間のなかで調査法、火山灰層序にもとづく地質年代、遺物の出土状況を中心に調査事実を紹介するにとどめた。

発表後、首都大学東京の小野昭教授から下位火山灰の比定が一転二転したことについて質問がなされ、その経緯を説明した。この時点では火山灰の調査が継続中であり、確定的な結論を得るまでには至っていなかったのも事実である。また藤村発掘捏造発覚のきっかけとなる論文を発表した角張淳一㈱アルカ）から石器の認定について質問があったが、資料の多くが摩滅をうけており、慎重に検討を進めている旨こたえるにとどめた。司会や質問者の人選も大会委員会で慎重におこなわれたのであろう。

発表を終えると、司会者の渋谷孝雄委員が「おめでとうございます」と声をかけてくれた。

発表会場を出て通路を歩いていると、学生とおぼしき若者の立ち話が聞き耳をそばだてるまでもなく耳に入ってきた。

「（発掘捏造発覚）前なら砂原遺跡は問題なく認められたのに、今度間違いを犯したら日本考古学協会は二度立ち上がれないほどのダメージをうけるから、ことのほか慎重にならざるを得ないんだ。」という。

協会の立場としては、一面で本質を突いたような言葉だ。学会が研究の成否を判断するように聞こえるが、学会は個人であれ団体であれ、自由な研究発表と真摯な議論の場を提供すればいいわけで、その成否を判断するのはあくまでも個々の研究者だ。真実というものは多数決で決まるような筋合いのものでもあるまい。

## 6　日本旧石器学会での論争

二〇一〇年六月二六・二七日の両日、明治大学で「旧石器時代研究の諸問題―列島最古の旧石器を探る―」というテーマのもとで日本旧石器学会第八回講演・研究発表・シンポジウムが開催された。この学会は、日本の旧石器研究者が加入し、日本の旧石器考古学を代表する学会の一つでもある。わたしもその設立に深く関与した者のひとりである。

わたしは基調報告をおこない、「東アジアにおける前期旧石器の諸問題」と題し、この十年間、韓国や中国で進めてきた黄土‐古土壌連続にもとづく中国・韓国の前期旧石器編年研究の最新成果を中・後期更新世の気候変動と絡めて紹介した。

二七日は、パネルディスカッションがおこなわれ、白熱した議論が展開された。日本各地の前・中期旧石器遺跡の誌上報告にもとづき、愛知学院大学の白石浩之教授の司会のもとで討論が進められた。だれの目にも、調査後間もない砂原遺跡が議論の焦点であった。

このシンポジウムでは、砂原遺跡の石器を持参し、石器写真とともに、透明ケース越しながら展示をおこなった。石器を見た研究者のひとりから、写真のほうが見やすいという声が返ってきた。日本旧石器学会の初代会長をつとめた稲田孝司は、平戸市入口遺跡と砂原遺跡の瑪瑙・玉髄製石器を一点ずつとりあげ、自分でスケッチした図をスクーリンに映しながら観察所見を述べ、いずれも人為性に疑問を投げかけた。

稲田の指摘に対して、わたしは砂原出土玉髄製剥片の打面、打点、打瘤、打瘤裂痕の位置を示しながら石器観察の点で氏の見方とはまったく異なる見解を示した。それに対して反論は返ってこなかった。このやり取りは、前期旧石器存否論争の本質的な問題を端的に示すものであった。

出土資料全体を手にとって検討するのでもなく、一部の資料だけをとりあげて「あとは推して知るべし」という論理で残余の資料も否定するような態度に、岩宿遺跡を発掘した杉原荘介教授が早水台や星野下層資料の人為性をにべもなく一蹴した論理に通じるものを感じた。同様な研究者はほかにもいるが、敢えて名をあげない。一点だけの資料をとりあげて成否を論じても、全体を否定することにはならないのは論理的帰結である。

出席した研究者の発言のなかで、早水台遺跡の報告をおこなった東北大学の柳田俊雄教授が、会場の研究者に向かって（早水台の資料を）否定する前に出土資料の実見を訴えたのが強く印象にのこった。これは、芹沢が生前、たびたび口にした言葉である。世評や風評には耳を傾けるが、現物資料を観察して自ら当否を判断する真の研究者が少ないことに警鐘を鳴らす発言であろう。

正式な報告書がまだ刊行されていない時点での議論なのでおのずから限界もあるが、研究者として先走った言動と映ったのは、わたしひとりではなかろう。

稲田は砂原の調査現場に熱心に顔を出し、かつて「出雲の瑪瑙製前期旧石器問題」にコミットメントした過去の経緯もあってか、調査の推移に深い関心を寄せていた。

調査中の発掘現場に来訪した際、予備調査で断面採集された資料を実見に供した。わたしは予備調査で麻柄が断面から抜き取った石英斑岩製の石核を手にして、斑晶を混じえた剝離痕やネガティヴ・バルブ（陰瘤）を水磨しまるくなった礫面と比較しながら人為的剝離と判断する説明をおこなったが、怪訝な表情を見せ人為的な剝離痕を理解できない風情であった。それ以上の説明をすることは時間の無駄だと感じた。

前期旧石器に対する先入観念はもとより、剝離にともなう物理的属性の観察がいとも容易な後期旧石器時代の黒曜岩や頁岩製の石器を見慣れてはいても、剝離痕の観察に困難をきわめる石英・脈石英・火砕岩などでつくられた東アジアの前期旧石器の観察経験をもたないと、砂原から出土した石器は理解しがたいのであろう。豊富な経験の蓄積が大きくものをいうのはしごく当然のことなのかもしれない。

# 十三　出雲市板津発見の前期旧石器

## 1　発見の経緯

新たな発見というものは、前ぶれもなく突然やってくるものである。

二〇一二年八月、砂原遺跡周辺の補足地質調査をおこなっていた菊池強一が出雲市湖陵町の板津《いたづ》造成地の宅地法面で一点の石器を拾い上げた（図71）。八月という月は、三年前の砂原遺跡もそうだが、どうも出雲で新たな発見が起きる不思議な月だ。

宅配便で研究室に送られてきた荷物の梱包を解くと、ビニール袋に入れられた重厚な石器が現われた。掌に載せるとずっしりとした重さがあり、片面にひどく水磨した茶褐色の礫面をのこし、反対側の面は砂粒と粘土物質でびっしり覆われていたが、その下にざっくりした剝離面が観察された。しかも打ち割られたときに生じた縁辺はいたって鋭く、礫層中で石と石とがぶつかって縁辺が潰れた痕跡がまったく見られなかった。その場にたまたま居合わせた麻柄一志と長井謙治も、一瞥《いちべつ》して驚嘆の声をあげた。なんとなれば、韓国の臨津江流域の遺跡で前期旧石器に使われる石材にそっくりだったからである。

早速、盛岡の自宅に帰っていた菊池に電話を入れて発見した状況を聞くと、同行した大本朋弥が発見時の写真を撮っているという。それを聞いて調査後も出雲に滞在していた大本に連絡し、撮影した画像をメール

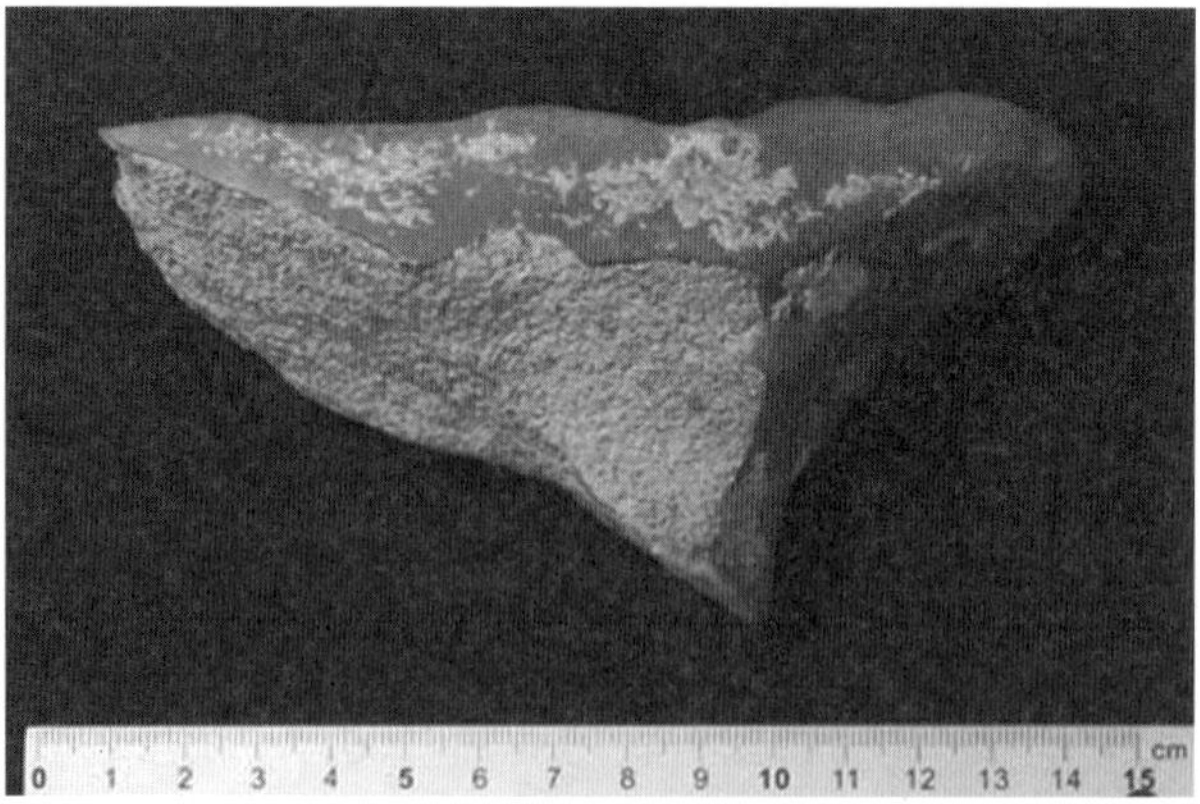

図 71　板津造成地で発見された石器

に添付して送るよう指示した。添付されてきた写真を見ると、宅地造成が終わった法面の赤色土の上に礫面を上に露出した石器が写っていた。

次いで、出雲在住の成瀬に造成地と石器の写真をメールに添付し、現地にのこされた法面の赤色土が初生の堆積物か否かを確認してもらうよう依頼した。

その一方で、石器の剝離面上にびっしり付着した砂粒・粘土物質と写真に写っている法面の赤色土を検討し、両者が合致しないのに不審を抱いた。というのは、もともと石器が赤色土（古土壌）中に包含されていたのであれば、石器表面のどこかに古土壌が付着しているはずなのにそうした形跡はまったく認められなかった。二〇〇五年の夏、中国安徽省の水陽江流域にある陳山遺跡を訪ねた折、古土壌層の中に半分埋まっていた石器の表面には赤褐色の粘土が斑状に付着しているのを実見したことがある。

さらに、別のプロジェクトで本地域の活断層調査を進めていた渡辺教授に連絡すると、近く出雲に出かけるというので、成瀬とともに石器を発見した付近の地層の調査をお願いした。成瀬・渡辺の調査結果は、造成地の法面に見える赤色土は、断定を避けながらも客土として置かれた可能性が高いというものであった。

## 2　石材の肉眼鑑定

見つかった石器の石材については、砂粒が剝げかかった部位からの岩田修一による肉眼・ルーペ観察によって、当初、オーソコーツァイト（正珪岩）ではないかと推定された。

　オーソコーツァイトは、かつては太平洋に存在した陸塊に産するものがプレートテクトニクスにより気の遠くなるような時間を経て日本列島に漂着したものと考えられていたが、近年ではアジア大陸に由来するものが水流によって日本列島へ運搬されてきたものと考えられるようになってきた。日本列島が大陸の一部であった地質時代のことである。長距離を運搬される過程で礫は水磨され、次第に小形化し角が取れて円礫となった。そのため、日本列島で産するものは長径が二～三センチ大のものがほとんどを占める。

図 72　韓国臨津江流域出土のオーソコーツァイト製石器

　オーソコーツァイトといえば、韓国とりわけ臨津江《イムジンガン》流域の遺跡で出土する前期旧石器（ハンドアックスに多用）に馴染みの岩石である。かつて、わたしは全谷里《チョンゴクニ》遺跡の年代解明を目的とした日韓共同研究で現地を訪れたとき、漢灘江《ハンタンガン》との合流地点に近い臨津江の河原を埋め尽くすように散乱する人頭大の扁平なオーソコーツァイトの水磨礫を実見した記憶がある。臨津江を下った河岸段丘上にある佳月里《カオリ》、舟月里《チュオリ》両遺跡ではオーソコーツァイト製の先端が尖り両面を調整したハンドアックスが発掘されており、韓国で最も美しいハンドアックスとされる（図72）。

二〇一二年十一月、同志社大学で開催された科研費研究「東北アジアにおける古環境変動とレス－古土壌編年に関する基礎的研究」にともなう国際シンポジウムの際、砂原遺跡の石器とともに砂粒が付着した板津発見の石器を参考資料として展示したが、手にとって実見した韓国の若手旧石器研究者の金基龍《キムキリョン》は韓国で見慣れた前期旧石器の石材とあまりにも似ているのにおもわず驚嘆の声を発したほどである。

板津の石器が見つかってから、韓国の全谷《チョンゴク》先史博物館に勤める旧知の李漢龍《リハンヨン》学芸員にお願いして、鑑定に供する比較資料として臨津江・漢灘江合流地点の河原にあるオーソコーツァイトを送ってもらった。

しかしながら、わが国ではこれほど大きなサイズのオーソコーツァイトは見つかっていない。板津で見つかった石器がもしオーソコーツァイトであれば、大陸からもたらされた可能性も生じてくる。この点、板津周辺に産出する類似岩の探索ならびに顕微鏡下の記載岩石学的観察が不可欠となってきた。

## 3　付着物質の鑑定

二〇一二年十一月、岐阜の㈱パレオ・ラボに付着物質の蛍光X線分析ならびに付着砂粒の鉱物鑑定を依頼した。その結果、微粒の付着粘土物質は長石からなる粘土鉱物で、付着砂粒の圧倒的多数が石英（約八二パーセント）、それに長石が次ぎ（約一二パーセント）、残余は不明鉱物であることが判明した。このとき、比較資料として表面に粘土鉱物が膠着《こうちゃく》したシベリア、中国の旧石器を供し、これらの付着物質を鑑定してもらったところ、いずれも黄土と同じ成分であった。

石器に付着する砂粒の下に隠れた剥離痕を観察するため、同志社大学理工学部の林田明教授を通じて横尾頼子講師に依頼し、酢酸液に浸して石器表面に付着する砂粒・粘土物質を試験的に除去する作業を試みた。接着剤的な役割を果たしている微細な粘土物質がレスにふくまれるカルサイトであれば、酢酸液で溶解するはずなのにまったく変化は認められなかった。

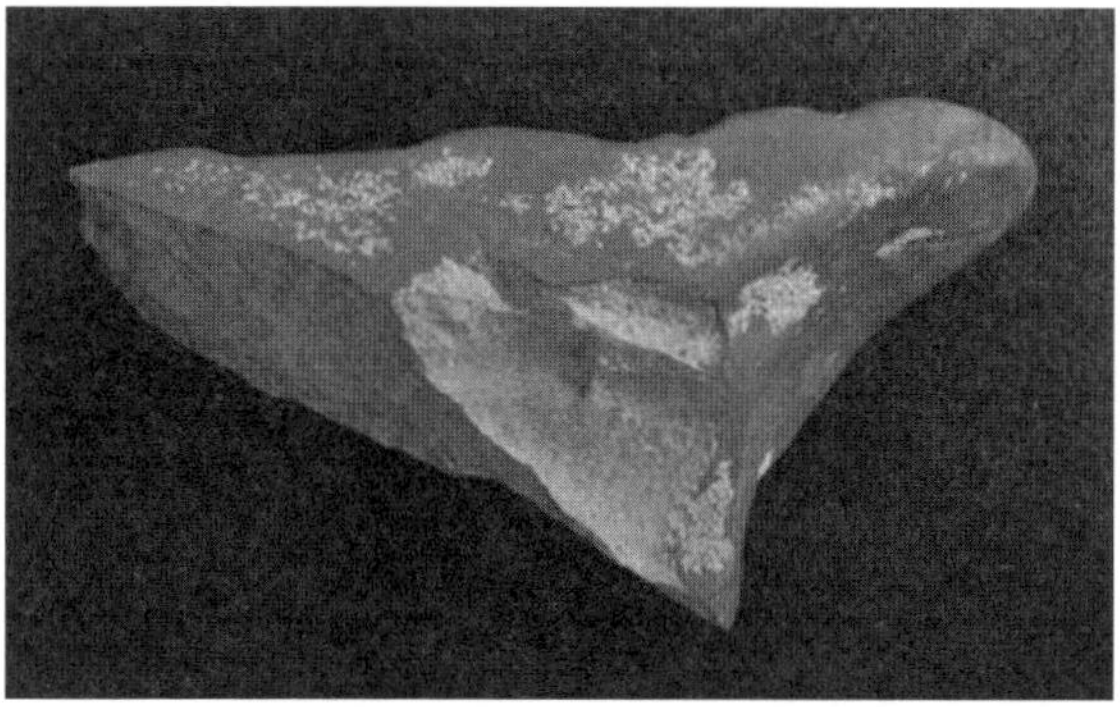

図73　砂粒の下から現れた剥離痕

薬品を使用しての溶解処理で砂粒を取り除く術《すべ》が頓挫し、やむをえずカッターナイフを用いて付着砂粒を慎重に除去したところ、ポジティブな剥離面（主要剥離面）とザックリした剥離痕が姿を現わした（口絵7、図73）。剥離面はカッターナイフでも傷つかないほど堅硬で、いたって緻密な石材を使用していることがわかった。なお削ぎ落とされた砂粒は後日の分析に供するためすべて保存した。

採集石器の石材鑑定と石器が見つかった地層の地質学的解明が喫緊の課題となってきた。成瀬と面識のある山内靖喜島根大学名誉教授は山陰地方の岩石とりわけオーソコーツァイトに詳しく、氏からの要望もあって出雲市へ石器を持参し肉眼鑑定をしてもらうことにした。

また、遺物が発見されて以降、私自身、現地に脚を運んでいなかったこともあって、造成地の法面に見える赤色土が客土か否かを自分の目で確かめたかった。年も押し詰まった二〇一二年十二月二五・二六日の

図74　板津造成現場（2011年3月28日撮影）

両日、わたしは面将道を同道して出雲市に赴き成瀬、山内、武島とともに板津造成地とオーソコーツァイトを産するとされる島根県大田市朝倉の踏査をおこなった。

## 4　板津造成地の踏査

二〇一二年十二月の板津の現地調査では、石器が採集された造成地法面を確認のうえ、塊状を呈する赤色風化殻の混在、土質、礫の産状から客土（盛り土）と判断した。また造成地内の地形観察から、採集地点はもともと谷部にあたり、この谷を埋めかさ上げした場所と判断された。

成瀬による造成業者からの聞き取りによれば、宅地造成に際して、他所《よそ》から土を運び入れたものではなく、旧地形を削平するときに生じた赤土と砂を分けて保存し造成に再利用したものであることが判明した。なお、二〇一一年三月、砂原遺跡の周辺調査の途次、この地を訪れたことがあり、造成中の写真を撮影していた（図74）。その写真や造成前の地形図を検討して、石器採集地点が谷部にあたることが確認できた。

このことから、石器は造成地内の削平された高台部分のどこかに埋没していたのは確実である日本海から波状的に押し寄せる雪雲から降りつける吹雪の中、法面を中心に二日間にわたって造成地内の綿密な地表面調査をおこなった。その結果、造成地内で石器の石材によく似た拳大～小児頭大の扁平な円礫を二点発見し、石器の石材と詳しく比較するため持ち帰った。

発見された石器が原位置を遊離している事実が明らかになった以上、その所属時期を把握するには石器に付着した砂粒・粘土物質の分析から本来の包含層準をつきとめる手立てしかのこされていない。さいわい、成瀬は石器が発見される前から板津造成現場をたびたび訪れ、地形ならびに堆積物の詳細な観察と同時に各層準の土壌サンプルをおこなっており、これらと石器に付着した鉱物・粘土物質との比較検討から本来の石器包含層準を推定することが可能となった。

## 5　石材の再鑑定

採集石器そのものを破壊してプレパラート（薄片）を作製するわけにもいかず、板津造成地内で採集した同質の岩石二点（サンプル①・②）をあらためて岩田修一による岩石鑑定に依頼した。また比較のため大田市朝倉産のオーソコーツァイトとされる小円礫一点（サンプル③）、韓国京畿道臨津江河床で採取したオーソコーツァイト二点（サンプル④・⑤）も併せて手渡した。岩田はプレパラートを作製し顕微鏡下での比較検討をおこなった。その結果、臨津江河床産のサンプル④・⑤は真正のオーソコーツァイト、朝倉産のサンプル③はオーソコーツァイトではなく放散虫チャートと鑑定された。

板津造成地で採集した二点の岩石サンプルは、岩田によって珪化砂質泥岩（サンプル①）、泥質ホルンフェルス（サンプル②）と鑑定された。前者は硬質・緻密で表面が褐灰色を呈し、一見すると臨津江河床産のオーソコーツァイトに似ているが、径一ミリ前後に断片化した砂質泥岩組織や径一・二ミリ大の流紋岩類の岩片が少量残存しているのが単ニコル顕微鏡下で観察され、極細粒砂質層・レンズを挟む泥質層からなる泥岩が原岩とされた。

なお、サンプル①・②ならびに岩田が作製したプレパラート（薄片）を鑑定した山内・武島はサンプル①を流紋岩、同②を流紋岩質凝灰岩と鑑定した。採集石器の剥離面にはサンプル①に見られる流理構造をもつことから、石器の石材を流紋岩とした。また、この岩石は珪化作用と熱変成をうけていることも判明した。板津石器の報告に前後して、山内・武島は出雲市多伎町の小田川上流で流紋岩溶岩の産出地を確認した。砂原遺跡の南方約四キロに位置する。この種の岩石は、小田川下流でも確認され、当時の海岸でも採集できたにちがいない。

## 6　板津石器の観察

板津で採集された石器は、最大長一二・七センチ、最大幅六センチ、最大厚四・九センチ、重量三〇六グラムを測る（図75）。元の原礫のサイズを復原すると、長さ一五センチをはるかに超える板状の水磨礫と推測される。

以下、観察結果を報文（松藤・成瀬ほか「島根県出雲市板津発見の前期旧石器」『旧石器考古学』七八、二〇一三年）

から抜粋する。石器の実測と記載は、わたしと検討しながら経験豊かな上峯篤史がおこなった。

礫面（自然面）は明褐色～褐色を呈し、各面ともよく水磨が進み、角も丸くなっている。礫面が明褐色～褐色を呈するのは、韓国臨津江産のオーソコーツァイトに観察されるのと同様、岩石生成後の長期間にわたる酸化鉄の影響によるものであろう。

発見された時点では、石器の剥離面にびっしりと砂粒が付着していたが、これを削ぎ落としたところ、まったく水磨をうけていない剥離面が顔をのぞかせた。その剥離面は、風化をうけており最近破砕したものではない。面1～8などの剥離面（図75左下）はおおむね灰白色を呈するが、黄褐色の脈を層状に交える。全体的によく珪化が進んでいるが、その程度は必ずしも均一ではない。岩質としては、面2にくらべて面3・4付近のほうが滑らかで、とくに珪化が進んでいるように見うけられる。

本石器が原礫から剥がされ，二次加工が施された一連のプロセスを復原すると、以下のようになる。

面1はポジティブ面で、面2との境界付近に打瘤をとどめる。面1の末端はフェザーエンド（羽毛状端）となっており、薄く鋭いエッジを見せる。b面下半部の湾曲する礫面を打面として、ノジュール（塊）状の原礫を半割するように大きく打ち割っており（図76‐①）、打面となった礫面と面1から復原計測すると、板状礫を半割したときの剥離角は約一〇四度を測る。

二次加工と判断される剥離痕は、両側縁および上端部に観察される。面2は面1の打瘤を除去するように施され、面1とその打面が形成した稜線に導かれて剥離が延伸したとみられる（同‐②）。復原計測によれば、剥離角は一一六度である。続く面3・4も同様に、c面の自然面を打面とする。剥離角がそれぞれ一一五度・一〇八度となる鈍角剥離で、剥離痕末端には顕著なステップが生じている（同‐③の左）。面dを形成した打

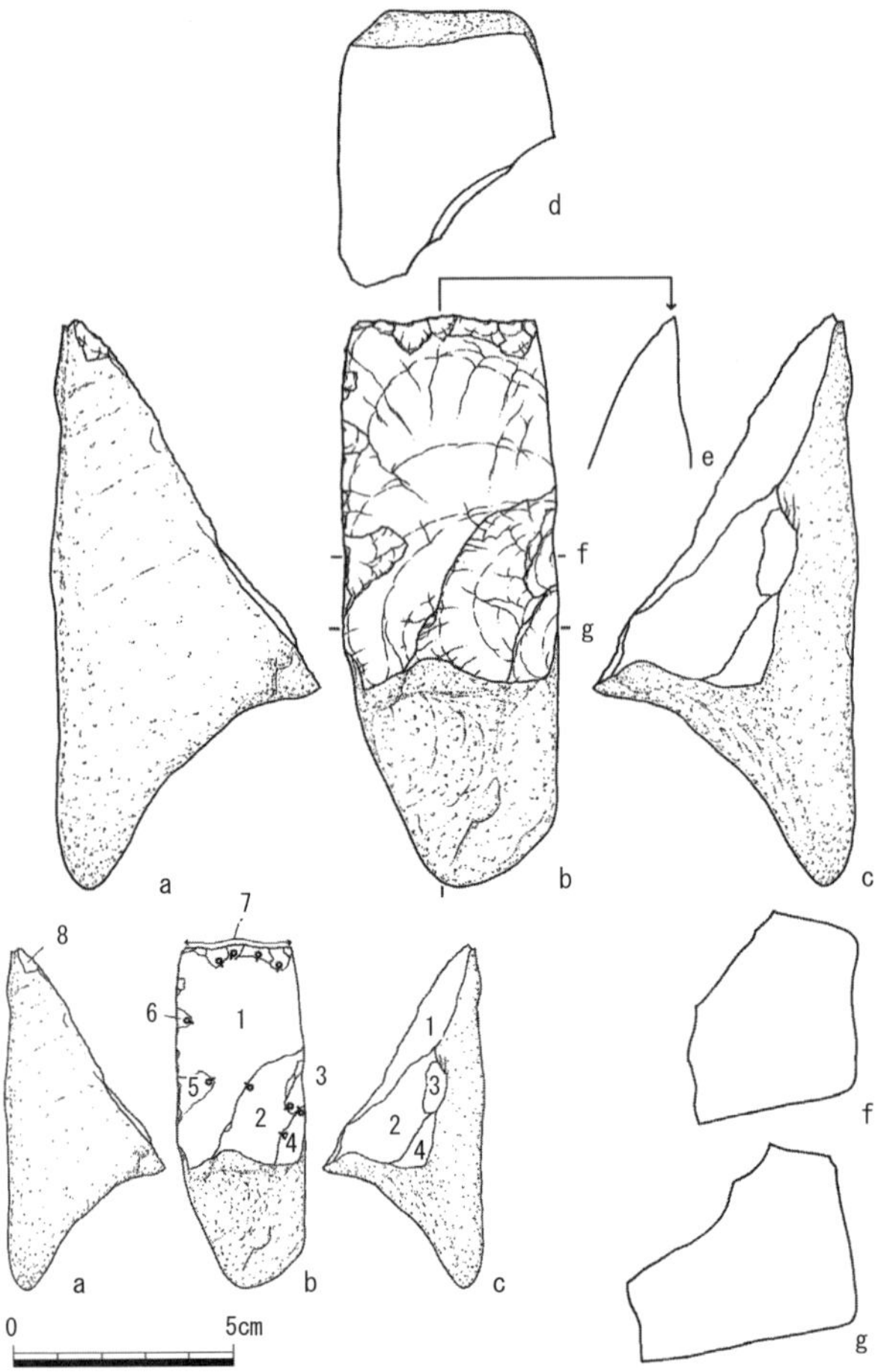


図75　板津発見石器の実測図

点は不明瞭であるが、面cについては剥離にともなう細いクラックが打面に当たる礫面上にのこされている。

a面からは面5の剥離が施され、主要剥離面（面1）のバルブの一部をわずかに取り除いている（図76－③の右）。a面の礫面上にクラックをのこしている。面6の打点と推定される礫面上には、打撃痕とみられる半円状のクラックが明瞭に認められる。こうした剥離痕とあわせ、左側縁には最大長一ミリ程度の微細剥離痕が連接して観察される。

主要剥離面（面1）末端部の上面観は直線状を呈し（図75－d面）、裏面の礫面とのなす角度が六〇度を測る鋭い刃部を具え、この部位が本石器の機能部と判断される。上端部には大きさが異なる二次的な剥離痕（面

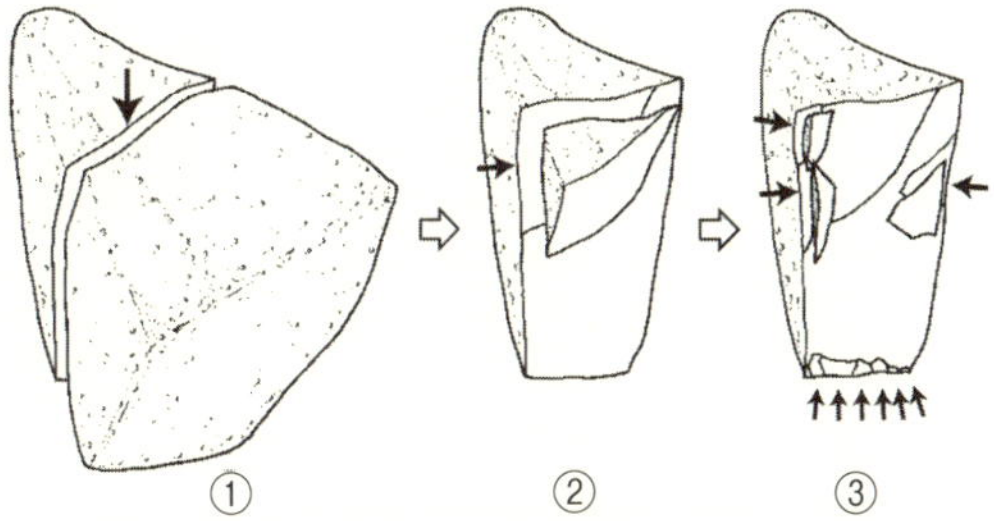

図76　板津発見石器の剥離経過模式図

7）が主要剥離面側に限って観察できる（図76－③の下）。これらの剥離痕は主要剥離面末端と裏面（礫面）が構成する刃角を保持するように浅い角度で施されており、鋭利な薄い刃部を再生もしくは補強する意図が看取される。

本石器を敢えて前期旧石器のタイポロジー（型式学）に照らすと、部厚い剥片を素材とし、第一次剥離で生じた鋭利な縁辺を刃部とする点ではクリーヴァーに分類されるが、典型的な例とはいえない。上峯が作図した図76は、本石器の素材となる部厚い剥片が石塊を分割するように剝ぎ取られ、さらに二次加工が施される経過をわかりやすく概念図化したものである。

石器に観察される剥離プロセスの観察から、機能部である鋭利な刃縁をつくりだし、さらに角張った自然面打面の一部を除去するという製作者の意図に沿って系統的に剥離がくわえられたものであり、それを明瞭かつ合理的に説明できる資料といえる。

雲南市原田遺跡で発掘された後期旧石器にはこの種の石材は使用されておらず、灰白色の粘土鉱物を付着する石器もふくまれていない。これもまた板津石器の所属時代の古さをものがたるものであろう。

## 7　石器付着鉱物の分析と古環境変遷

板津発見石器が本来の包含層を遊離していたことから、万事休す、この石器の所属時期を決める方法が閉

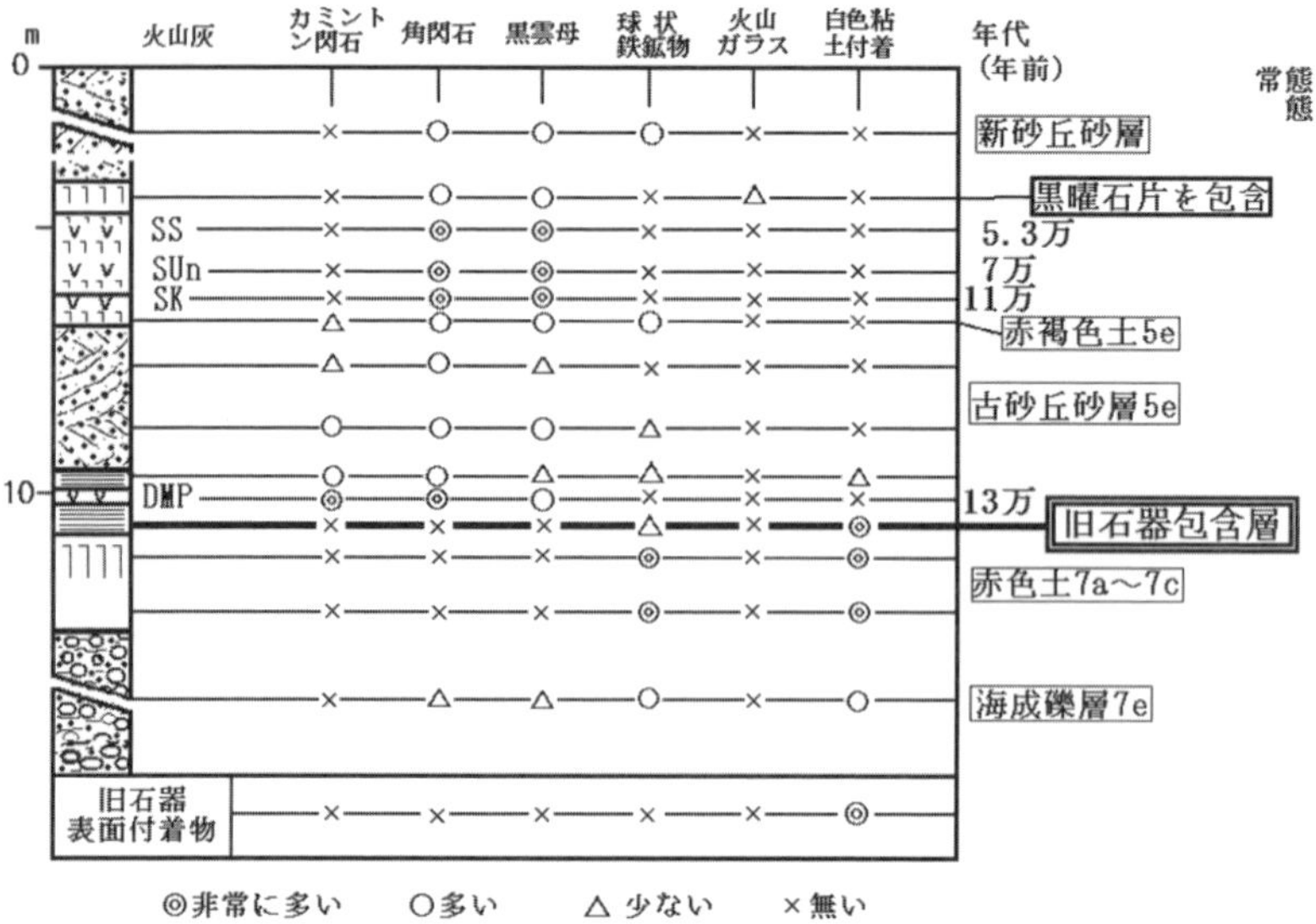


図 77　板津地層に含まれる特徴的な鉱物

ざされたかにおもわれたが、事態は意外な展開を見せることになった。

成瀬は、造成中の現場にたびたび脚を運び、地質・地形調査を重ねるなかで後日の証拠として、板津造成地露頭から各層準の土壌試料を採取し保存していたのである。石器に付着した砂粒と粘土鉱物を分析し、成瀬が採取した土壌試料とを比較することによって、本来の石器包含層準を決められるかもしれないからである。わたしは成瀬の深い配慮にただただ頭が下がる思いであった。

その作業を成瀬にお願いし、㈱パレオ・ラボの分析報告も提供し、もうひと踏ん張りしてもらうことにした。分析の結果が出るまで、ひたすら祈るような心境であった。

それから半年も経たないうちに、待ちわびた分析結果がもたらされた。成瀬の地形史・環境変遷史の視点を交えた鉱物分析は、板津発見石器の本来の包含層準を確定するうえで決定的な役割を果たすこととなった。

成瀬によれば、板津の地層の鉱物組成は図77に示すとおりである。海洋酸素同位体比ステージ（ＭＩＳ）7a～7cの赤色土には球状鉄鉱物が多量にふくまれる。それは、中国や韓国の古土壌に自生した酸化鉄と同様、間氷期の温暖多雨気候下で生成したものであろう。大山松江火山灰から赤褐色土（ステージ5e）までの地層には、重鉱物－カミングトン閃石、角閃石、黒雲母が共通してふくまれる。三瓶木次火山灰（SK）よりも上層には三瓶火山起源の角閃石や黒雲母などが多量にふくまれるが、赤褐色土以上の地層にはカミングトン閃石がふくまれない。

一方、石器に付着する砂粒には球状鉄鉱物をはじめカミングトン閃石、角閃石、黒雲母がまったくふくまれない。石器に付着する砂粒の鉱物組成に最も近似するのはステージ6のレス層である。

一方、石器の表面に付着している灰白粘土はアルミニウムを多くふくむ灰白粘土である。この粘土は長石の風化物であり、長石を多くふくむレスが風化してできたものである可能性が高い。こうした灰白粘土は高位段丘礫層とその被覆層にふくまれる礫に付着し、古砂丘層（ステージ5e）以上の堆積物には観察されない。重鉱物組成と灰白粘土の分析から、板津発見石器はステージ6のレス層と特定された。

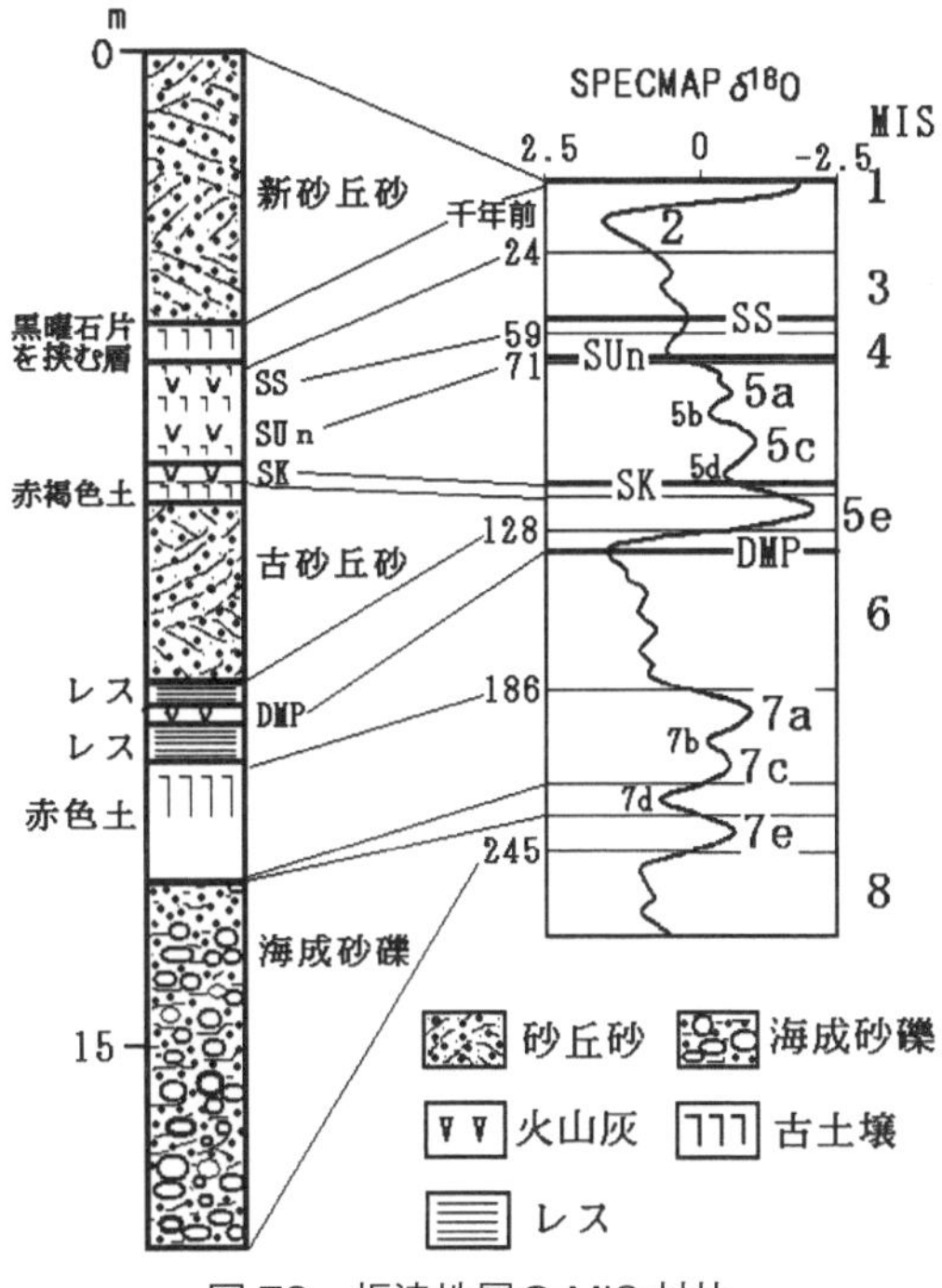

図78　板津地層のMIS対比

この地域の古環境変遷が、成瀬によって克明に復原された（図78）。

約二四万年前のステージ7eの時期には温暖で海面が高くなり、板津海岸には高位海成砂礫層が堆積した。その後、やや冷涼なステージ7dに段丘化した。そしてステージ7a～7cの温暖期に段丘砂礫層上に厚い赤色土が生成するようになった。

約十八・六万年前から十二・八万年前にかけての寒冷なステージ6には、アジア大陸から多量の風成塵が飛来するようになり、レスが堆積するようになった。そして約十三万年前に大山起源の大山松江火山灰が降下した。

最終間氷期ステージ5eになると海面が高くなり、当時の海岸には古砂丘が形成され、さらにこの時期の温暖な気候下でステージ5eの赤褐色古土壌が生成された。その後、三瓶火山起源の木次火山灰（SK）、雲南火山灰（SUn）、砂原火山灰（SS）が堆積した。そして大陸から多量の風成塵（レス）が飛来堆積し、古土壌の母材となった。

成瀬は、石器に付着する砂粒鉱物および灰白粘土の分析から、旧石器はステージ6に堆積したレス層（十八・六～十二・八万年前）にもともと包含されていたものと結論づけた。成瀬の分析は見事の一語に尽きる。

板津造成地周辺には高位段丘構成層が削平されずに残っているところもあり、将来の検証への道がのこされている。

なお、灰白粘土は砂原遺跡で最初に見つかった玉髄製剥片（口絵3、図36）にもかすかに付着するが、残余の資料にはほとんど認められない。これは、板津と砂原の石器が包含された地層の土壌母材の違いを反映したものであろう。

## 8　板津石器発見の意義

板津の石器は、砂原遺跡よりも海洋酸素同位体比ステージで一段階さかのぼり、日本列島の人類史の上限を塗り替えるものである。砂原遺跡を発掘してから三年、砂原遺跡の報告書を刊行して半年も経たないうちに、「日本最古」という言葉は板津石器の発見であっけなく塗り替えられることになった。

わたしは、ほかの論文でも述べたが、砂原遺跡がのこされた最終間氷期最温暖期（ステージ5e）の現在よりも高い高海水面期に海を渡って人類が日本列島へ渡来するのは困難であったと考える。それほど古い時期に人類が海上渡航した確かな証拠が世界中で知られていないのがそのおもな理由である。

人類が海洋を渡った間接的な証拠は、かつてインドネシアの島々と陸続きとなった形跡がないオーストラリア大陸における人類遺跡の存在である。その年代については五万年前頃というのがおおかたの研究者が認めるところである。したがって、そのころまでには人類はなんらかの海洋渡航技術あるいは水上移動手段を開発しオーストラリア大陸に進出していたと考えられる。

世界的な常識からすれば、日本列島へ人類が渡来した時期は氷河性海水面変動によって海水面が降下し大陸と地続きになった氷期であったと考えるのが自然である。日本列島各地で発見されるトウヨウゾウ、ナウマンゾウなどの大型哺乳動物は、もとはといえば、氷期に形成された朝鮮－対馬陸橋あるいは東シナ海の干上がった大陸棚を経て日本列島へ時期を異にして渡来したと考えるのが古生物学上の常識となっている。大型哺乳動物が渡来できたのに、人類だけには門戸が閉ざされていたと考えるほうがむしろ不自然であろう。

最近二〇年間の朝鮮半島とりわけ韓国における考古学調査は、ゆうに一〇〇ヵ所以上の旧石器遺跡を確認

図79　萬水里遺跡 MIS14 層出土の石器

するにいたっている。一九七〇年代の石壮里《ソクチャンリ》遺跡の調査を嚆矢《こうし》とする旧石器研究は、まさに韓国人研究者たちの弛まぬ努力の結晶といえる。二〇〇一年以降着手された全谷里遺跡や萬水里遺跡を舞台にした日韓共同研究は、五〇万年前までには人類が韓国忠清北道萬水里の地に到達していたことを明らかにした（松藤和人編著『東アジアにおけるレス‐古土壌と旧石器編年』雄山閣、二〇〇八年）。

萬水里遺跡では、厚さ七メートル余の風成・斜面堆積物中に無遺物層を挟んで、五枚の旧石器文化層が層位的に検出され重要な成果が得られた。出土した最古の石器（図79）は、レス‐古土壌編年によってステージ14（五六・八〜五二・八万年前）にまでさかのぼる。この年代観は、フランスの研究チームがおこなったベリリウム10という最新の年代測定からも傍証される。北京市郊外にある世界遺産周口店の北京原人遺跡と肩を並べるほどの古さである。最近では、これよりも一段階さかのぼるステージ15の遺跡の存在も取りざたされている。

朝鮮半島からの日本列島への人類移動を議論するとき、対馬海峡における氷河性海面変動に連動した海況の解明が重要な鍵となる（図80）。

成瀬敏郎の教示によれば、約一三〇メートルも降下した最終氷期最寒冷期（約二万年前にピーク）と同じくらいかそれ以上海水面が降下した時期が、中期更新世に限って、三回存在したという。すなわち、ステージ

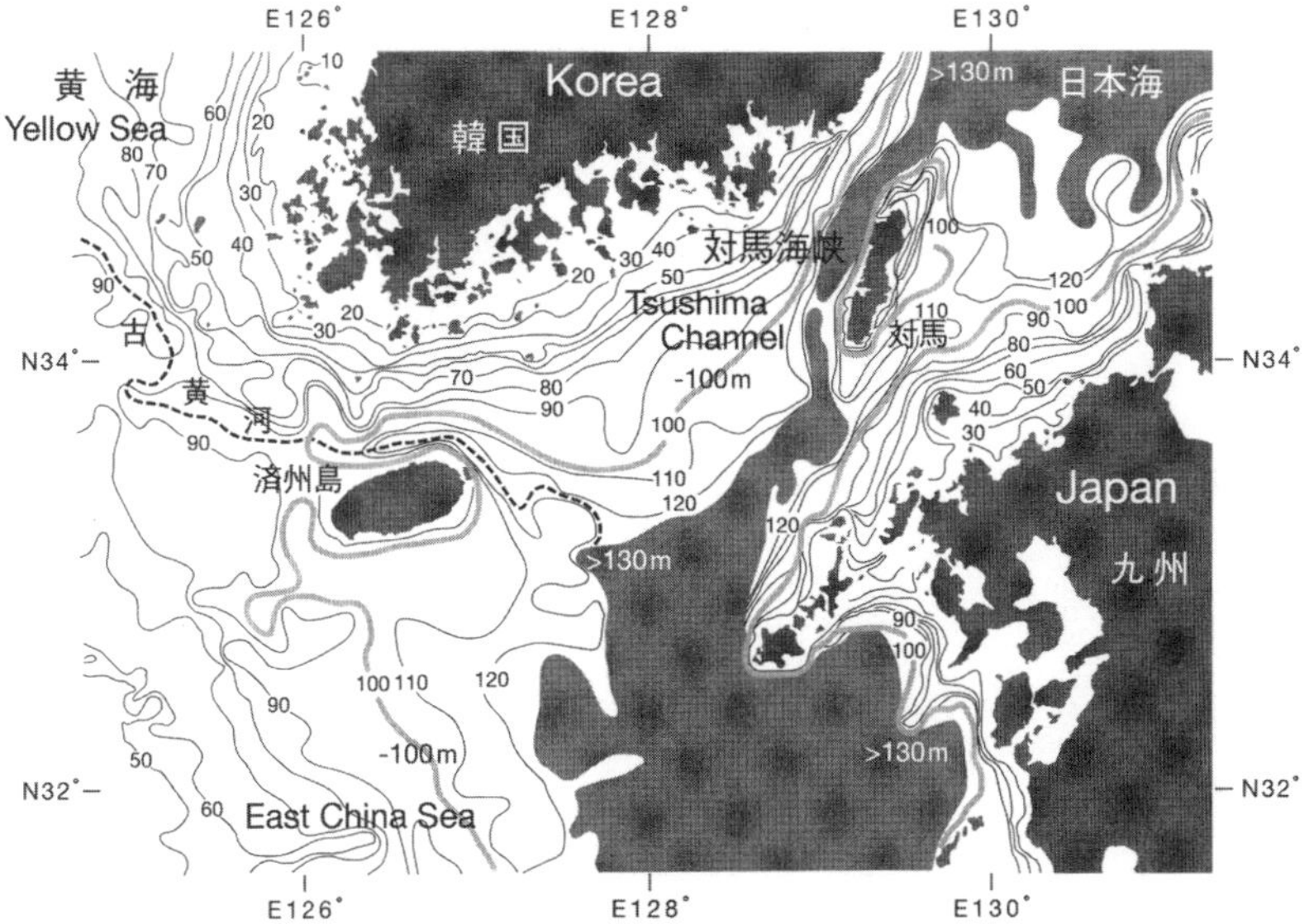


図80　対馬海峡付近の海底地形

16（六五・九～六二・一万年前）、ステージ12（五二・八～四七・四万年前）、ステージ6（一八・六～一二・七万年前）である。

対馬海峡西水道（朝鮮海峡）は水深一三〇メートル前後を測るが、低海水面期に日本海に流れ込んだ黄河水や対馬暖流によって海底が削剝されたとすれば、現在の水深よりはもっと浅かったとみられる。とすれば、中期更新世の三回におよぶ低海水面期に哺乳動物や人類が対馬陸橋をつたって日本列島に渡来する機会は一度ならずあったと考えるのが自然である。

近年、釜山周辺でも前期旧石器遺跡が確認されてきた。朝鮮半島南端まで進出したホモ・エレクトウス（原人）あるいは古代型ホモ・サピエンスは、対馬の山並みや干上がった玄界灘平原を目のあたりにしていたにちがいない。成瀬は、ステージ6の段階に対馬海峡に氷橋が形成された可能性を考えているが、わたしは、対馬海峡の緯度が低く、暖流が東シナ海から日本海へ流れ込んでいたのであれば、氷橋の形成については否定的である。

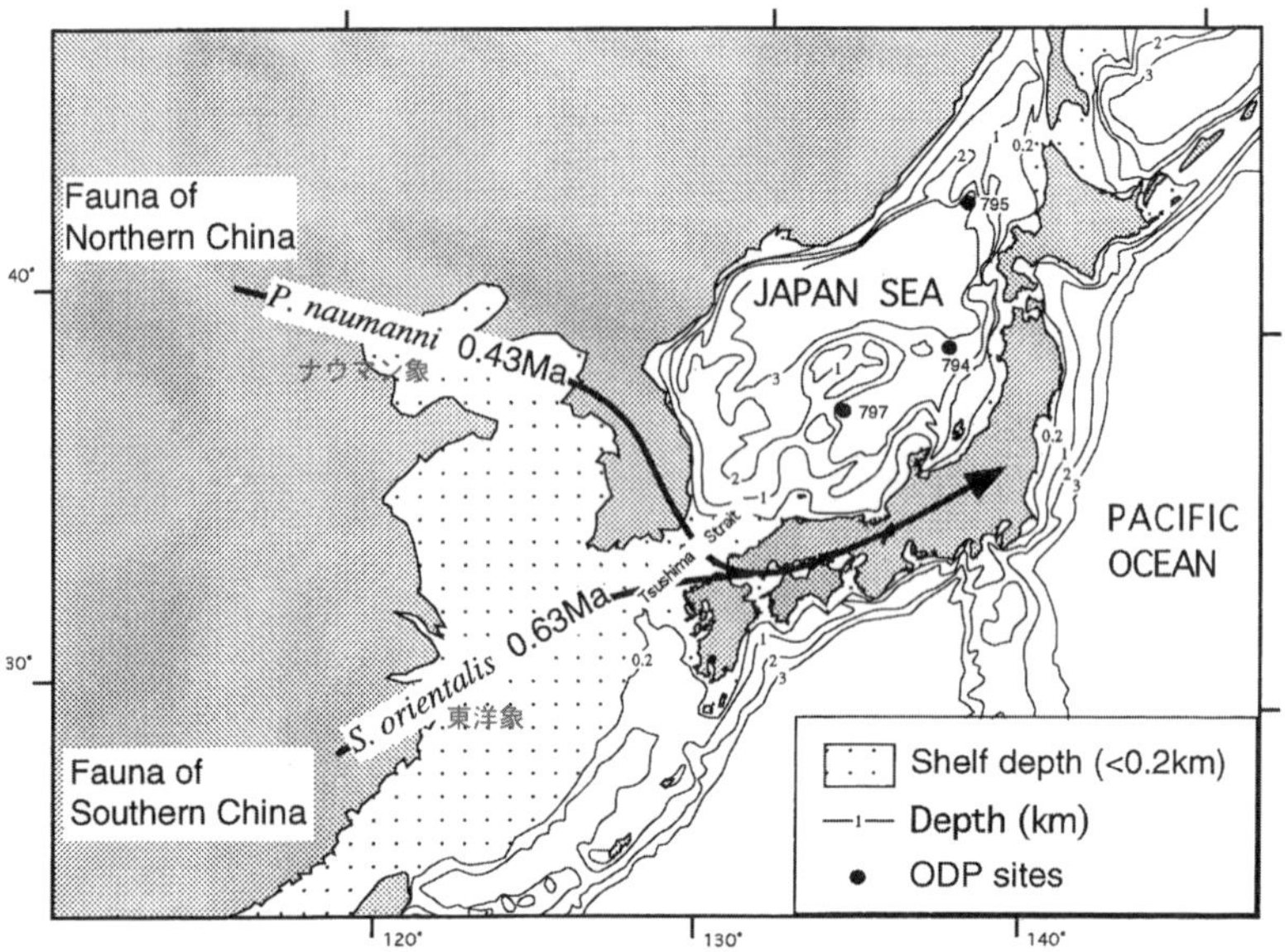


図81　長鼻類の日本列島への渡来時期

一方、中国に目を向けると、中期更新世の初頭以来、長江や黄河という大河の両岸に同時期の遺跡がのこされていることからすれば、ホモ・エレクトゥスはこれらの大河を横断していたと考えなければならない。たとえ対馬海峡に陸橋が形成されなくとも、著しく狭まった海峡は未知の土地への冒険心をことのほか駆り立てたにちがいない。

日本列島への人類移動を考えるうえで考慮しなければならない注目すべき研究がある。

最近の古生物学の研究成果によれば、日本列島から出土する長鼻類化石が包含される最古の地層の年代に照らして、トウヨウゾウの渡来時期の上限が六三万年前、ナウマンゾウのそれが四三万年前と推定されている（河村善也「更新世の日本への哺乳類の渡来―陸橋・氷橋の形成と渡来、そして絶滅―」『旧石器考古学』七五、二〇一一年）。前者はステージ16、後者はステージ12の直後にあたる。

図81は、愛知教育大学の河村善也教授が想定した長

鼻類の渡来ルートをもとに小西省吾・吉川周平によって描かれたものである（「トウヨウゾウ・ナウマンゾウの日本列島への移入時期と陸橋形成」『地球科学』第53巻第2号、一九九九年）。

河村らの研究は、前期旧石器遺跡の探索に勇気をあたえる研究といえる。なんとなれば、たんに長鼻類にとどまらず、日本列島への人類の渡来時期を議論するとき、古生物学上の示唆をあたえることになるからである。

中川和哉は、韓国の後期旧石器時代以前の石器群の多くが温暖期の古土壌層中から出土し、寒冷期に堆積したレス層中からの出土例が著しく少ない、という注目すべき事実を明らかにした（「韓国における旧石器包含層の研究」『旧石器考古学』七七、二〇一二年）。韓国の氷期の堆積物中にはインボリューション（周氷河現象のひとつとされる地層の巻き込み現象）が観察されることも珍しくなく、氷期に気温がかなり低下したことが推察される。わたしも韓国萬水里遺跡でステージ6の時期に生じたインボルーションを実見したことがある。

氷期に朝鮮半島の遺跡数が激減する現象をどのように解釈したらいいのか、詳しくは今後の研究にゆだねなければならないが、氷期に朝鮮半島の旧石器人が温暖な地に移動したことも考えられる。彼らの移動先として日本列島も候補の一つにあげられはしないだろうか。

板津で発見された石器は、すでにふれた成瀬の分析によればステージ6のレス層に対比され、中期更新世末の氷期に人類が日本列島に存在した有力な証拠を提供する。とりわけ、その石材が朝鮮半島で前期旧石器に使われた石材と見た目が類似している点は興味深い。

というのは、移住先で石器をつくるとき、故地で使いなれた石材によなく類似した岩石を探しもとめるのが道理だからである。日本列島では、大形石器の材料となるようなサイズのオーソコーツァイトは産出しないので、見た目にそれとほとんど区別し難い流紋岩を使ったとしてもなんら不思議ではない。現代人のように記載岩石学的知識をもたなかった旧石器人の眼には、板津石器の珪化した流紋岩はオーソコーツァイトと同じ岩石に映ったであろう。

ときおり、なぜ出雲で前期旧石器が見つかるのかという質問をうける。それを解く鍵は日本海を挟んで朝鮮半島と対峙する地理的な位置にある。朝鮮半島から対馬海峡を越え響灘付近から東へ移動するコースを考えたとき、地形上の障害がない山陰海岸沿いに東へ進むと広い出雲平野に到達する。山間部と違い、平野部には食糧源となる哺乳動物も豊富に棲息していたと考えられる。

板津の石器を最初に目にしたとき、ざっくりした加工痕と石材に韓国臨津江流域の石器を髣髴《ほうふつ》させるものがあった。もちろん、オーソコーツァイトは臨津江流域だけに産するものでもない。これは韓国での石器観察から導き出されたもので、報告書の実測図や写真を眺めているだけではとうてい得られるものではない。考古学というものは、現地での観察経験がものをいう学問分野なのである。

板津の石器は、原位置を遊離した単独発見資料であるが、周辺大陸それも日本列島と指呼の距離にある朝鮮半島の前期旧石器との接点を提供する貴重な資料といえる。この資料が存在する背景には、同時期の遺跡がまだまだ出雲平野周辺の高位段丘堆積物のなかに眠っていることを強く示唆するものである。いまや、旧石器の狩人が半世紀もの間探し求めてきた前期旧石器の扉は、出雲の地から開けられようとしている。

# 十四　今後の研究展望

## 1　調査法の革新

旧石器遺跡発掘捏造という未曽有の過酷な試練を経て、日本の旧石器考古学は方法論上の大きな転換と変革を余儀なくされた。砂原遺跡の発掘調査は、この試練を真摯にうけとめ、旧石器遺跡発掘捏造事件の検証調査で培われた調査技術をさらに発展させ、これまで出土遺物の三次元記録で事足りた調査法に大きな転換を迫るものであった。

すなわち、往時の地表面すなわち生活面の検出、出土した石器や礫の産状計測という新たな視点と方法を導入することによって、遺跡や遺物がのこされた堆積環境と絡めて遺跡形成過程を実証的に議論することを可能とした。こうした堆積学的データの収集と解析の延長上に、資料の人為か自然為かを判断するうえでの客観的な基準を提供することができるようになった。

これは、堆積環境を顧慮せずに発掘された遺物の三次元記録だけから議論をおこなってきた従来の研究法にくらべれば、旧石器考古学を堆積学と連結させ、伝統的な研究法を革新するものといってよい。

出雲市砂原および板津の調査は、岩手県金取遺跡（八～六万年前）の調査成果を再確認する意義があり、日本列島の人類史の始源を金取よりも四万年以上もさかのぼらせることとなった。

砂原遺跡は最終間氷期の最温暖期（十一～十二万年前）、板津の石器はそれよりも一段階古い氷期（世界標準の海洋酸素同位体比ステージ6、十八・六〜十二・八万年前）に日本列島に人類が生存していた証拠を提供するものといえる。

それでは、出雲地方における前期旧石器の発見は、日本列島の旧石器文化の展開のなかでどのような意義をもつのであろうか。

## 2 台形石器群は後期旧石器か

現在、多くの研究者が後期旧石器時代の最古の段階に位置づける台形石器群は、堤隆によれば、これまで全国で五〇〇ヵ所ほどの遺跡が知られているという。この数字は、十指にも満たない前期旧石器時代の遺跡数にくらべて、実に膨大な遺跡数といわねばならない。その存続期間も考慮しなければならないが、これほど多数の遺跡がのこされた背景には、当然のことながらそれに先だって人類集団が日本列島に存在したと考えるのが合理的かつ説得的である。

台形石器群というのは、台形石器（図82－1・2）と刃部を研磨して機能部を設けた刃部磨製石斧（同－5）によって特徴づけられるが、これに類する石器群は日本列島をとりまく周辺大陸すなわちシベリア、中国、朝鮮半島ではこれまで発見されておらず、日本列島に固有の石器群としての性格を見せる。つまり、現在の研究成果に照らして、この石器群の直接の系譜を周辺大陸にもとめることは困難である。となれば、これらの石器は日本列島内で独自に生まれたという考えに帰結せざるを得ない。

台形石器群は、多くの研究者によって後期旧石器時代初頭に位置づけられているが、それは各地の層位的

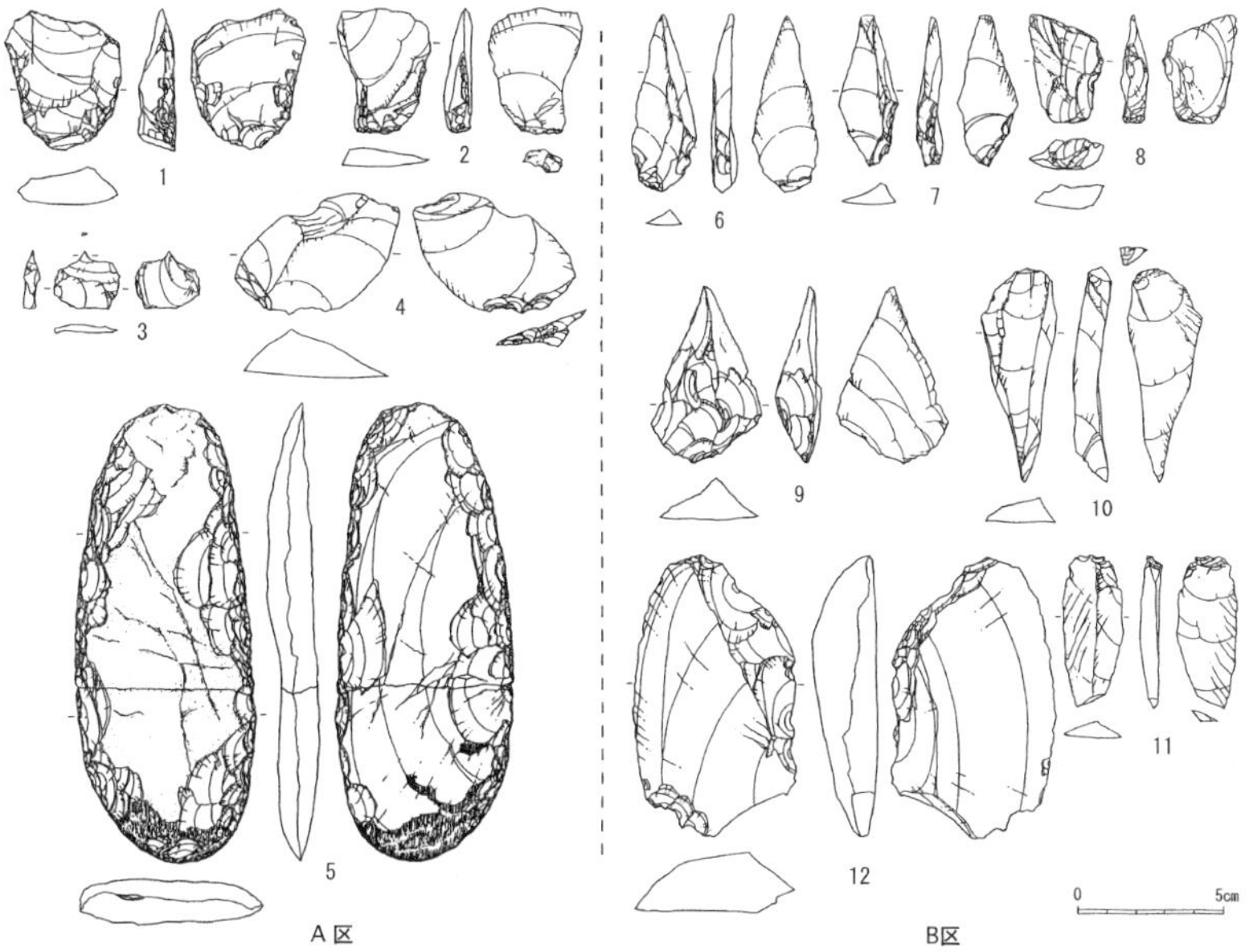

図 82　多摩蘭坂遺跡の台形石器群（左）と石刃石器群（右）

事実と放射性炭素年代測定により三万年前をやや超える年代観に支えられたもので、伝統的にヨーロッパにおける後期旧石器時代の開始年代を下敷きに仮定されているにすぎない。時間面という基準だけでユーラシア大陸の東西両端に展開した異質な文化を同列にあつかうようなもので、対比そのものが意味をなさない。考古編年上の画期というものは、あくまでも地域の歴史的経緯に沿って設定すべき事柄である。わたしにいわせれば、ヨーロッパ中心主義思考の産物にすぎず、第二次世界大戦後にシベリア、中国、韓国で蓄積されてきた旧石器考古学の成果を無視したものである。

ユーラシア大陸の西半部では、後期旧石器時代は新人（ホモ・サピエンス）の出現、石刃技法を基調とした高度な石器製作技術の拡散、長距離の石器・石材移動、シンボリックな美術・装身具の出現、特殊化した狩猟戦略の出現などによって特徴づけられる。

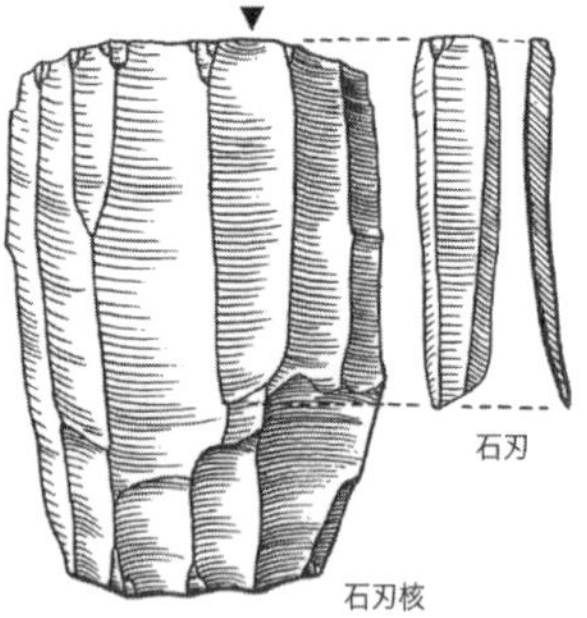

図83　石刃技法模式図

東アジアにおけるホモ・サピエンスの出現と密接な関係をもって仮定される石刃技法（図83）ならびに石刃石器群をもって後期旧石器時代の開始を措定する立場のわたしは、台形石器群を先行する文化の技術伝統を引いたものと捉え、後期旧石器文化から切り離すのが妥当と考えている。かつて白石浩之も同様な考えを表明したことがある。

その一方で、技術の内在的な発展つまり日本列島内で石刃技法が独自に生まれたと主張する研究者もいる。東京大学の安斎正人（現東北芸術工科大学教授）はその代表な論客である。しかし、安斎の立論根拠は出土層位が不明瞭な石核や発覚以前の藤村捏造資料を根拠にしたもので、後者については立論基盤を失ってしまった。

わたしが石刃技法・石刃石器群の出現をもって後期旧石器時代の開始を規定するのは、台形石器群と石刃石器群との間には洗練された石器形態、剝片剝離技術、石器群構造の点で大きな隔たりが認められるのが根拠となっている。

前期旧石器時代から後期旧石器時代への移行プロセスは、石器製作の技術的側面からみれば、台形石器群こそ存在しないが、中国や韓国の前期から後期旧石器時代への移行プロセスと酷似する。つまり、前期旧石器時代の在地系技術伝統に石刃技法・石刃石器群が嵌入するかたちで現われる。したがって、移行期の石器群には新旧二つの要素が共存するか、新しい要素がほぼ純粋なかたちで存在する場合もあって複雑な様相を帯びる。こうした状況は、南関東の立川ローム層基底部から出土する石器群に看取される。

東京都国分寺市多摩蘭坂《たまらんざか》遺跡では、立川ロームXb層に包含されながらも主にチャートを用いる台形石器群と石刃石器群が地点を異にして検出されている（図82）。両地点の石器群は約八〇メートル離れて出土した。両者は層位的に区別することができないとされるが、技術伝統を異にした二つの集団が接触もなく隣り合わせに生活していたとはとても考え難い。ひとつの解釈として、両者はもともと遺物がのこされた時間的な位置を異にしたものの、地層が両者の年代的関係を反映していないことも十分考慮しなければならない。数百年あるいは数千年単位の時間差をもつにもかかわらず、堆積速度が遅いため、両者の時間差を反映していないのではないかと考える。つまり、地層の時間的分解能が編年問題を検討するうえで大きな制約を課していると考えられる。

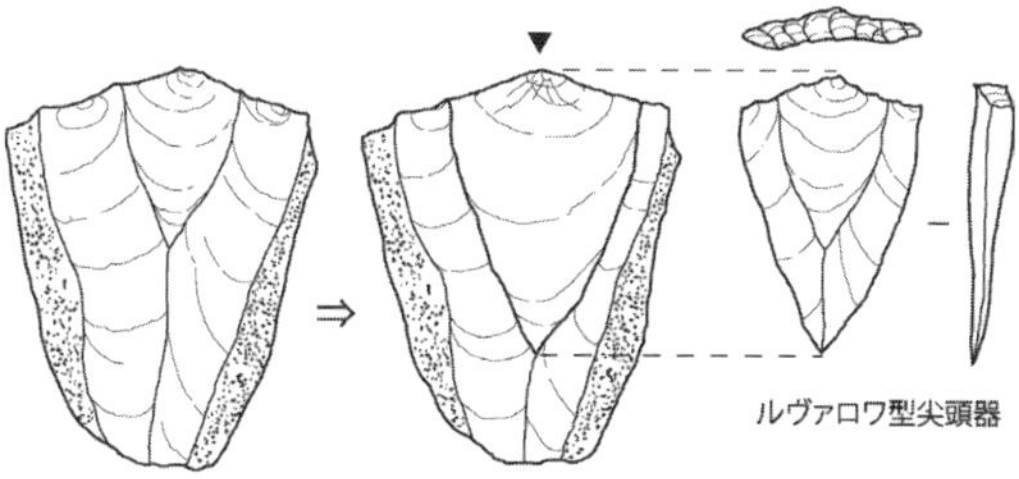

図84　ルヴァロワ技法模式図

## 3　東アジアのステージ5～4の石器群

かつて芹沢が注目し中期旧石器時代の指標とされたルヴァロワ技法（図84）は、シベリアやモンゴル高原までは確実に伝播したが、中国・朝鮮半島・日本列島には波及していない事実が明らかとなった。ヨーロッパでネアンデルタール人が活動していた時期の東アジアでは、北京原人がのこした石器とほとんど変わらない小形石器をつくりつづけていた。これらの石器群は、従来「小形剥片石器文化」、「小形削器・尖頭器石器群」と呼ばれていたものである。

最近、竹花和晴らは日韓・日中共同研究の一環として、ヨーロッパの中期旧石器時代に相当する時期の韓国萬水里遺跡第1地点・第4地点（図85）、中国北部

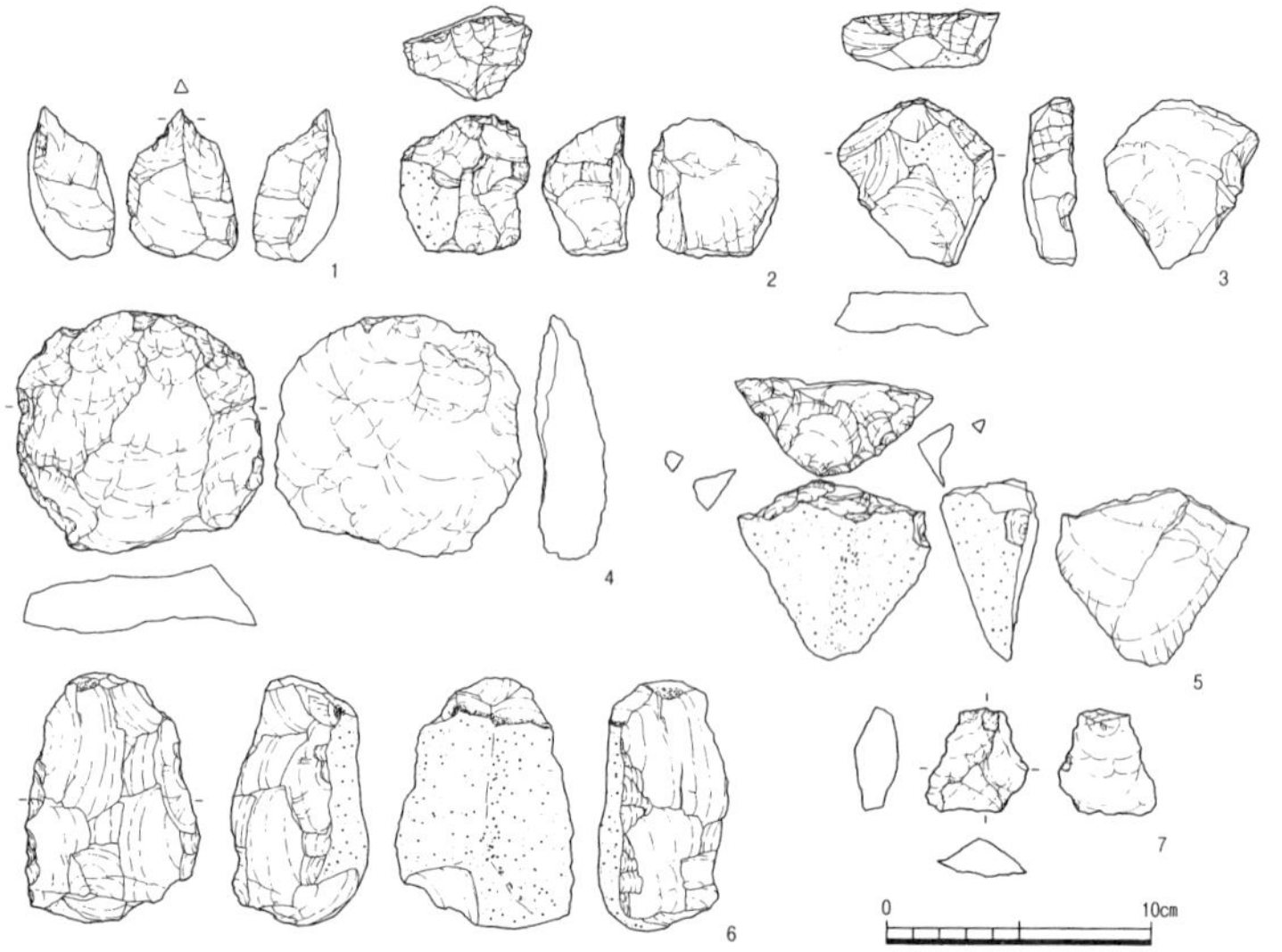


図 85　韓国萬水里遺跡第 4 地点の石器

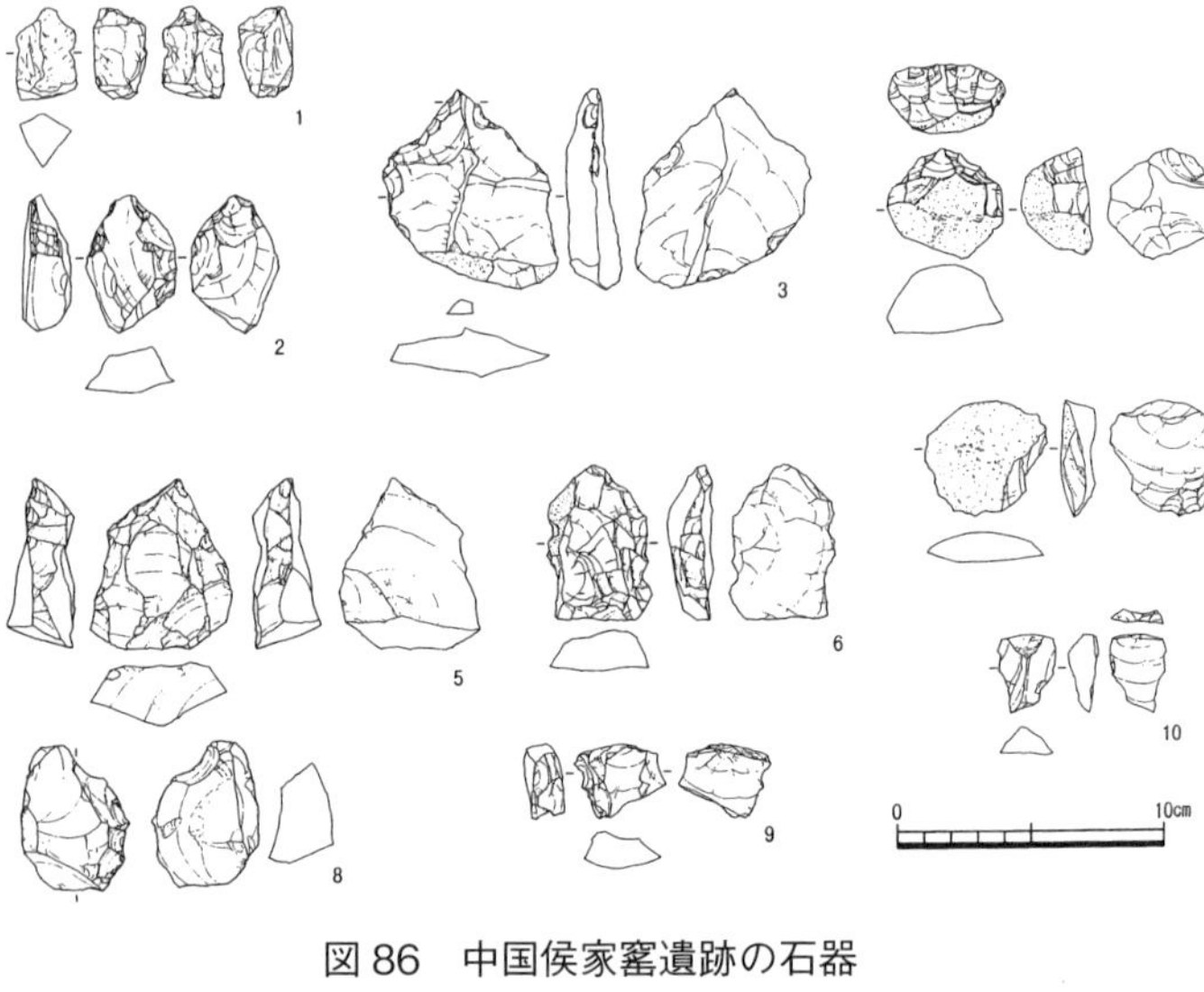


図 86　中国侯家窰遺跡の石器

の河北省侯家窰《ホジャヤオ》遺跡（図86）および西白馬営遺跡の石器群を中心にフランス先史学が案出した厳密な石器型式学にもとづいて分類・統計処理をおこない、ハンドアックス、石球、礫器のような大形石器をともないながらも小形の鋸歯縁石器、嘴状石器（ベック）が主要な道具となっている事実を明らかにした。従来、大形の石器に目を奪われ、小形石器の評価がないがしろにされていたきらいがあった。竹花らがおこなった分析作業は、ヨーロッパと同一基準で東アジアの石器群を分類・評価した画期的な研究といってよい。

その一方、中国南部とりわけ長江流域では、前期更新世末～中期更新世初頭から大形重厚なハンドアックス、ピック、クリーヴァー、石球、礫器が盛んにつくられ、間氷期の亜熱帯森林、氷期の温帯森林に適応した状況が知られる。こうした様相は、秦嶺《チンリン》山脈を境界として華南・華北に棲息した動物種の違いをも反映しながら、ステージ5～4の段階までつづいたものとみられる。しかし、その後、北方からの影響とおもわれる小形剥片を素材とした石器文化に置換され、大形重厚石器は姿を消してしまった。その原因についてはまだ解明されていない。

中国北部のステージ5～4段階の石器群は、竹花らの分析によれば奇しくも西欧の「鋸歯縁石器ムステリアン」と呼ばれる石器群に類似するものであった。麻柄一志らは、中国各地の類似資料を広く渉猟・検討しながら、こうした石器群を「侯家窰型鋸歯縁石器群」と称した。その萌芽は前期更新世初めの馬圏溝遺跡までさかのぼって確認できるという（松藤和人編著『東北アジアにおける古環境変動と旧石器編年に関する基礎的研究』平成二一～二四年度科研費補助金基盤研究（A）研究成果報告書、二〇一三年）。その一方で、長江流域以南に分布するハンドアックスや礫器など大形石器をともなう前期旧石器群との関係性の究明が今後の重要な研究課題となってきた。

## 4　日本列島の石刃技法出現前の石器群

近年、武蔵野台地立川ローム X 層・相模野台地立川ローム B5 層は三・五〜四万年前に年代づけられている（町田洋「後期旧石器編年問題に関して武蔵野・立川ローム層をみなおす」『後期旧石器時代のはじまりをさぐる』日本旧石器学会第一回シンポジウム予稿集、二〇〇三年）。また、後期旧石器時代の上限について、国立歴史民俗博物館の工藤雄一郎は中部地方〜関東地方における放射性炭素年代測定例から、較正年代で三・七〜三・八万年前頃までさかのぼる可能性を指摘している（「旧石器時代研究における年代・古環境論」『講座日本の考古学1 旧石器時代』上 青木書店、二〇一〇年）。こうした年代観によれば、立川ローム基底層は海洋酸素同位体比ステージ3の温暖期にあたり、立川礫層はステージ4の寒冷期に形成されたことになろうか。

一方、ステージ3にのこされた考古資料はいかなるものであろうか。

武蔵野台地の西ノ台B地点X層、相模野台地の吉岡遺跡群D区B5層など立川ローム基底部から出土する石器群のなかには、小形剥片石器を主体としながらも台形石器・刃部磨製石斧をともなわない石器群が知られている。

この時期、石刃技法やナイフ形石器はまだ出現していない。おそらく、これらは台形石器・刃部磨製石斧が出現する以前の状況を反映したものとみなされる。同様な石器群は、長野県石子原遺跡、宮崎県後牟田遺跡、熊本県沈目遺跡、北九州市辻田遺跡などでも出土しており、本州から九州まで広範囲に広がっていた形跡を見せる。これらの遺跡では、剥片を素材とした鋸歯縁石器や嘴状石器をともなう点がとりわけ注目される。鋸歯縁石器や嘴状石器は遅くともステージ5以降の中国や韓国の前期旧石器に通有の器種であることは前述したとおりである。

立川ローム基底層が形成された頃、在地産のチャートが石材に主用され、ホルンフェルスもまた特徴的な石材となっている。石材がホルンフェルスにもっぱら限られる長野県竹佐中原遺跡A地点の石器群は、所属年代がいまひとつはっきりしないが、この時期にのこされたものとみなしてよいのかもしれない。

宮崎県延岡市山田遺跡では、暗色帯（Xb層）下部から直下の明褐色粘土層（XI層）上部にかけて、ホルンフェルスや砂岩を用い、チョッパー、チョッピング・トゥールなどの礫器を主体とした石器群が出土しており、接合資料も豊富である。炭化物集中部も一五ヵ所見つかっている。スクレイパー類もわずかに見られるが、定型化したものはない。台形石器こそふくまれないが、緑色凝灰岩製の粗雑な刃部磨製石斧を二点ともなう（宮崎県埋蔵文化財センター『山田遺跡』、二〇〇七年）。東九州では後期旧石器時代に無斑晶流紋岩が盛用されるなかで、稚拙な礫器を組成に組み込んだ本遺跡の石器群はきわめて特異である。おそらく、先行する古い石器群の伝統を色濃く反映した石器群であろう。炭化材を用いた放射性炭素年代は、二試料とも三万年前と測定された。

かつて、わたしはシベリア、中国、韓国、日本の放射性炭素年代測定値を集成し、日本列島の初期台形石器群（熊本県石の本遺跡群8区）と初期石刃石器群（長野県八風山Ⅱ遺跡）の暦年較正年代から、前者が三一・八〜三一・七万年前、後者が三一・六〜三一・五万年前を示し、初期台形石器群が初期石刃石器群にわずかに先行して出現することを明らかにした（松藤和人『日本列島における後期旧石器文化の始源に関する基礎的研究』平成一二〜一五年度科研費基盤研究（C）研究成果報告書、二〇〇四年）。

日本列島における石刃技法、初期石刃石器群の出現年代は、放射性炭素年代によればホモ・サピエンスの東アジアへの有力な拡散ルートであるシベリアにおける最古の石刃石器群の年代観に接近した古さを示し、中国・韓国での出現年代（三・五〜三・〇万年前）よりも若干古くなる。しかし、これについては測定例がまだ少ないので今後の追検証が要請される。

西ノ台B地点X層、吉岡遺跡群D区B５層より古く年代づけられる石器群は、出土層の年代が判明するものとして野尻湖底立が鼻遺跡の「野尻湖文化」、岩手県金取Ⅲ・Ⅳ文化、砂原Ⅰ・Ⅱ文化がある。いずれも、出土した資料数が少なく本来の石器組成を重文に回復・反映しているものかどうか、今後の資料の増加を待って検討しなければならない。

「野尻湖文化」、砂原Ⅰ・Ⅱ文化は小形剝片石器文化としての性格が濃厚である。これらは海洋酸素同位体比ステージ5eからステージ3前半にかけてのこされたもので、一部に大形石器を伴出するものの、巨視的に見れば小形剝片石器文化の系統に属するとみて大過ないであろう。こうした状況は、韓国・中国でステージ5〜4の基準資料となる萬水里、侯家窰両遺跡の石器群の性格とも通底する。換言すれば、日本列島の前期旧石器文化の様相は、東アジアの文化的動向の枠組みのなかにおさまるとみなしてよい。

ステージ4の氷期は、七・一万年前から五・七万年前とされるが、北上山地で周氷河現象が発達した時期でもある。金取第Ⅲ文化層はこの時期にのこされた可能性が高い。海洋酸素同位体比による気候変動によれば、この時期、最終氷期最寒冷期にまさる寒冷化と海面低下も推定されるが、朝鮮半島との間に陸橋が形成されたのかについては、この時期に朝鮮半島方面から渡来した動物種が確認されておらず、陸橋の存在をうかがわせるような古生物学的証拠を欠いている。

北海道の襟裳岬などで発見されているマンモスゾウは、この時期にシベリアからサハリン、干上がった宗

表1　日本前期旧石器文化のMIS編年試案

| MIS | 九　州 | 出　雲 | 近　畿 | 中　部 | 関　東 | 東　北 |
|---|---|---|---|---|---|---|
| 3前半 | 沈目 | | 西八木 | 野尻湖文化 | 吉岡D区B5層 | |
| 4 | 入口第3層文化 | | | | | 金取Ⅲ文化 |
| 5a | | | | | | |
| 5b | | | | | | 金取Ⅳ文化 |
| 5c | | | | | | |
| 5d | | 砂原Ⅱ文化 | | | | |
| 5e | | 砂原Ⅰ文化 | | | | |
| 6 | | 板津 | | | | |
| 7 | | 掛合？ | | | | |

MIS年代については図42を参照

谷海峡を経て南下したグループの末裔と考えられる。しかし、これらのマンモス動物群の南下にともなってのこされた人類遺跡は知られていない。これを裏づけるように、沿海州や極東シベリア、サハリンでもこの時期の確実な遺跡が確認されていない。こうした研究状況から、ステージ4以前に北回りで人類が日本列島に渡来した可能性は考慮しなくてもよいであろう。したがって、日本列島への人類移動を問題にする場合、朝鮮半島経由ルートがきわめて重要な意味をもつことが理解されるであろう。わたしどもが二〇〇一年以来、韓国で共同研究を推進してきた理由はここにある。

朝鮮半島で普遍的に認められる石球あるいは多面体石器などの定形化した重厚な大形石器が日本列島のステージ5段階の石器群に欠如するのは、ステージ5eの高海水面期に大陸との接続が絶たれ、石器製作の面でも日本列島の自然環境への適応が進んだことを示唆するのかもしれない。なお、金取Ⅲ文化にはハンドアックスに類似する石器がふくまれるが、他の遺跡では見つかっていない。

砂原遺跡、野尻湖底立が鼻遺跡、金取遺跡などで各種のローカルな石材が多用されるのもこうした日本列島の自然環境への文化的適応の一環かとも考えられる。

砂原Ⅰ・Ⅱ文化よりも一段階古い板津の石器は、単独発見のため石器群全体の様相はつまびらかでないが、大形重厚で原始的な石器形態、石材との類似から韓国の前期旧石器につながる可能性がある。板津の石器がもともと包含されていたステージ6の時期、日本列島と朝鮮半島が陸続きになっていたのであれば、その理由も説明が可能である。

以上は、まだまだ前期旧石器の資料数が少ないなかで、わたしが現在いだく大胆な作業仮説であるが、今後の資料の増加を待って検証されねばならないのはいうまでもない。

いま日本の前期旧石器研究は、旧石器遺跡発掘捏造事件のあと仕切り直ししたばかりであり、先入・固定観念にとらわれず学問としての科学性を担保しながら、実証的な研究がさらに進展していくことを切望するものである。

# あとがき

二〇〇九年夏、韓国や中国で国際共同的研究を共にした成瀬敏郎氏が出雲市砂原の露頭から一点の石片を見つけた。この偶然の発見が、過去半世紀にわたって繰りひろげられてきた「前期旧石器存否論争」の渦中にわたしをいやがうえでも引きずり込むことになった。還暦を過ぎ、平穏無風の研究生活を夢見ていたところに、これである。ひとの運命とはまことに予測しがたいものである。

本書は、明治時代にまでさかのぼるマンローによる神奈川県酒匂川・早川流域での旧石器探索で幕を開け、岩宿の発見、青森県金木砂礫層の偽石器問題、一九六〇年代に端を発する北関東の珪岩製前期旧石器論争、長野県野尻湖立が鼻遺跡や岩手県金取遺跡の調査、前期旧石器遺跡発掘捏造事件、砂原遺跡の調査、さらには板津での旧石器発見までにいたる日本列島の人類史の起源を追い求めた「旧石器の狩人」たちによる未知の領域への果敢な挑戦と葛藤を描写するなかで、現在の到達点を明らかにしたものである。

本書を執筆する直接の契機となったのは、砂原遺跡の調査であった。地質学分野の研究者からは異論を聞かないが、想定したとおり、考古学界の一部から出土した石器に対する異論も提示された。これは、何をもって石器と認定するのかという、欧米で十九世紀以来論争されてきた根源的な問題に深く関わるものである。そこで、外国の事例はさておき、わが国の前期旧石器論争史において議論された核心的な論点を洗い出し、あらためて再検討する必要性に駆られた。いわゆる研究史の見直しである。

石器か偽石器かという認定問題は、研究史からも明らかなように水掛け論に終始するおそれがある。とくにわが国にあっては同時代の比較基準資料がきわめて乏しい研究状況のなかで、こうした議論はこれまで避けて通れなかった。

研究史を振り返って見ても、岩宿の調査に対する評価が学界で定まるまでに一定の時間を要した経緯がある。学問の世界では、一つの事例だけでは多くの研究者を納得させられないのは自明のことで、同じような事実や事象が反復検証されることによって、学界の評価はおのずと定まってくる。

本書でもふれたように、人工品としての石器の認定をめぐっては、個々の研究者の知識や経験の度合によって評価が異なる。それに研究以外の要素がくわわって事態をより複雑にする。砂原遺跡の調査では、打ち割られた石器に観察される剝離状況の検討はもとより、遺物が包含される堆積環境の克明な復原を試み、石器と認定した資料はヒトの関与を考えなければ説明しがたいという結論に到達した。

とくに砂原遺跡については本書の三分の一を割き、発見の経緯、予備調査、本調査の推移、収集した各種データの解析による遺跡形成時の堆積環境の復原ともあいまって総合的な結論を導き出すという一連の研究プロセスを明示することに努めた。得られた結論は、観察された事実によって担保されている。こうした事実を積み重ねることによって、前期旧石器存否論争は遠からず収束に向かうことであろう。それはまた、発掘捏造事件で失われた考古学への信頼を回復することにもつながるであろう。

すでに『砂原旧石器遺跡の研究』（砂原遺跡学術発掘調査団編）と題した調査報告書を刊行したが、一般の方々から記述内容が難解に過ぎるという声も漏れ聞こえてきた。本書は、そうした声に耳を傾け、難解な用語の使用をなるべく少なくしたうえで、調査・研究のプロセスと観察された事実から導き出される解釈を追体験していただけるような記述を試みた。もちろん、報告書ではふれることができなかったエピソードも交え、読み物としての配慮もくわえた。本書に誤りや誤解があれば、すべて著者の責任に帰すものである。

最後になるが、砂原遺跡の調査研究に協力していただいた方々、本書の執筆・刊行にあたって協力・ご教示をいただいた成瀬敏郎、菊池強一、渡辺満久、中村由克、佐藤良二、麻柄一志、竹広文明、大竹憲昭、阪口英毅、上峯篤史、柴田将幹の諸氏、雄山閣編集部の羽佐田真一氏にはたいへんお世話になった。記して謝意を表するものである。

二〇一四年三月三日

洛東の草庵にて

著者　識

# 挿図出典一覧

図1　N. G. Munro, 1908, *Prehistoric Japan.*
図2　京都大学文学部考古学研究室所蔵写真資料。
図3・4・5・6　『国立歴史民俗博物館』研究報告第13集、一九八七年。図4　有光教一氏撮影、図5　朝日新聞社撮影。
図7・8　相澤忠洋記念館提供。
図9・11　明治大学博物館提供。
図10・19　芹沢長介氏撮影。
図12　上峯篤史氏採集。柴田将幹氏撮影。
図13・14・20・21・35・38・40・41・53・67・69・74・79、松藤撮影。
図15　公益財団法人古代学協会提供。
図16　東北大学総合学術博物館『ニュースレター』第36号、二〇一〇年（菊地美紀撮影）。
図17　Bulletin of the Tohoku University Museum, No.7, 2007.
図18　芹沢長介「金木から座散乱木まで」『月刊考古学ジャーナル』五〇三、二〇〇三年。
図22　柴田将幹氏撮影。
図23　成瀬敏郎氏採集、柴田将幹氏撮影。
図24・25　人吉市教育委員会『大野遺跡群』（人吉市文化財調査報告　第20集）二〇〇二年。
図26　野尻湖発掘調査団提供。
図27・28　渡辺哲也「野尻湖立が鼻遺跡の調査と遺物」『第18回長野県旧石器文化研究交流会シンポジウム「後期旧石器時代以前の遺跡・石器群をめぐる諸問題」』二〇〇六年。
図29　佐藤良二氏撮影。

図30　『毎日新聞』二〇〇〇年十一月五日朝刊。
図31　飯田市教育委員会提供。
図32　萩原博文「日本列島最古の旧石器文化」『平戸市史研究』第9号、二〇〇四年。
図33・63・84　松藤原図。
図34　渡辺満久氏原図（二〇〇五年）に加筆。
図36・37・39・43〜45・47・49〜51・54〜66・70　砂原遺跡学術発掘調査団編『砂原旧石器遺跡の研究』二〇一三年。
図42　中期更新世以降の海洋酸素同位体比ステージ（Gamble 1995を一部改編）。
図46・48・52　砂原遺跡学術発掘調査団提供。
図68　渡辺満久氏発表資料（二〇一二年）より。
図71・73　松藤和人ほか「島根県出雲市板津発見の前期旧石器」『旧石器考古学』78、二〇一三年。
図72　延世大学校博物館編『韓国の旧石器時代遺物』（特展図録）二〇〇一年。
図75　上峯篤史氏実測・製図。
図76　上峯篤史氏原図。
図77・78　成瀬敏郎氏原図。
図80　大場忠道「酸素・炭素同位体比―KH-79-3, C-3コアの解析を中心にして―」『月刊地球』6-3、一九八四年、原図を改変。
図81　小西省吾・吉川周作「トウヨウゾウ・ナウマンゾウの日本列島への移入時期と陸橋形成」『地球科学』第53巻第2号、一九九九年。渡来経路は河村善也、一九九八年による。
図82　国分寺市遺跡調査会『多摩蘭坂遺跡Ⅳ』二〇〇三年。
図83　François Bordes, 1968, *The Old Stone Age*, World University Library, Weidenfeld and Nicolson.
図85・86　松藤和人編著『東北アジアにおける古環境変動と旧石器編年に関する基礎的研究』平成21〜24年度科研費補助金基盤研究（A）研究成果報告書、二〇一三年。

著者紹介

**松藤 和人**（まつふじ かずと）

1947年 長崎県生まれ
1978年 同志社大学大学院文学研究科文化史学専攻博士課程中退
現 在 同志社大学文学部教授、大学院文学研究科博士後期課程任用教員、
西北大学客員教授、中国科学院古脊椎動物古人類研究所客員研究員。
博士（文化史学）

［主要著書］
『シンポジウム旧石器時代の考古学』（編著）学生社 1994年
『西日本後期旧石器文化の研究』（単著）学生社 1998年
『岩波日本史辞典』（共著）岩波書店 1999年
『旧石器考古学辞典』（編集代表）学生社 2000年
『考古学に学ぶ』『同（Ⅱ）』『同（Ⅲ）』『考古学は何を語れるか』同志社大学考古学シリーズⅦ・Ⅷ・Ⅸ・Ⅹ（編著） 1999・2003・2007・2010年
『東アジアのレス－古土壌と旧石器編年』（編著）雄山閣 2008年
『日本と東アジアの旧石器考古学』（単著）雄山閣 2010年
『よくわかる考古学』（編著）ミネルヴァ書房 2010年
『検証「前期旧石器遺跡発掘捏造事件」』（単著） 雄山閣編 2010年

2014年5月30日 初版発行 《検印省略》

日本列島人類史《にほんれっとうじんるいし》の起源《きげん》
―「旧石器《きゅうせっき》の狩人《かりうど》」たちの挑戦《ちょうせん》と葛藤《かっとう》―

著 者 松藤和人
発行者 宮田哲男
発行所 株式会社 雄山閣
東京都千代田区富士見2-6-9
TEL 03-3262-3231／FAX 03-3262-6938
URL http://www.yuzankaku.co.jp
e-mail info@yuzankaku.co.jp
振 替：00130-5-1685
印刷所 株式会社 ティーケー出版印刷
製本所 協栄製本株式会社



ISBN978-4-639-02313-5 C0021
N.D.C.210 224p 21cm